U0930646

国门风云

主编/李新实　李　莉

科学出版社
北　京

内 容 简 介

边境线上的国门，是国家主权之所在，也凝结着国门卫士保障国家安全的神圣使命。我国陆地边境长约2.2万千米，共有9个有陆地边界的省区，本书以挖掘、梳理和介绍这9个省区边境口岸国门、界碑的相关知识为内容，精选全国83个陆路边境口岸的500余幅翔实图片及相关资料，通过国门今昔对比、故事点滴记录等形式，生动再现了我国不断深化改革开放，持续走向兴盛的伟大历程，是一本记录国门今昔、展现国门风采，集观赏性、史料性、趣味性为一体的科普读物。

本书适合对国门相关内容感兴趣的读者阅读。

图书在版编目（CIP）数据

国门风云 / 李新实，李莉主编.—北京：科学出版社，2018.12
ISBN 978-7-03-059633-8

Ⅰ. ①国… Ⅱ. ①李… ②李… Ⅲ. ①边防-基本知识-中国
Ⅳ ①D631.3

中国版本图书馆CIP数据核字（2018）第265144号

责任编辑：王丹妮 / 责任校对：陶　璇
责任印制：霍　兵 / 封面设计：正典设计

封面题字：封俊虎

科学出版社 出版

北京东黄城根北街16号
邮政编码：100717

http://www.sciencep.com

北京汇瑞嘉合文化发展有限公司 印刷

科学出版社发行 各地新华书店经销

*

2018年12月第 一 版 开本：787 × 1092 1/16
2018年12月第一次印刷 印张：33
字数：660 000

定价：298.00元

（如有印装质量问题，我社负责调换）

编著人员

主　　编： 李新实　李　莉

执行主编： 封俊虎

执行副主编：（按姓氏笔画排列）

刘国忠　杨跃民　李一新　张　伟　张顺合

国　伟　洪　波　韩宗江　彭敬信　董敬民

编审委员会：（按姓氏笔画排列）

王云帆　王仁俊　王珂珊　邓　伟　西　安

刘　晗　刘国忠　杨跃民　李　莉　李　翔

李一新　李新实　吴少尘　张　伟　张顺合

陈祥国　国　伟　封俊虎　赵　文　侯建雄

洪　波　洪　莎　徐自忠　陶传良　黄　勇

韩宗江　彭敬信　董国富　董敬民　焦　璇

前　言

在我国蜿蜒绵长的国境线上，矗立着一座座庄严肃穆的国门、界碑，它们是国家主权之所在、尊严之所示、荣辱之所系。

当海量的进出口商品蜂拥而来，当复杂多变的国外疫病疫情不期而至，当稀缺的物种资源被不断贩卖，当外来物种入侵的风险逐年提高……是谁将不合格产品拒之于国门之外？是谁为百姓的安全保驾护航？是谁维护了国家利益不被侵犯？

是的，是检验检疫人。

是他们，在忠实履行着党和人民赋予的神圣职责，努力践行着保国安民的庄严承诺，始终奋战在维护国家非传统安全的第一战线；他们饱含深情，用自己的青春和热血，谱写了一曲又一曲的国门之歌。

党的十九大报告中指出："中国坚持对外开放的基本国策，坚持打开国门搞建设"[①]，这是我国实现历史性发展的基本经验，是面对经济全球化大潮的正确选择。习近平总书记更是在提出总体国家安全观重大战略思想时着重指出，"当前我国国家安全内涵和外延比历史上任何时候都要丰富，时空领域比历史上任何时候都要宽广"[②]，这都充分说明，只有既重视传统安全，又重视非传统安全，才能为我国的改革发展提供更为坚实的安全保障。

为了展现新时代国门风采，引导社会公众形成自觉坚守安全底线、

① 习近平. 决胜全面建成小康社会 夺取新时代中国特色社会主义伟大胜利——在中国共产党第十九次全国代表大会上的报告. http://politics.people.com.cn/n1/2017/1028/c1001-29613514.html，2017-10-28.

② 习近平主持中央国安委首次会议强调建集中统一高效权威国安体制. 人民日报（海外版），2014-04-16（第1版）.

维护国门生物安全、保障经济社会发展的思想观念，本书精选了全国83个陆路边境口岸的500余幅图片，并通过国门今昔对比、点滴记录等形式，生动再现了我国不断深化改革开放，持续走向兴盛的伟大历程，是研究我国国门口岸和改革开放历史发展的必读之作，亦是从事国门相关安全科普教育的首选参考。本书出版得到教育部“2017年度中央专项彩票公益金支持中小学研学实践教育（基地）项目”资助。

谨以此书，向改革开放四十周年献礼！

目　　录

一、内蒙古自治区

（一）满洲里口岸（图1-1~图1-18）

1. 口岸简介

满洲里口岸位于内蒙古自治区东北部，西邻蒙古国，北接俄罗斯，是“一带一路”和中蒙俄经济走廊上的重要节点。口岸所在的满洲里市，是内蒙古自治区计划单列市，是开展对俄罗斯、蒙古国经贸、文化和科技合作的重要口岸城市，享有“东亚之窗”的盛誉。满洲里口岸由铁路口岸、公路口岸、航空口岸组成，其中铁路口岸是具有百年历史的口岸。

图1-1　满洲里国门

图1-2 满洲里铁路口岸联检大楼

图1-3 满洲里公路口岸

图1-4 满洲里西郊国际机场

2. 国门与界碑的历史沿革

1）国门

满洲里口岸国门共经历了四次变迁，现存国门为第五代国门。

（1）第一代国门（1900~1920年）。

1727年《中俄恰克图界约》签订后，双方从恰克图（今俄罗斯毗邻蒙古的边境城市）往东至额尔古纳河上游起点处阿巴该图山，设立了63个国界鄂博（标识边界的石头堆）。1900年俄国修筑的西伯利亚铁路铺入中国境内（中国境内称“东清铁路”或“中东铁路”）。曾任中华民国大总统的徐世昌所著《东三省政略》载：“博罗托罗海西北相距华里七里为俄国悉比利亚铁路头站马赤也夫斯克……又博罗托罗海相距华里五里，铁轨土道左坡下平地，又树立木柱一根，高约六尺，向西一面以红油书俄文，译系拜喀尔省铁路交界等字样。土道之上，铁路之右，另树木杆一根，高丈余，上钉双头铁鸟。”图1-5为1913年由满洲里实寄的俄国明信片，说明文字为“俄罗斯贝加尔铁路与满洲里国界线”。“双头鹰”即俄国国徽标志。

图1-5　第一代国门——中俄界标

（2）第二代国门（1920~1949年）。

许同莘所著《改正中东铁路站名议》中记载：“满洲里今为胪滨县治，八十六号小站尚在其西，亦称十八里小站，则以俄里计算，此为华界尽处，站有牌坊一榜，曰国门。”为澄清史实，他强调：“中外人士每以满洲里为中俄交界……实为大误。”该国门建于1920年，横跨铁路之上。为木制拱形，面对中国方向门楣上以中文书“中苏门”三个字，面向苏联方向书写的是俄文。20世纪20年代后期，该国门整体被移至后贝加尔站对面、苏方边防总站院内，移动后国门所处位置距离现边界线约300米。1949年，该国门被苏联方面拆除。

图1-6　第二代国门

（3）第三代国门（1968~1989年）。

中苏国门实际上是中苏两国边防检查站的检查桥，也称栈桥。双方边检战士站在栈桥上执勤放哨，检查中苏双方进出境过往列车，巡视警戒边防通道，通过悬挂标示旗表示要求或同意与对方会晤等。

中方的检查桥修建于1968年，当时中苏两国关系较为紧张，满洲里作为“反修防修”的前沿，多年处于“备战”状态。该桥是铁木结构，桥主体用铁轨焊接而成，桥身漆为绿色，桥身西侧的护栏镶嵌着木板。由于它横跨中国准轨、苏联宽轨两条铁道线路，形状似大门，又被称为“国门”。后期在中方“国门”上方嵌有十分醒目的“全世界无产者联合起来！”巨幅标语。苏方“国门”亦是同时代矗立的铁轨焊制的检查桥，上方嵌有苏维埃社会主义共和国联盟俄文缩写“CCCP”字母。1989年，此“国门”在完成历史使命后被整体拆除。

图1-7　第三代国门——满洲里铁路口岸检查桥

图1-8　中苏国门

（4）第四代国门（1988~2008年）。

第四代国门于1988年6月15日开始兴建，1989年6月25日竣工。这座国门屹立在铁路线上，建筑面积774.5平方米，高12.8米，宽24.45米，顶部有瞭望厅。国门建筑外表用2 000多块青灰色花岗石板镶嵌，门中间上方的国徽直径1.8米，下方镌刻有“中华人民共和国”七个红色大字，每个字高1.2米、宽1.5米、厚15厘米。

图1-9　第四代国门（2004年）

这座国门建成后，随着中苏（中俄）双方更加友好和开放，国门上的查验警戒职能渐渐淡化，国门开始接待国内游客，进而设置高倍望远镜、租借小望远镜，并在国门旁边设立商店，出售旅游纪念品等，旅游、商业行为日渐显现。1998年移址兴建的新公路口岸开通运营后，国门右端的公路通道正式关闭，以国门为主体的“国门景区”开始形成。

（5）第五代国门（2008年至今）。

随着中俄两国经贸关系的不断升温和铁路货运量的持续攀升，原有国门已经不能适应中俄两国贸易快速发展的需求。中方于2008年兴建新国门，并于当年竣工投入使用。新国门充分考虑到了中俄贸易的发展前景，铁路由原来的一宽一准改建为两宽一准，同时还预留了两线准轨位置。新国门建筑宽105米、高43.7米、纵深46.6米、总建筑面积约6 000平方米。国门门额上高悬国徽，国徽下为“中华人民共和国”七个鲜红醒目的大字。

图1-10 第五代国门——中俄国门（2010年）

新国门建筑按照“国门景区”的理念设计建设，内部设有电梯、瞭望展览大厅、旅游纪念品商场、贵宾休息室等配套设施。新国门是一座新的里程碑，它标志着几十年来，伴随中俄两国由对峙论战走向战略合作伙伴关系，国门也由封闭、神秘最终走向开发、开放，每年都吸引几十万游人前来旅游观光。新国门竣工当天，时任中共中央政治局常委、全国人大常委会委员长吴邦国同志登上了国门，成为第一位登临满洲里国门的中央领导人。

2）界碑

1994年8月20日，中俄边界满洲里段勘界树桩工作结束。在满洲里口岸国门和俄罗斯国门之间共设立了4块界碑，其中俄方两块为38号、40号界碑，中方两块为39号、41号界碑。

图1-11 满洲里口岸41号界碑

3. 国门与界碑的地理特征

1）自然条件

满洲里国门位于满洲里市中俄互市贸易区西部，距市区9千米。满洲里市位于内蒙古呼伦贝尔草原的西北部，东依大兴安岭、南濒呼伦湖、西临蒙古国、北接俄罗斯。满洲里市为中温带大陆性草原气候，干湿区域类型为半干旱区。冬季寒冷漫长，夏季温凉短促，春季干燥风大，秋季气温骤降、霜冻早。年平均气温0.7℃，年均降水量300毫米左右，降水集中于7~8月的植物生长旺期。满洲里市处于呼伦贝尔高平原和大兴安岭边缘过渡地带，主要地形为波状起伏的丘陵。满洲里市行政区地形中部高、西部平缓、东部为沼泽洼地。霍尔津山脉呈东北—西南走向，横亘于市区中部。

2）资源禀赋

植物资源：满洲里市有野生种子植物57科202属284种。其中单属、单种植物19科，占总科数的33.3%。其中：主要饲用植物有275种，分属52科194属；水生植物主要为芦苇类，分布面积约2 666.6公顷，蕴藏量在3万吨左右，其他水生植物还有蒲草、水葱等；浮游植物种类有8门21目38科；药用植物420种左右，隶属69科128属。

动物资源：满洲里市有野生鸟类17目41科241种；有野生兽类6目13科35种，主要有狼、狐狸、沙狐、紫貂、獾、水獭、旱獭、麝鼠、兔、黄羊、狍、刺猬等；有鱼类6科30种，其他水生动物有虾、蚌及浮游动物等。

矿产资源：满洲里市已探明的矿产资源有褐煤、石灰石、砂石、珍珠岩、膨润土、明矾石、花岗岩、硅石、玄武岩等。其中扎赉诺尔煤田储量达101亿吨。珍珠岩主体矿总储量57.67万吨，适于露天开采。按年产万吨珍珠岩砂膨爆2 000吨计算，可开采25年左右。膨润土矿初步勘察储量在50万~100万吨，硅石矿储量在80万~110万吨。

3）交通条件

航空：满洲里西郊国际机场是国际四星级机场，开通国内外航线32条，可达国内21个城市和俄蒙6个城市，年进出港旅客近50万人次。现已开通满洲里至北京、上海、杭州、广州、哈尔滨、呼和浩特等地的直飞或中转的国内航班，以及满洲里至赤塔、伊尔库茨克、乌兰乌德、克拉斯诺亚尔斯克的国际航班等。

铁路：满洲里火车站是隶属于哈尔滨铁路局的客货运一等站，系滨洲铁路西端的终点，并与俄罗斯西伯利亚大铁路接轨。铁路运输东经哈尔滨通向全国，西向后贝加尔斯克通向俄罗斯和欧洲，相继开通了“苏满欧”（即苏州—华沙中欧班列）等41条中欧班列线路，辐射国内外一百多个城市，铁路口岸年综合换装能力达7 000万吨，是欧亚大陆桥的连接点。

图1-12　20世纪40年代初期满洲里车站

图1-13 20世纪50年代初，满洲里铁路口岸换装抗美援朝军用物资

图1-14 中华人民共和国成立初期满洲里铁路口岸及时转运苏联坦克部队

图1-15 满洲里红色国际秘密交通线教育基地

公路：公路口岸通过能力达1 200万人次、600万吨货物。国家公路有301国道和G10绥满高速公路。省道有省道203（满洲里—乌兰浩特）。301国道由绥芬河到满洲里，中途经过哈尔滨、大庆、扎兰屯、牙克石、海拉尔等城市。满洲里距哈尔滨1 009千米，距大庆888千米，距扎兰屯533千米，距牙克石285千米，距海拉尔200千米。满洲里与新巴尔虎右旗有三级公路相连，距离118千米。

图1-16 俯瞰满洲里公路口岸

图1-17 1995年满洲里公路口岸旅客通关场面

资料来源：田喜增拍摄

图1-18 1998年建成并开始投入使用的满洲里新公路口岸

4. 口岸相关商贸往来

自满洲里市1992年被批准为首批沿边开放城市至2017年的26年，满洲里口岸共通过进出口物资3.6亿吨，为我国改革开放和现代化建设做出了重要贡献。满洲里口岸是“一带一路”和中蒙俄经济走廊上的重要节点，承担着中俄贸易65%以上的陆路运输任务，是我国唯一集公路、铁路、航空三位一体的沿边国际口岸，拥有中俄互市贸易区、综合保税区等多个对外合作载体和平台，口岸货运量及外贸进出口总值多年来始终位居全国沿边陆路口岸之首。

满洲里口岸是中华人民共和国检验检疫事业的摇篮。1948年，东北解放区为适应对苏贸易的需要，在满洲里与苏方联合成立化验室，负责中国输往苏联的粮谷、油籽类商品检验工作。中华人民共和国成立后，中苏联合化验室撤销，成立满洲里商品检验站；1952年1月，成立满洲里卫生检疫机构；1965年6月，成立满洲里动植物检疫机构。1999年满洲里出入境检验检疫局成立，负责满洲里地区及其对俄罗斯铁路、公路、航空口岸和新巴尔虎右旗对蒙古国阿日哈沙特口岸的出入境检验检疫工作。

（二）阿日哈沙特口岸（图1-19~图1-27）

1. 口岸简介

阿日哈沙特口岸位于呼伦贝尔市新巴尔虎右旗阿日哈沙特镇境内。与蒙古国东方省哈比日嘎口岸相对，距旗政府驻在地阿拉坦额莫勒镇81千米，距蒙古国乔巴山市120千米，距我国满洲里市200千米，是我国对蒙古国开放的重要口岸之一。对内辐射全区乃至全国各地，对外辐射蒙古国东方省、肯特省、苏赫巴托尔省。

图1-19　阿日哈沙特口岸远景

1989年3月，呼伦贝尔盟与东方省双方通过互访，就开展边境贸易和经济技术合作签订了原则协议。蒙古国经贸部就扩大两国之间的边境贸易有关问题向我国对外经济贸易部递交了换文草案，提出了开辟阿日哈沙特–哈比日嘎口岸的愿望。1989年7月新巴尔虎右旗与东方省贸易代表团在海拉尔签订了易货贸易合同，在蒙方批准哈比日嘎口岸的情况下，1989年9月经内蒙古自治区人民政府批准，开辟阿日哈沙特为对蒙边境临时过货点。1990年9月16日在阿日哈沙特口岸实现了首次过货。

随着中蒙两国贸易的发展，1992年3月11日国务院以国函（1992）25号文批准阿日哈沙特为一类季节性口岸，同年6月24日该口岸正式对外开放。2005年4月，依据中蒙两国签署的《中华人民共和国政府和蒙古国政府关于中蒙边境口岸及其管理制度的协定》，阿日哈沙特口岸实现了集中延长开关，开关时间由原来的80天延长至234天。2015年4月，中蒙两国在北京举行《中华人民共和国政府和蒙古国政府关于中蒙边境口岸及其管理制度的协定》执行情况第五轮司局级会晤，中蒙双方政府同意将阿日哈沙特–哈比日嘎口岸扩大为常年开放口岸。同月，阿日哈沙特口岸实现全年临时开放。

2. 国门与界碑的历史沿革

阿日哈沙特口岸国门始建于口岸开放初期，位于中蒙边界1495号界碑西南侧，由钢铁焊接而成，上方正反两面有中国国徽和“中华人民共和国”七个大字，左右两侧立柱上分别用中文和蒙文标有“阿日哈沙特”五个大字。1495号界碑是2002年树立的，两面分别有两国的国徽和两国文字标注的国别及确立时间。

图1-20　阿日哈沙特口岸国门

图1-21 阿日哈沙特口岸标志

图1-22 阿日哈沙特口岸界碑中方一侧

图1-23 阿日哈沙特口岸界碑蒙方一侧

中俄蒙三国交界点0号界碑立于1993年，由中俄蒙三国共同树立。其中大理石标由中国制作，三面分别用三国文字书写国名，并镶嵌国徽；不锈钢三脚架由俄罗斯制作；底部三块水泥基座由蒙古国制作。0号界碑脚架延伸正对的中俄1号界碑、中蒙1533号界碑、俄蒙964号界碑分别为中俄、中蒙、俄蒙边境线。界碑下面的石堆为塔尔巴干达呼第58号界点，是1911年沙皇俄国单方面堆建的，也是一段屈辱历史的见证。1911年12月20日，沙皇俄国迫使清政府签订了不平等的《满洲里界约》，重新划定了塔尔巴干达呼第58号界点至阿巴该图第63号界点的位置，确定了额尔古纳河中的280个洲渚的编号及归属，致使我国丧失领土1 400多平方千米。

图1-24 0号界碑正面

在中俄蒙交界三角地有一枚木质界标，它位于三国交界点上的0号界碑以南12.8米处。这一枚被废弃的老界标也记录了一段鲜为人知的历史。1924年11月26日，蒙古王公贵族在苏联的支持下宣布自治，之后便单方面在所谓的中蒙边境树立了16枚木质界标。这些木质界标多数早已腐烂消失，唯独剩下了三角地的这枚三足界标。目前，这枚界标收藏在我国边防部队的军史馆中。

图1-25 木质界标（2007年9月）

图1-26 木质界标在军史馆中展出

3. 国门与界碑的地理特征

1）自然条件

地理位置：新巴尔虎右旗是内蒙古自治区19个边境旗（市）和23个牧业旗之一，位于祖国东北边陲（东经115°31′~117°43′，北纬47°36′~49°50′），呼伦贝尔市西部中俄蒙三国交界处。东北部与全国最大的陆路口岸城市满洲里毗邻。国境线长515.4千米，其中，中蒙边界467.4千米，中俄边界48千米。

地形地貌：新巴尔虎右旗地貌单元属呼伦贝尔断裂断陷盆地。山脉走向与河流流向多与地质构造线相吻合，即山脉多呈东北—西南走向，呼伦湖、克鲁伦河则沿断裂带线发育。呼伦湖西岸、克鲁伦河以北地貌类型属低山丘陵。海拔一般为650~1 000米，最高为巴彦乌拉山，海拔1 011米。最低为阿拉善查干诺尔一带，海拔504米。纵观新巴尔虎右旗地势为西北高，东南低，层状地形较明显。除上述地貌类型外，在新巴尔虎右旗尚有较多的微地貌发育。

气候特征：新巴尔虎右旗气候属中温带大陆性干旱气候，四季分明。春季气温多变，经常出现大风，降水量少，蒸发量大，故有“十年九春旱”之说。夏季气温高，降水量大。秋季气温迅速下降，霜冻随之来临，降水量比夏季明显减少。冬季盛行西北风，降水量极少，整个冬季干冷而漫长，气候条件极为恶劣。

2）资源禀赋

矿产资源：新巴尔虎右旗地下矿产资源丰富。勘探表明，呼伦贝尔市著名的得耳布尔有色金属成矿，南起新巴尔虎右旗的额仁陶勒盖，经乌拉、查干布拉格、乌努克图山、陈巴尔虎旗八大关、延伸到根河市的得耳布尔。现已探明的矿产资源主要有金、银、铜、钼、铅、锌、锰、铁、钨、锡、铋等十多种金属和煤、芒硝、玛瑙石、硅石、石油、萤石、石膏、石灰石、大理石、膨润土等非金属矿产。

动物资源：呼伦湖及其附属水体共有鱼类4目6科26种，鲤形目鲤科占绝对优势。新巴尔虎右旗飞禽类有17目38科，主要有大雁、灰鹤、鸿雁、海鸥等候鸟约100种，还有山鹰、毛腿鸡、百灵鸟等。新巴尔虎右旗共有兽类6目13科35种。与新巴尔虎右旗草原景观的特点相对应，境内以小型兽类为主，无大型食肉兽与食草兽（据当地居民反映，20世纪50年代尚有野马存在）。因此在35种中啮齿类就有2目6科15种，占总种类数的42.86%，就数量而言，也是本区兽类的优势种类。草原鼠害严重，而鼠类天敌动物虽有为数较多的种类，但数量均甚少，不足以成为鼠害发生的抑制因素。

3）交通条件

省级公路：阿拉坦额莫勒—满洲里线（0503）。原为县级公路，1976年规划为牧区循环路的一部分，1985年列为自治区0503干线公路。

县道：截至2009年，新巴尔虎右旗有县级公路92千米，其中有三级沙石公路4千米。

乡镇道：乡镇道全长406千米。包括阿拉坦额莫勒镇—白音乌拉（克尔伦苏木）南线、阿拉坦额莫勒镇—白音乌拉（克尔伦苏木）北线、阿拉坦额莫勒镇—阿日哈沙特口岸线、阿拉坦额莫勒镇—巴润乌和尔图线、阿拉坦额莫勒镇—布达图（贝尔苏木）线。

4）民族人口

巴尔虎，系蒙古族喀尔喀部一部落名，因该旗的巴尔虎人比陈巴尔虎旗的巴尔虎人进驻呼伦贝尔的时间迟两年，故名新巴尔虎。蒙古语称西为右。

1732年，清政府分两批从布特哈和喀尔喀蒙古车臣汗部，将巴尔虎部落迁来呼伦贝尔驻牧，寓兵于牧，编为左、右两翼八旗，隶属呼伦贝尔副都统衙门。1948年建立新巴尔虎右旗。1997年，新巴尔虎右旗面积为25 102平方千米，人口达3.2万人，其中蒙古族占79%。辖1镇11苏木。旗政府驻阿拉坦额莫勒镇。

新巴尔虎右旗是一个以蒙古族为主体，汉族、达斡尔族、鄂温克族、鄂伦春族、回族、满族等11个民族聚居的边疆少数民族地区。

4. 口岸相关商贸往来

呼伦贝尔市与蒙古国东部地区山水相连，有着传统的广泛的交往历史，经济互补性很强。阿日哈沙特口岸辐射的蒙古国东部三省（东方省、苏赫巴托尔省和肯特省）资源和自然生态条件富集，经济发展相对滞后，部分轻工产品难以满足自给，特别是粮食和蔬菜需要大量进口，对毗邻国家地区经济的依赖程度有增无减。而邻国的土地、森林、畜产、矿产和旅游等资源也有很大的开发潜力。

据调查，东方省市场的商品70%来源于中国，但受原有季节性开关的限制，从阿日哈沙特口岸出口的商品只占蒙古国东部三省年需商品总量的30%左右，剩余的70%商品只能在该口岸闭关期间转道二连进口。随着中蒙两国合作领域的进一步拓展和我国向北开放力度的加大，阿日哈沙特口岸的季节性开关逐渐不能满足两地区政治、经济、文化交往的需要。为开发蒙古国东部市场，适应经济全球化和我国加入WTO（World Trade Organization，世界贸易组织）后新形势的需要，实现阿日哈沙特口岸常年开放势在必行。2015年4月，口岸实现了全年临时开放。

图1-27　阿日哈沙特口岸

（三）黑山头口岸、室韦口岸（图1-28~图1-32）

1. 口岸简介

1）黑山头口岸

黑山头口岸位于内蒙古自治区额尔古纳市境内，处于中俄界河额尔古纳河东岸，中俄边境91号界碑附近，东经119°21′36″、北纬50°27′07″。口岸距额尔古纳市62千米，距黑山头镇12千米。西隔额尔古纳河与俄罗斯赤塔州旧粗鲁海图口岸相望，两口岸直线距离1.5千米。

黑山头口岸于1989年经国务院批准正式设立，1990年成为对俄开放的国家一类常年开放口岸。黑山头口岸初期年设计通过能力为货运50万吨、客运30万人次，2006年之后又进行了新建扩建，远期设计通过能力为年过货300万吨、过人300万人次。目前进口货物主要有铅锌矿石、煤及畜产品，出口货物主要有轻工产品、矿山机械、白灰、水泥等。

图1-28　黑山头口岸国门

2）室韦口岸

室韦口岸与黑山头口岸同位于额尔古纳市境内，与黑山头口岸共用口岸联检机构。室韦口岸处于中俄界河额尔古纳河中游东岸，中俄边境111号界碑处，东经119°53′53″，北纬50°20′12″。室韦口岸在蒙兀室韦苏木的西南方0.5千米处，并因此而得名。口岸距额尔古纳市区168千米，距莫尔道嘎镇90千米，有三级公路相连。西隔额尔古纳河与俄罗斯奥洛契口岸相对，两口岸相距1千米。室韦口岸是双边性常年开放的货运口岸，1989年经国务院批准正式设立，1991年2月1日正式对外开放。口岸设立初期每年夏季为水上过货，冬季为冰上过货。2001年10月建成室韦-奥洛契口岸界河大桥，设计年通过能力为货运50万吨。进口货物主要是木材、铅锌矿石、铁矿等，出口货物主要是建筑材料、机械等。

图1-29　室韦口岸

2. 国门与界碑的历史沿革

1）黑山头口岸国门与界碑

黑山头口岸国门于2013年6月建成。国门长47米，高20.8米，宽

9米，总建筑面积914.8平方米。设计融合了蒙古族建筑和欧式建筑的风格，具有旅游观光和展厅功能。在国门与界河之间，立有中俄边界91号界碑。

图1-30 黑山头口岸旧界碑

2）室韦口岸国门与界碑

室韦口岸国门尚在规划之中。规划国门长36米，高20米，宽9米，总建筑面积781平方米，建筑模式参照黑山头口岸国门样式。在距界河200米处，立有中俄边界111号界碑。

图1-31 室韦口岸界碑

3. 国门与界碑的地理特征

1）自然条件

地理位置：额尔古纳市是隶属内蒙古自治区呼伦贝尔市的一个县级市，位于大兴安岭西北麓，呼伦贝尔草原北端，额尔古纳河右岸。地理坐标东经119°07′~121°49′、北纬50°01′~53°26′，辖区面积2.84万平方千米，边境线长671千米。

地形地貌：额尔古纳境内地形以丘陵为主。额尔古纳地块呈北东向延伸，长达1 500千米以上，是中亚—蒙古—兴安巨型复合造山带内的重要大地构造单元。该地块北侧为中生代蒙古—鄂霍茨克褶皱带；地块的东北部与莫梅恩（马门）地块相连。

气候特征：额尔古纳市市区属寒温带大陆性气候，根河市以北属温带季风气候，莫尔道嘎镇及以北地区属于寒温带季风气候。市区年平均气温在-2.0~3.0℃，年降水量为200~280毫米，日照时间为2 500~3 000小时。额尔古纳市四季气候特征：春季温度回升急剧，多大风，降水少且变率大；夏季短暂、温暖，雨量充沛，雨热同季；秋季降温快，初霜早；冬季寒冷漫长，降水少但空气湿度很大。

2）资源禀赋

植物资源：额尔古纳市境内的土地中，林地占67%，牧草地占17%，耕地占6%。市境内有兴安落叶松、樟子松、白桦、黑桦、山杨等多种树木，森林覆盖率高达64.8%。植物区系地理成分主要受东西伯利亚针叶林区和东亚阔叶林区的影响，落叶松是占地面积最大的植被类型。

额尔古纳自然保护区自然资源丰富，水丰土肥。岭北山脉原始森林茫茫如海，活立木蓄积量2亿多立方米。野生浆果以越橘（俗称红豆）、笃斯（俗称嘟柿）为主，另有山荆子、草莓、水葡萄等20余种浆果。野生食用菌多达110余种，白蘑、花脸香蘑、桦树胆、草蘑产量极丰，猴头菇、黑木耳最为珍贵。药用植物有400余种，其中黄芪、荆芥、赤芍、玉竹、手掌参、柴胡等分布较广，利用价值较高。

动物资源：额尔古纳自然保护区动物地理区系隶属于古北界东北区大兴安岭亚区，有野生脊椎动物329种。其中国家一级重点保护兽类3种，即紫貂、原麝、貂熊；国家二级重点保护兽类6种。国家一级重点保护鸟类有黑鹳、金雕、白尾海雕、玉带海雕、黑嘴松鸡、白头鹤、丹顶鹤、白鹤8种；国家二级重点保护鸟类35种。

矿产资源：截至2008年，额尔古纳市境内已发现7类19种矿产，包括能源矿、黑色金属矿、有色金属矿、贵金属矿、水气矿、放射性矿，矿产地21处。已探明或初步探明资源储量的矿产有9种。

3）民族

额尔古纳市境内居住有蒙古族、汉族、回族、俄罗斯族等14个民族。

4. 口岸相关商贸往来

黑山头口岸、室韦口岸是内蒙古自治区参与东北亚国际流通的重要国际大通道，是自治区对外开放的前沿，是呼伦贝尔市对外开放的一级口岸，是呼伦贝尔市出口绿色食品以及进口俄罗斯能源的重要通道。近年来，随着中俄合作的不断加深以及国家向北开放战略的深入实施，黑山头口岸、室韦口岸建设取得了长足进展，自开关以来两口岸已累计过货128万吨，出入境人员67.6万人次，出入境车辆33.6万辆次，贸易额达1.92亿美元。

图1-32　室韦口岸桥头

（四）额布都格口岸（图1-33~图1-37）

1. 口岸简介

额布都格口岸位于内蒙古自治区呼伦贝尔市新巴尔虎左旗阿木古郎镇西南，与蒙古国白音胡硕口岸隔河（哈拉哈河）相望，是中俄蒙经济走廊和“一带一路”的重要节点。近年来，额布都格口岸迎来了快速发展的时机，成为原油进口、农牧业资源进口、跨境旅游项目开发、沿边经济发展的重要口岸。

图1-33　额布都格口岸联检大楼

额布都格口岸1991年经内蒙古自治区人民政府批准设立临时过货点；1995年升格为一类季节性开放口岸；2006年实现对“大庆油田塔木察格项目”常年临时集中开关；2009年经国务院批准为双边季节性公路客货运输口岸；2012年口岸常年开放事宜列入国家口岸“十二五”发展规划；2012年通过国家级验收，正式列为国家对外开放口岸。2017年7月，被国务院批准为双边性常年开放公路客货运输口岸。

2. 国门与界碑的历史沿革

1）国门

2017年呼伦贝尔市政府完成额布都格口岸整体规划，计划在额布都格口岸建设国门景区。2017年8月3日口岸国门景区建设举行了奠基仪式。计划建造的国门建筑分为五层布置，国门建筑总高为66米（屋顶局部高68.13米），建筑结构形式为框架结构，总建筑面积24 782平方米。

2）界碑

额布都格口岸界碑是中华人民共和国北部边境线上的第1423号界碑，位于联检楼向南800米的中蒙边境线上。它是由2002年中蒙边界第二次联检委员会专家组第一次会晤研究决定，在原来的288号界碑位置更换的，并将原来的混凝土碑体更换为与国际接轨的花岗岩碑体。界碑现已成为口岸一道独特的风景，每年吸引数以万计的参观者。

图1-34 1423号界碑

3. 国门与界碑的地理特征

1）自然条件

地理位置：额布都格口岸地处内蒙古呼伦贝尔市新巴尔虎左旗阿木古郎镇西南，在国境线1423号界碑附近，东经118°10′25″、北纬

48°2′27″。

新巴尔虎左旗西南与蒙古国接壤，东北隔额尔古纳河同俄罗斯相望，边境线总长311千米。其中：中蒙边境线215千米，中俄边境线96千米。旗政府所在地阿木古郎镇距海拉尔、满洲里、阿尔山分别是168千米、200千米和205千米。境内贯穿G301、S201、S203、两伊公路、滨洲铁路、两伊铁路等多条重要交通要道。

图1-35　中蒙哈拉哈界河桥（额布都格-白音胡硕口岸桥）
"中蒙第一桥"雕塑

气候特征：额布都格口岸属中温带大陆性季风气候，其特点为冬季漫长严寒，积雪期为140天左右。极端最高气温为39.5℃，最低气温为-40.1℃，全年平均气温为-0.3℃。夏季温和，雨水集中，秋季气温急降。无霜期为90~110天。年降水量为287毫米左右，降水期主要集中在7~9月。

2）资源禀赋

自然资源：额布都格口岸所在的新巴尔虎左旗，东南部为山地丘陵，中部为高平原，北部海拉尔河一带为低山丘陵，南部为大兴安岭北麓山林区，最高处为乌尔根乌拉山，海拔1 573米。新巴尔虎左旗位于呼伦贝尔草原的腹地，有森林、草原、湿地、湖泊等多种生态系统。全旗草场有效面积2 678万亩（1亩≈666.7平方米），占全旗总面积的80%以上，占呼伦贝尔草原总面积的21.2%。南部属大兴安岭西麓延伸地区，有林地面积33.98万亩，活立木总蓄积量197万立方米，有世界名贵稀有的沙地樟子松200多万亩。境内河流均属额尔古纳河水系，主要河流有额尔古纳河、海拉尔河、哈拉哈河、乌尔逊河、辉河等，境内流域总长711千米，著名的呼伦湖和贝尔湖都分布于此。境内生长着大量的野生动植物，其中野生植物有70余科260余属510多种；野生动物主要有鹿、狍子、黄羊、狼等，鸟类代表有天鹅、丹顶鹤、鹌鹑等。

文化和旅游资源：自1734年巴尔虎蒙古族屯牧戍边定居在此，新巴尔虎左旗已有280多年的历史，形成了独具特色的巴尔虎文化。巴尔虎蒙古族服饰、巴尔虎民族民间舞“哲仁嘿”、蒙古马耐力赛等一批优秀的民族文化在民间广为流传，并被列为自治区级非物质文化遗产。2007年，新巴尔虎左旗被命名为“中国蒙古族长调民歌之乡”。境内现有国家AAA级景区甘珠尔庙、红色教育基地诺门罕战役遗址陈列馆、陶森诺尔泥疗中心以及七仙湖、呼伦湖、额布都格口岸等一批重要旅游景区和景点，初步形成了联结满洲里和阿尔山，集草原、湿地、湖泊、口岸、战争遗址、民族民俗文化、宗教为一体的精品旅游长廊。

矿产资源：新巴尔虎左旗矿产资源富集，境内有石油、天然气、煤炭、有色金属、盐、碱、铜等十几种矿产资源，其中煤炭资源探明储量1 135亿吨，煤质主要为优质褐煤并伴有长焰煤。石油预测储量6.5亿吨，天然气、二氧化碳预测储量100亿立方米，具备开发条件的风力资源区约2 000平方千米。

3）民族人口

新巴尔虎左旗位于呼伦贝尔市西南端，是内蒙古自治区19个边境旗（市）和33个牧业旗之一，土地面积2.2万平方千米，辖2个镇、5个苏木、55个嘎查。总人口4.2万，其中少数民族人口3.26万。

4. 口岸相关商贸往来

额布都格口岸具有独特的区位优势，包括中蒙边境毗邻地区多重叠加的政策优势以及毗邻地区的资源、历史、民俗、生态和旅游优势，中蒙跨境经济合作的潜力巨大。口岸发展定位为紧密围绕、主动融入国家“一带一路”倡议、自治区向北开放重大战略部署，深入扩大对蒙合作，成为内蒙古东部地区能源资源战略通道和农畜产品进口指定口岸，成为对蒙跨境旅游的主要节点、中俄蒙跨境旅游的重要支点、跨境游和边境游的紧密衔接点，成为功能齐全、多元化的综合型国际性口岸。“十二五”期间，累计投资1.5亿元，先后建设完成了中蒙额布都格–白音胡硕口岸桥、口岸联检综合大楼、输电线路等多个建设工程，使口岸实现公路、界河桥、通信、网络、供水、供电“六通”。配置了车辆通道式核辐射监测系统、车辆消毒通道、红外体温监测、地磅、X光机等查验设施，已具备百万吨货物通关能力。饲草储运加工基地建设已初具规模，口岸货运监管场所建设完成。此外，投资200多万元为蒙古国白音胡硕口岸援建了联检房、海关宿舍、边检营房、国检宿舍、口岸联检封闭区、进出境单行道等基础设施。

额布都格口岸从蒙古国进口的主要商品为石油、饲草、农畜产品等。出口商品主要是粮油、副食、日用百货、建材、机电产品等。

图1-36 繁忙的口岸现场

图1-37 进口原油运输车辆

（五）阿尔山口岸（图1-38~图1-43）

1. 口岸简介

阿尔山口岸位于内蒙古自治区兴安盟阿尔山市天池镇（原伊尔施镇），在中蒙边境1382号界碑和1383号界碑之间。蒙古国方面与阿尔山口岸对应的是松贝尔口岸，距离蒙古国东方省哈拉哈高勒苏木（原松贝尔苏木）96千米，距离东方省省会乔巴山市456千米，距离蒙古国首都乌兰巴托市1 111千米。

图1-38 阿尔山口岸国门

阿尔山口岸是中国图们江区域合作开发规划的中蒙大通道的关键节点，是国家东北振兴规划确定的向俄蒙开放的重要通道，是联合国开发计划署规划的新欧亚大陆桥的桥头堡。

1992年，内蒙古自治区人民政府批准阿尔山公路口岸为季节性对外开放的国家二类口岸（边境贸易临时过货点）。2004年，中蒙两国签署的《中华人民共和国政府和蒙古国政府关于中蒙边境口岸及其管理制度的协定》，确认阿尔山口岸为季节性开放口岸，同时确定了口岸的通道位置、开放时间等。2012年12月，阿尔山口岸通过了国家验收，2013年7月15日至10月1日期间临时集中开放，2014年正式开放。口岸基础设施有跨境大桥、联检楼、国门、边检营房、口岸连接线工程、旅检综合楼、会谈会晤站等。

图1-39　阿尔山口岸界碑

2. 国门与界碑的历史沿革

1916年2月，黑龙江省设索伦山宣抚局，隶属龙江道，今阿尔山市岭南地区划入索伦山宣抚局辖。1947年5月，内蒙古自治政府成立，兴安盟撤销，其辖区划为内蒙古自治政府直辖区。东蒙古林业公司改称内蒙古兴安林矿局，在白狼设林矿分局（后改称林务分局）。1969年

8月1日，阿尔山镇随科尔沁右翼前旗（简称科右前旗）从呼伦贝尔市划出，归吉林省白城地区。1980年7月26日，恢复兴安盟，阿尔山镇随科右前旗划归兴安盟。1996年6月10日，经国务院批准，阿尔山市（县级市）成立。

图1-40 阿尔山口岸界河桥（2007~2017年）

图1-41 阿尔山口岸界河桥（2017年至今）

阿尔山口岸国门采用南北对称的平面布局，庄严雄伟的国门与壮观的口岸界河桥构成了一道独特的旅游景观。

3. 国门与界碑的地理特征

1）自然条件

阿尔山口岸地理坐标为东经119°28′40″，北纬47°19′43″。阿尔山全称哈伦·阿尔山，系蒙古语，意为“热的圣水”，地处内蒙古自治区东北部，兴安盟西北部。阿尔山市横跨大兴安岭西南山麓，属于寒温带大陆性季风气候，是全国纬度最高的城市之一，全年气温较低，年平均温度为-3.1℃。1996年6月设立县级市，行政区面积7 408.7平方千米，总人口6.8万，其中80%以上是林业职工及家属。

阿尔山口岸西与蒙古国接壤，距离蒙古国东方省哈拉哈高勒苏木96千米，东邻呼伦贝尔市所辖扎兰屯市和兴安盟扎赉特旗，南邻兴安盟科右前旗，北和呼伦贝尔市新巴尔虎左旗、鄂温克族自治旗毗连。哈拉哈河流域自古就是北方游牧民族的繁衍生息之地，它孕育了森林草原文明。成吉思汗漠北铁骑从这里崛起，因此哈拉哈河流域成为蒙古民族的重要发祥地之一。哈拉哈河发源于阿尔山的摩天岭北部，上游穿越火山熔岩地段，在茂密的林海中弯弯曲曲地向西流去，到新巴尔虎左旗的罕达盖南和阿木古郎南成为中蒙界河，流经蒙古国注入贝尔湖，之后转入呼伦湖。河流全长399千米，在阿尔山市境内流程154千米，河宽100~200米，水深1~2米。哈拉哈河水流清澈，两岸植被完好，风光秀美。

2）资源禀赋

阿尔山市有哺乳类动物5目12科30余种，禽类12目19科40余种，其中金雕、黑嘴松鸡、黑颈鹤、丹顶鹤等是国家一类保护动物。野生植物种类繁多，共有57科190属269种，其中食用价值高的有蕨菜、荚果蕨（别称广东菜）、柳蒿芽、金针菜等，药用植物有黄芪、黄芩、手掌参等104种，食用菌类有猴头菇、花脸香蘑、白蘑、小黄蘑等。

旅游资源：阿尔山市旅游资源得天独厚，拥有八大旅游资源，即神奇的矿泉、天然的火山博物馆、优良的冰雪、优越的避暑环境、前景广阔的口岸、广阔的草原湿地、别具特色的北国森林风光和分布广泛的第二次世界大战遗址。其旅游资源特点可概括为泉神、池奇、湖秀、河特、石绝、雪美、夏爽。其中有三大资源十分罕见，堪称世界一流。一是温泉。阿尔山温泉以其广泛的分布、多样的类型、健身疗效显著而闻名于世，水质和数量在国内首屈一指，水中富含氡等放射性微量元素，特别适合疗养度假。二是冰雪。由于特殊的地理环境，阿尔山市每年10月初形成有效降雪直至次年的4月。在长达7个月的冰雪期内，阿尔山冰清玉洁、银装素裹，而且阿尔山的雪资源具有降雪早、雪质好、雪量大、雪期长等优点，可与世界著名的冰雪胜地奥地利和瑞士相媲美。三是生态环境。阿尔山属于典型的寒温带大陆性季风气候，寒温带地区适合生存生长的动植物资源在这一地区均有体现。游客为了体验边境寒温带风光和蒙古民俗风情纷至沓来，进行温泉疗养、休闲避暑、观光度假。这些旅游资源使阿尔山具备了将旅游业培育成主导产业、支柱产业的基础。

矿产资源：阿尔山矿泉是世界上最大的功能型矿泉之一。经中国科学院、中国地质大学联合进行的火山科考认定，阿尔山周围有冷泉、温泉、热泉、高热泉等温度不同、功能各异的饮用和洗浴矿泉逾百眼。其中国家AAAA级景区阿尔山温泉疗养院，在宽70米，长500米的芳草地上就有矿泉48眼，其他矿泉集中分布在金江沟、银江沟一带。

阿尔山矿泉从清道光三十年（1850年）开始被开发利用。目前，在阿尔山市辖区内已发现分布着四个大的矿泉群，经专家初步查明大的矿泉有76眼之多，小的不计其数。从功能上，矿泉可分为治疗洗浴泉和饮用泉，从化学性质上可分为偏硅酸泉、重碳酸泉和放射性氡泉。

天然的火山博物馆：阿尔山的火山遗迹具有极高的科考价值和观赏价值。哈拉哈河火山群有50余座火山锥，航拍资料显示，仅一条航线便发现了十几处高位火山口湖和火山熔岩堰塞湖，还发现了珍贵的无水天池——岩山池、地表火山口湖——地池和厚达60~100米的熔岩台地。2003年的火山科学考察发现了高山、岩山、石盆、小东沟四个喷发时间、方式各不相同的火山口，确定了阿尔山地区有活动火山，因此阿尔山火山成为中国活动火山家族中的第七位成员，其特征发育之完善堪称天然的“火山博物馆”。

4. 口岸相关商贸往来

阿尔山口岸是我国连接东北亚地区的重要枢纽，也是兴安盟的北大门和向北开放的唯一出口。近年来，阿尔山市全面提升与蒙古国的基础设施互联互通水平，完善口岸基础设施建设，提升口岸通关能力，深化与蒙古国在跨境旅游、教育卫生、警务执法等领域合作，对蒙开放正在进入合作领域不断拓展、合作机制不断完善、合作成果不断涌现的新阶段。

图1-42　阿尔山口岸联检楼（2008~2015年）

图1-43　阿尔山口岸联检楼（2015年至今）

阿尔山口岸积极开展中蒙农牧业合作，深化对蒙合作交流，积极争取成为进口饲草、畜产品指定口岸。2015年，阿尔山口岸通过国家质量监督检验检疫总局口岸核心能力验收，通过进口粮食指定口岸的考核验收，成为内蒙古自治区首批进口粮食指定口岸之一，同时建设了阿尔山口岸农畜产品检测中心等。随着基础设施建设日臻完善，口岸步入发展建设的快车道，正在朝着建设对蒙开放的黄金桥头堡、打造中蒙最大跨境旅游生态口岸的目标不断迈进。

（六）珠恩嘎达布其口岸（图1-44~图1-49）

1. 口岸简介

珠恩嘎达布其口岸位于内蒙古自治区锡林郭勒盟东乌珠穆沁旗珠恩嘎达布其镇，中蒙边境1046号界碑处，具有连接东西、纵贯南北的地缘区位优势。对内辐射内蒙古中东部地区，并向南延伸到东北和华北腹地；对外辐射蒙古国苏赫巴托尔省、东方省和肯特省。辐射面积30万平方千米，辐射人口20多万，辐射区域内具有富集的矿产资源、石油资源、动植物资源和旅游资源。珠恩嘎达布其口岸处于中蒙俄经济带的重要节点，是内蒙古自治区向北开放的重要桥头堡，高度契合国家推进“一带一路”倡议和内蒙古实施向北开放战略。珠恩嘎达布其口岸可通过贺乌、巴新等重要铁路干线通达锦州港、大连港、天津港、营口港、曹妃甸港等港口，具备连接环渤海港口群的通疆达海通道优势。东乌珠穆沁旗是以蒙古族为主的多民族聚居地区，与蒙古国人民语言相通、民俗相近，毗邻地区往来频繁，边民关系融洽，民间交往密切，在推进中蒙务实合作、加强与蒙古国区域合作等方面，具有得天独厚的人文优势。

图1-44 珠恩嘎达布其口岸全景

2. 国门与界碑的历史沿革

珠恩嘎达布其口岸历史上被称为“蒙马处”，是中蒙两国边民世代友好的通商要道和重要枢纽。1992年被国务院批准为国家一类季节性口岸；2004年确定为国际性常年开放口岸；2008年正式实现国际性常年开放；2009年被纳入《辽宁沿海经济带发展规划》三条通疆达海通道之一，明确为向俄蒙开放的重要窗口，成为继满洲里、二连浩特后内蒙古第三个国际性常年开放的陆路口岸。2015年被国务院确定为61个沿边国家级公路口岸之一。近年来，蒙古国口蹄疫、马流行性感冒、炭疽等疫情疫病频发，为防止疫病传入，联检部门不断增强综合能力建设，确保口岸公共安全和外贸健康发展，重大疫情疫病得到有效防控，辖区企业质量安全等方面得到有效监管。

图1-45 蒙马处遗址

图1-46　珠恩嘎达布其口岸国门

3. 国门与界碑的地理特征

1）自然条件

地理位置：国门与界碑位于内蒙古自治区锡林郭勒盟东乌珠穆沁旗珠恩嘎达布其镇。

图1-47　1046号界碑

地形地貌：东乌珠穆沁旗珠恩嘎达布其镇地势北高南低，由东向西倾斜，海拔800~1 500米；北部是低山丘陵，南部是盆地；土壤水平地带性分布非常明显，由东向西依次有灰色森林土、黑钙土、栗钙土，非地带性土壤有沼泽土、草甸土、风沙土。

气候特征：东乌珠穆沁旗珠恩嘎达布其镇属北温带大陆性气候，处于高海拔和中、高纬度带的内陆地区，自然条件较为恶劣。气候特征为冬季受蒙古高压控制寒冷风大，夏季水热同期。年平均气温1.6℃，极端最高气温39.7℃，最低气温-40.7℃。无霜期平均为120天。年降水量300毫米左右，主要集中在6~8月；年蒸发量在3 000毫米左右。日照时间年均2 975小时，太阳辐射强烈，湿润度0.1~0.4；大风日数多，年均7~8级大风日数73天。

2）资源禀赋

矿产资源：东乌珠穆沁旗拥有小坝梁、乌兰陶勒盖—奥尤特—海拉斯、朝不楞—查干敖包—白音呼布三条有色金属成矿带，乌尼特、额和宝拉格等煤田。地处石油资源丰富的二连盆地的阿尔善凹陷区，境内白音都兰和乌里雅斯太凹陷的次一级凹陷中形成的石油储量达3 574万吨。额吉淖尔湖的盐储量达2 300万吨、芒硝储量达3 700万吨。

动植物资源：东乌珠穆沁旗是内蒙古自治区地方良种乌珠穆沁羊、乌珠穆沁白绒山羊、乌珠穆沁牛、乌珠穆沁马的主产区。天然草原总面积为6 917万亩，森林面积27.2万亩。

4. 口岸相关商贸往来

珠恩嘎达布其口岸对外辐射的蒙古三省矿藏丰富，草场广阔优良，牲畜存栏量大。当地政府据此资源优势，努力打造珠恩嘎达布其农畜产品黄金通道，提升口岸发展活力，培育新的经济增长点，进口蒙古国锌精粉、钨矿粉、原油、煤炭、马匹、饲草、马鬃尾、洗净山羊绒、蓝湿牛皮等，向蒙古国出口种公羊。

图1-48 蒙古国货物待入境

图1-49 蒙方边贸车辆待入境

近年来，东乌珠穆沁旗抓住国家扩大沿边开放战略和内蒙古自治区向北开放战略、锡林郭勒盟“一体两翼”发展战略的政策机遇，按照错位布局、互补发展、相互支撑的发展思路，先后投入5亿多元，实施了30余项口岸基础设施和联检查验配套设施建设项目，相继建设和完善了口岸办公区、生活区和联检区、牲畜隔离场和加工区、进口饲草熏蒸储运基地、原油储运库、电子口岸平台及水、电、路、讯等，口岸基础设施条件得到了全面改善，口岸检验检疫能力、承载能力、通关能力得到了全面提升。同时，其积极主动融入“一带一路”和中蒙俄国际经济走廊建设，与蒙古国就口岸、通道、跨境经济区建设和旅游、文化、教育、医疗、经贸等合作进行磋商，着力推动口岸实现开放升级，建设中蒙跨境经济技术合作园区，打造新的出海大通道和构建区域经济协作体，进一步提升以珠恩嘎达布其口岸为门户和支点的中蒙双边多区域、多领域的产能合作产业开发水平。

（七）二连浩特口岸（图1-50~图1-59）

1. 口岸简介

二连浩特市位于内蒙古自治区正北部，北与蒙古国口岸城市扎门乌德市隔界相望。二连浩特距北京690千米，是我国距首都北京最近的边境陆路口岸。距蒙古国首都乌兰巴托714千米、距俄罗斯首都莫斯科7 623千米，边境线长72.3千米，是我国对蒙古国开放的最大陆路口岸，是国家向北开放的前沿和窗口。从北京经二连浩特到莫斯科比经滨洲线近1 140千米。

图1-50　二连浩特公路口岸彩虹桥

2. 国门与界碑的历史沿革

二连浩特市是国务院首批13个沿边开放城市之一。“二连浩特”是蒙语的汉译音，二连原名“额仁”，沿用市郊“额仁达布散淖尔”（今译二连盐池）之名。1956年1月，随着北京—乌兰巴托—莫斯科国际联运列车正式开通，二连镇建立。1966年1月，国务院批准设立二连浩特市，1985年1月，升格为准地级市，1986年3月成为内蒙古自治区计划单列市。辖区面积4 015平方千米，城市建成区面积27平方千米。二连浩特国门共经历了三代变革。一代国门始建于铁路口岸开通之初，是一个简单的方框式混凝土国门。二代国门始建于1984年，是一个横跨一条铁路线的二层砖混结构国门。三代国门始建于2003年，2005年投入使用。三代国门横跨铁路双轨，共4层，高21米，长71.4米，宽13米，建筑面积2 406平方米，国门上方嵌有“中华人民共和国”七个红色大字，门楣上悬挂着庄严的国徽，气势磅礴，宏伟壮观。国门塔身镂空，可拾级而上。站在国门顶层向北远眺，具有俄罗斯建筑风格的蒙古国边城扎门乌德火车站大楼、具有民族特色的居民小木楼及具有草原风情的蒙古包群尽收眼底。国门下方的中蒙铁路，是连接北京和乌兰巴托、莫斯科的铁路交通大动脉，被誉为“欧亚大陆桥”。国门主体为钢结构，外墙为花岗岩板和槽钢骨架、玻璃丝绵保温组成的复合墙体，横跨铁路中间部分为玻璃幕墙结构。国门一层为纪念品销售处；二层为墨宝室、中蒙友好关系发展史展区；三层设立有国门博物馆、休息区、国门影吧；四层设立有国门会务室展区、眺望区、休息区。

图1-51　二连公路口岸（2001年4月23日）

图1-52　火车驶出国门（2000年8月）

图1-53　国门过火车

矗立在中蒙边境二连浩特–扎门乌德口岸的815（1）、815（2）、816（1）、816（2）号界碑是全国边界站点唯一的一处双号双立界碑。四块界碑分别矗立在两条铁道的两侧，大理石碑身，两面分别嵌有两国镀金国徽。界碑距二连浩特市和蒙古国的扎门乌德市均为4.5千米，立于2002年。同时在中蒙两国边境线上矗立40年之久的357号界碑完成了它的历史使命，光荣退役，现被国家博物馆珍藏。

图1-54　二连浩特口岸中蒙界碑群

图1-55　原二连浩特口岸中蒙357号界碑

二连浩特口岸联检机构历史悠久。1956年1月，二连浩特卫生检疫所成立；1965年6月，二连浩特动植物检疫所成立；1965年9月，对外贸易部呼和浩特商品检验局二连浩特商品检验处成立。1998年，根据国务院机构改革方案，商品检验、动植物检疫、卫生检疫机构实行“三检合一”，成立新的出入境检验检疫机构。1999年10月26日，二连浩特检验检疫局被批准成立，11月30日正式挂牌对外办公。

3. 国门与界碑的地理特征

1）自然条件

气候特征：二连浩特市地势平坦，由西南向东北缓缓倾斜，平均海拔932.2米。地表无河流，地下有古河道穿境而过。二连浩特春季干燥少雨，夏季短暂炎热，秋季天高气爽，冬季寒冷漫长。年均降水量142.2毫米、蒸发量2 684毫米，无霜期90~120天，采暖期210天。

2）资源禀赋

植物资源：全市共有草场577万亩，森林25万亩，绿化覆盖率36.5%。野生植物主要有灌木、半灌木植物和草本植物40余种，分属18科35属。主要植物有针茅、戈壁针茅、沙蒿、女蒿、冷蒿、沙生冰草、无芒隐子草、芨芨草、白刺、沙葱等。其中常见的药用植物有麻黄、补血草、知丹、苁蓉、锁阳等。

风能和光伏资源：二连浩特拥有丰富的风能、光能资源。70米高年平均风速7.3~7.4米/秒、太阳能地表年总辐射约1 698千瓦时/米^2，风资源有效风速小时数为7 980小时，年可利用小时数约2 720小时。光伏资源年日照时数约3 278小时，年等效利用小时数约2 500小时。

矿产资源：二连盆地蕴藏着丰富的石油、原硝、原盐、萤石、二连石等。达布散诺尔芒硝储量为100万吨，已开采近20万吨；巴音诺日盐湖可采面积12万平方米，已开采8万平方米，每年可采量4 000~5 000吨；石油地质储量为1 000万~4 000万吨；砂石黏土矿均有一定的储量。

土地资源：二连浩特市位于锡林郭勒盟西北部，地处内蒙古高原二连盆地内，地势平坦，由西南向东北略倾斜，海拔897~975.6米，土壤分为三种类型：淡棕钙土面积68.15万亩，占总面积的97.08%；盐土面积1.7万亩，占总面积的2.56%；风沙土面积2 486亩，占总面积的0.36%。

水资源：二连浩特市水蒸发量大于降水量。城市建成区属贫水区，行政区划内无河流水系，缺乏地表水源。区划内及邻近区域有3处可供本市生产和生活用水的水源：盐池一带地下水储量2.2亿立方米，含盐量大，矿化度大于2克/升，水质差；苏尼特右旗境内的齐哈日格图是现在的水源地，面积784平方千米，总储量为40.5亿立方米；赛乌苏地区地下水储量为3.7亿立方米，基本能保证现在蔬菜地和林地的用水需要。

生物资源：二连浩特地处苏尼特草原腹地，属于典型的荒漠和半荒漠草原，生长着多种营养价值很高、牲畜喜欢吃的沙地植物，为适度发展畜牧业提供了良好的自然条件，苏尼特牛羊肉因其肉质鲜美，无膻味，一直是国内外餐桌上的美味佳肴。

旅游资源：二连浩特是一个年轻且富有朝气、充满活力的旅游城市，除了得天独厚的口岸优势外，还具有较为丰富而独特的旅游资源优势。这里有玉龙栈、伊林驿和恐龙墓地等众多历史遗迹，有淳朴的草原文化和民族风情，有形态各异的石林景观，还有巍峨壮观的国门、庄严神圣的界碑。

图1-56　二连盆地白垩纪恐龙国家地质公园

3）交通条件

二连浩特口岸是日韩、东南亚各国开展对蒙古国、俄罗斯转口贸易的理想通道，是蒙古国走向出海口（天津港）的必经口岸，过货通关十分便捷。2013年，郑州、成都等地经二连浩特至欧洲的集装箱货运专列开通。在亚洲交通运输部长论坛第二届会议上，二连浩特被确定为首批国际陆港城市，口岸交通影响力和辐射力进一步提升。二连浩特公路口岸位于208国道起点。从二连浩特出发，公路运输3~6小时可达呼和浩特、包头、大同、北京等地。蒙古国乌兰巴托—扎门乌德“千禧公路”于2013年底通车，从二连浩特到乌兰巴托只需6小时。1964年，二连浩特国际邮件交换站启用。国际邮件可通过二连浩特口岸中转至蒙古国、俄罗斯及其他独联体国家。

图1-57　出境大车检查

图1-58　入境木材登车检疫

4）民族人口

二连浩特全市常住人口为7.4万人，汉族人口占79.77%，蒙古族人口占19.34%，其他少数民族人口占0.89%。

4. 口岸相关商贸往来

经过多年的发展，二连浩特建成了公路、铁路、航空三位一体的立体运输模式。常年对蒙古国开放公路口岸、铁路口岸，近几年每年夏季都开通临时国际航班。

近年来，随着国家向北开放力度的加大，二连浩特口岸过货量和出入境人数快速增长，全年进出口货物量不断增加，乌兰乌德、伊尔库茨克等更多国际航线的开通，使二连浩特口岸作为中蒙俄经济走廊重要节点城市的区位优势更加突显。

图1-59　二连铁路口岸联检大厅——阳光交接厅

（八）满都拉口岸（图1-60~图1-73）

1. 口岸简介

满都拉口岸位于内蒙古自治区包头市达茂联合旗满都拉镇境内，中蒙边境757号界碑处，处于呼包鄂经济辐射圈内。距旗政府所在地百灵庙镇136千米，距呼和浩特市289千米，距包头市288千米，是距内蒙古自治区首府呼和浩特市和包头最近的陆路口岸。

图1-60　满都拉口岸

达茂联合旗北与蒙古国接壤，边境线长88.6千米。满都拉口岸对应蒙古国杭吉口岸，距蒙古国首都乌兰巴托约600千米，距蒙古国东戈壁省赛音山达市258千米，距珠恩巴音火车站213千米。

2. 国门与界碑的历史沿革

满都拉口岸1992年被内蒙古自治区批准为季节性对外开放二类口岸，2012年被国务院批准为国家对外开放一类口岸。2014年2月，蒙古国政府第七次会议同意杭吉–满都拉口岸常年开放。2015年4月17日，国务院批复同意满都拉公路口岸扩大对外开放，口岸性质为双边性常年开放公路客货运输口岸，8月28日通过了国家验收。

图1-61　满都拉口岸国门

图1-62 小车出境（2010年）

界碑广场于2013年11月动工建设，2014年7月落成，总面积约3 488平方米，正中心是中蒙757号界碑。界碑广场两侧为反映中国和蒙古国当地风土人情的八块手绘风景图，广场中间为一条醒目的红色中蒙边境线，线长是根据达茂联合旗边境线总长度的1 500∶1的比例建成。

图1-63 满都拉界碑（2008年）

图1-64 满都拉界碑（2017年）

3. 国门与界碑的地理特征

1）自然条件

地理位置：中蒙满都拉–杭吉口岸是古代丝绸之路四条重要通道中的“草原丝绸之路”的重要节点，也是客商通往蒙古、俄罗斯的主要贸易通道。现今依然是呼包鄂地区距离蒙古国首都乌兰巴托最近的陆路口岸，也是中蒙俄经济走廊上距离呼包鄂经济圈向北开放最近的陆路口岸，是内蒙古自治区打造我国向北开放重要桥头堡的战略支点，占据非常明显的地缘优势。既能就近吸纳呼包鄂经济圈的资本和技术，也能就近转化利用蒙古国邻近地区的丰富资源，为实现蒙古国“草原之路”与中国“一带一路”倡议对接提供更大可能。

图1-65 满都拉口岸报关报检一站式服务大厅

图1-66　满都拉口岸五进五出通道

2）资源禀赋

达茂联合旗不仅矿产资源丰富，而且农牧业资源也很丰富，马铃薯和牛羊肉、皮毛等畜产品与蒙古国有着广泛的合作基础；同时，紧邻呼和浩特和包头市，有出口钢材、水泥、大型机械、轻工产品、瓜果蔬菜等优势。对应的蒙古国东戈壁省资源丰富，尤其是矿产资源、牧业生产资源、旅游资源，但技术落后、开发利用程度低，这为加强双边合作提供了有利条件。

3）交通条件

作为茶马古道必经之路，满都拉口岸自古以来就拥有通道运输优势。近年来，包满铁路白云鄂博—巴音花段工程和百灵庙至满都拉二级公路相继建成。地方政府为打通达茂联合旗与蒙方的合作通道，积极推动公路、铁路向蒙古国境内延伸，启动修建包满铁路三期工程巴音花至满都拉口岸段铁路。铁路建成后，与既有的集通、包兰、京包、集二线形成贯通中国北部边疆的铁路运输大通道，缩短了蒙古国乌兰巴托至包头之间铁路运输距离319千米，成为连接蒙古、俄罗斯的重要战略通道，从根本上解决了境内外铁路、公路畅通连接的“枢纽”问题。同时积极推动蒙方赛音山达市至杭吉口岸和塔本陶勒盖煤矿至杭吉口岸通道建设，为中蒙、中俄合作搭建了不可或缺的重要平台。

4）经济发展

中蒙存在产业结构、市场结构的差异和经济技术的互补性，经济合作潜力巨大。蒙古国经济欠发达，部分地区还很落后，需要从我国进口相当数量的水泥、机械设备、轻纺制品、蔬菜等，而我国在资本、技术及制造业方面具有比较优势。东戈壁省焦煤、金属矿产品等通过进口或联合开发可以获得较大的效益，能源、资源及初级产品需求大，构成了巨大的市场空间。经济结构的互补性，为双边贸易提供了巨大的合作空间。

5）传统和文化

达茂联合旗的主体民族与蒙古国民族同种同族，姻亲相连，语言文化相通。近年来，达茂联合旗与东戈壁省每年相互派代表团进行友好协商，互访基本实现了制度化。同时，双方的民间往来也日益密切。为帮助东戈壁省推动“绿化赛音山达”工程，达茂联合旗援助了6万株树苗，并派技术人员前往指导种植。第二届中国游牧文化旅游节期间，达茂联合旗满都拉镇与蒙古国东戈壁省合作举办了满都拉-杭吉戈壁文化节，进一步促进了中蒙文化交流。

4. 口岸相关商贸往来

满都拉口岸开放以来，中蒙双方不仅人员往来密切，而且贸易额逐年增加。进口方面，2009年，在实现临时开放的基础上，国内企业开发进口蒙古国矿产资源。目前，多家中国企业已在蒙古国取得矿权并经满都拉口岸进口矿产品，口岸基本形成以铁矿石、煤炭为稳定货源的进口贸易。出口方面，满都拉口岸已多次向蒙古国出口大型运输车辆、机械设备和建筑材料等。

蒙古国至今依然保存着原生态的游牧景观与游牧文化，境内自然景观复杂多样，草原、森林、丘陵、沙漠兼备，旅游资源十分丰富。全国共有旅游企业400余家，各种旅游点130多个。主要旅游景区有阿尔泰湖、盐湖、喷泉旅游区，库布德四季雪山风景区，乌布斯河、特斯河、金沙风景区，库布斯古尔湖风景区，嘎鲁特河风景区，哈尔和林古迹与额尔浑河风景区，乌兰巴托市及周边风景带，达兰扎德盖沙丘风景区，成吉思汗故乡，冈嘎湖和锡林博格多平原洞穴风景区，门纳恩平原和贝尔湖风景区，乌里亚斯台和特勒门湖风景区，阿尔泰山脉两侧及珍稀动物自然保护区，极具旅游开发价值。

2014年，包头地方政府编制完成了《满都拉口岸发展总体规划（2014—2020）》，对口岸行政办公区、物流园区、保税仓储区、互市贸易区等功能区进行了科学合理布局。口岸整体规划为“一轴、一心、七区”，即以连接蒙古杭吉口岸与满都拉镇的211省道为主轴，以口岸为中心，形成通关联检区、互市贸易区、保税仓储区、公共服务设施区、行政办公区、大型建材交易区、国际物流园区等七个功能区域。

图1-67　满都拉口岸旅检大楼（2006年）

图1-68　满都拉口岸旅检大楼（2014年）

满都拉口岸自2002年首次过货起，以每5年为一个节点，第一个5年（2002~2006年）累计进出口货物6.73万吨，第二个5年（2007~2011年）累计进出口货物32.21万吨，第三个5年（2012~2016年）累计进出口货物196.54万吨。

图1-69　大车过境（2011年）

自2002年首次实现人员进出境以来，出入境人员、车辆数量不断增长。

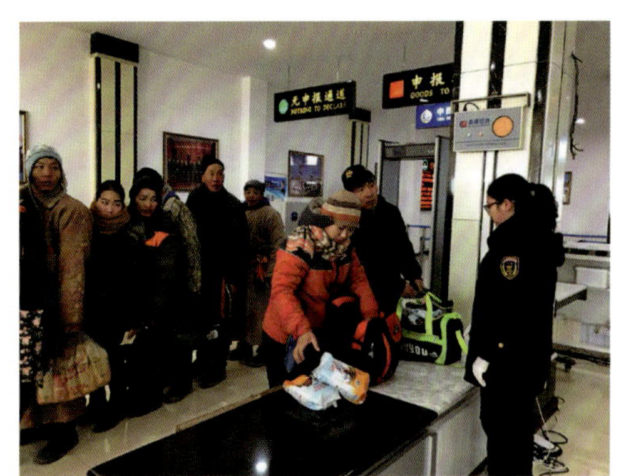

图1-70　入境旅客携带物查验

图1-71　出口货物现场查验

图1-72　截获物计重

图1-73　入境车辆夹层查验

近年来，包头市积极实施“北上蒙古”战略，先后与蒙古国方面签订了《建立友好城市意向书》《跨境经济合作区框架协议书》《发展口岸基础设施合作意向书》，进一步明确了双方在经济建设方面的合作意向，而满都拉口岸正是包头钢铁（集团）有限责任公司“北上蒙古”战略的重要通道和支撑。无论从进口资源、出口工业产品，还是从构建包头市通向俄蒙乃至欧洲的“新欧亚大陆桥”来讲，加大满都拉口岸建设都非常重要。

（九）甘其毛都口岸（图1-74~图1-80）

1. 口岸简介

甘其毛都口岸位于内蒙古自治区巴彦淖尔市乌拉特中旗中蒙边境线703号界碑附近，距乌拉特中旗政府所在地海流图镇133千米，距呼和浩特市570千米。与蒙古国南戈壁省的嘎顺苏海图口岸相对应，与蒙古国首都乌兰巴托市处在同一条经线上，相距650千米；距南戈壁省达兰扎达嘎德市330千米，距南戈壁省塔本陶勒盖煤矿190千米，距南戈壁省奥尤陶勒盖金铜矿70千米，是距蒙古两大矿山最近的陆路口岸。

图1-74 甘其毛都口岸联检大楼

甘其毛都口岸1989年12月20日被内蒙古自治区人民政府批准为中蒙边境贸易临时过货点；1992年被辟为国家一类季节性双边口岸；2004年7月5日被提升为中蒙双边性常年开放口岸；2007年9月12日被国务院批复为中蒙双边常年开放边境公路口岸；2009年9月起常年开放。

2. 国门与界碑的历史沿革

甘其毛都，蒙语意为“一棵树”，原本是一条军事通道，是晋商逐渐将之变为商贸通道。1645~1691年，山西的“八大皇商”依托与清政府的官商关系，垄断了对俄、蒙的贸易，以“互市”的形式在固定的地方交易，如布帛易马。1695年，清军远征噶尔丹，委托晋商筹集粮草，随军运输。晋商有意多运输物资，沿途贩卖。经过多年的行走，晋商开通了多条对蒙商道，其中，北京—张家口—呼和浩特—包头—乌布浪口—川井—甘其毛都—外蒙古南戈壁省的大通道是一条重要商道。

1923年，蒙古边境正式设卡，商道受阻。1925年，苏联人在蒙古大量成立商贸公司，中国旅蒙商无利可图，只做内蒙古牧区的生意，甘其毛都商道自此寂静下来。直到1989年12月20日，内蒙古自治区人民政府批准甘其毛都为中蒙边境贸易临时过货点。1990年2月23日，甘其毛都口岸首次过货。当时，进口货物以皮张、绒毛、肉食品等畜产品为主，出口货物以日用品为主。穿着蒙古袍、蒙古皮靴的蒙古国旅客扫货，成为口岸和海流图镇的一道风景。至此，寂静了65年的商贸通道恢复通商。

甘其毛都口岸在中蒙边境线 703 号界碑附近，该界碑碑体面对我国境内的一面镶有中华人民共和国国徽，并刻有中文“中国”字样，面对蒙古国境内的一面镶有蒙古国国徽，刻有蒙古文“蒙古国”的缩写，下面分别是界碑的编号703和竖碑的年号2002。

图1-75 甘其毛都口岸703号界碑

3. 国门与界碑的地理特征

1）自然条件

甘其毛都镇距离巴彦淖尔市政府所在地临河区约300千米。巴彦淖尔市面积6.44万平方千米，人口170万，是内蒙古自治区西部的一个新兴城市，位于举世闻名的河套平原和乌拉特草原上，东接包头市，西邻阿拉善盟，南隔黄河与鄂尔多斯市相望，北与蒙古国接壤，交通便利，通信便捷，气候干燥，气温偏低，自然资源丰富，旅游资源独具特色，被誉为“塞上江南，黄河明珠，北方新城，西部热土”。

2）资源禀赋

巴彦淖尔市是全国四大商品粮生产基地之一，是亚洲最大的自流引水灌区，拥有耕地面积40万公顷，主要集中在南部的河套平原，特产有河套蜜瓜、向日葵、河套苹果梨、西瓜、二狼山白绒山羊、苁蓉、番茄等。北部为广阔的天然牧场，俗称乌拉特草原，盛产牛、羊、骆驼及苁蓉、发菜、黄芪等名贵特产，年产绒毛8 000多吨。二狼山白山羊绒在国内外久负盛名，有“纤维钻石”“软黄金”之美誉。巴美肉羊是巴彦淖尔市自主培育的具有自主知识产权的品种，也是国内第一个通过复杂育成技术杂交培育出的肉毛兼用型品种。

水土资源：巴彦淖尔北枕阴山，南临黄河，因水而兴、因水而灵、因水而富。黄河自西向东横贯全区，流经磴口县、杭锦后旗、临河区、五原县、乌拉特前旗，境内全长345千米，年平均过境水流量315亿立方米。河套灌区建有以三盛公黄河水利枢纽工程（包括引水总干渠）为主体的完整的引黄灌溉系统和以总排干沟及红圪卜扬水站为骨干的排水系统，引黄灌溉面积达57.4万公顷。境内有大小湖泊300多个，面积约4.7万公顷，多数分布于河套灌区。其中乌梁素海面积3万公顷，平均水深0.7米，最深2.5米，蓄水量20 993万立方米。

矿产资源：巴彦淖尔地处全国著名的狼山—渣尔泰山多金属成矿带，矿产种类多、储量大、品位高、分布集中、易开采。已发现煤、铜、硫、铁、铅、锌、金、银、稀土、石墨、石灰石、硅石等矿产69种。周边地区资源条件较好，可以形成汇集于该地区的产业集群。

旅游资源：已开发乌拉特草原风情游，乌梁素海观鸟游，河套农业生态游，乌拉山森林探秘游，黄河枢纽工程观光游，古长城、阴山岩画怀古游，荒漠草原边关探险游等旅游产品，形成了湖光山色旅游线、西部大漠风情旅游线、牧区边关民族风情旅游线、河套田原风光旅游线。

动植物资源：有兽类52种，鸟类229种，爬行类动物12种，两栖类动物4种，还有许多昆虫。野生植物贫乏，但科、属数量较多，以旱生植物为主，有94科378属918种。

4. 口岸相关商贸往来

甘其毛都口岸是巴彦淖尔市向北开放的桥头堡，主要进口蒙古国优质煤炭和铜精矿，对蒙出口工程机械设备、清洁能源、蔬菜和生活用品等。

图1-76 甘其毛都口岸报检报关大楼

蒙古国南戈壁省堪称“聚宝盆”，60%以上的地下储藏丰富的资源，其中煤和铜储量最丰富，且易开采。甘其毛都口岸成为国内外合作开发蒙古国资源的最佳出口通道。自古以来，甘其毛都就是中蒙边民贸易的重要通道之一，在蒙古国享有较高的知名度。现今，自实现常年开放以来，过货量不断增长，双边经贸往来日益频繁。

图1-77 对入境煤车进行辐射监测

图1-78 甘其毛都口岸入境煤车接受消杀灭检测

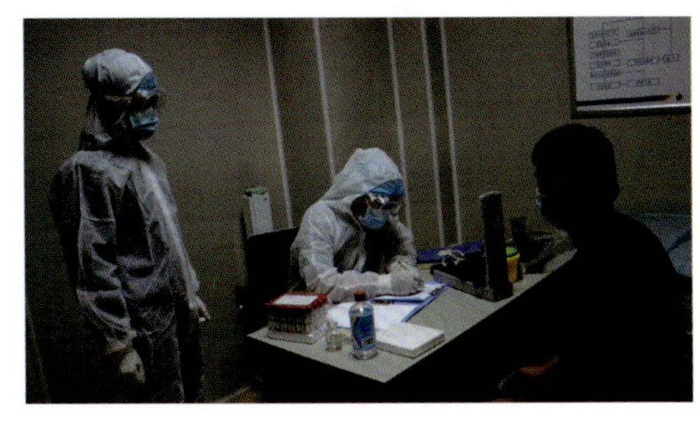

图1-79 卫生应急处置演练

图1-80 番茄生产季进行检验监管

（十）策克口岸（图1-81~图1-88）

1. 口岸简介

策克口岸位于内蒙古自治区阿拉善盟额济纳旗境内，与蒙古国南戈壁省西伯库伦口岸对应，距额济纳旗府达来呼布镇77千米，是阿拉善盟对外开放的唯一国际通道，也是内蒙古第三大陆路口岸。

图1-81　策克口岸国门（旧）

图1-82　策克口岸国门（新）

策克口岸1992年被内蒙古自治区人民政府批准为季节性开放口

岸；2005年6月被国务院批准为中国和蒙古国双边常年开放的边境陆路口岸，分设公路通道和铁路煤炭运输专用线通道；2009年1月，策克口岸正式实行中蒙双边性常年通关。现在，策克口岸已成为我国西北地区连通蒙古国的重要的交通枢纽、商贸中心、货物集散地和资源大通道。

2. 国门与界碑的历史沿革

额济纳旗所处的居延绿洲，对中国几千年的文明史有着重要的影响。这个地处北纬40多度的绿洲，位于农耕文明区域与游牧文明区域的交错面上，是连接祁连山草原、八河源草原、阴山草原、鄂尔多斯草原等几大草原的交通要塞，是古代“草原丝绸之路”的重要驿站。

额济纳旗人文厚重，早在原始社会这里就有人类活动。古称“流沙”或“弱水流沙”，秦汉以后称“居延”。这里曾创造了古黑城、古居延文化，留下了驰名中外的黑城、破城、绿城、大同城、居延城等历史遗迹。1930年，额济纳地区出土了1万余枚居延汉简，震惊了世界。

1698年，游牧在伏尔加河流域的蒙古族土尔扈特部约500人，在首领阿拉布珠尔的率领下毅然东归，是蒙古族土尔扈特部万里东归的先驱，后定居于今天的额济纳旗。1949年9月27日，额济纳旗和平解放。1958年，在额济纳旗组建了我国综合性航天试验靶场。额济纳人民为支援国防建设，顾全大局、无私奉献，让出最好的草场，留下了“三易旗府”的佳话。

如今，策克口岸就矗立在额济纳旗茫茫戈壁滩上。边检大楼的造型既像一只展翅高飞的雄鹰，又像蒙古族土尔扈特部妇女的帽子，大楼中间是蒙古族的图腾标志。边检大楼北面是国门，再北是界碑——572号界碑。在口岸向北100多千米处，是蒙古国的那林苏海特煤田。丰富的煤炭资源通过策克口岸入境，继而运往酒泉或乌海。

图1-83　策克口岸远景

图1-84　策克口岸572号界碑

3. 国门与界碑的地理特征

1）自然条件

地理位置：策克口岸位于新疆老爷庙口岸与内蒙古甘其毛都口岸的中间地带，辐射境外五省和境内三省，是内蒙古西部一个重要的国家级全年性开放口岸，也是内蒙古阿拉善盟以及甘肃河西地区唯一的出境通道，具有发展成为全年性开放口岸的条件。历史上，策克口岸开关初期就是畜产品进口的口岸，策克口岸进口蒙古国畜产品对蒙古国毗邻地区影响极大。

自然环境：额济纳旗境内为北东走向的断裂凹陷盆地。地形呈扇状，地势西南高，北边低，中间呈低平状。地域大部分海拔在1 200~1 400米，相对高度50~150米，平均海拔1 000米。最低点西居延海，海拔820米。主要山脉、山峰为马鬃山，海拔1 600米。地形主要由戈壁、低山、沙漠、河流、湖泊和绿洲等构成。

额济纳旗属温带大陆性气候，具有干旱少雨、蒸发量大、日照充足、温差较大、风沙多等气候特点。年均气温8.3℃，1月平均气温-11.6℃，极端低温-36.4℃，7月平均气温26.6℃，极端高温42.5℃，年日均气温8.6℃，日均气温0℃以上持续时期为3月中旬至10月下旬。无霜期天数最短179天，最长227天。

额济纳旗年均降水量37毫米，年极端最大降水量103.0毫米，最小降水量7.0毫米。常见天气现象多风，春、冬季各月发生较多，尤以春季为甚。年均8级以上大风日数44天。大风常伴随沙尘暴，年均沙尘暴次数14次。

2）资源禀赋

矿产资源：额济纳旗境内主要矿种有冶镁白云岩、硅石、煤、铁、灰岩、萤石、钼、金、银等，潜在优势矿种有天然碱、芒硝、钨、锑、铜、钾盐、钠、石油、天然气等，一般矿产有冰洲石、重晶石、钛、滑石、水晶、玛瑙等。

动植物资源：额济纳旗动物群属于温带荒漠、半荒漠动物群，包括野骡子、野驴、黄羊、赤狐、獾、狼、草兔、毛腿沙鸡、黄鼠、长爪沙鼠、跳鼠、沙蜥、沙蟒、鹰、野鸭、赤麻鸭（又称黄鸭）、麻鸭、白额雁等动物。额济纳旗属亚洲荒漠植物区，共有种子植物约72科322属622种，是内蒙古自治区特有的植物（包括胡杨、沙枣、红柳、梭梭、苁蓉、锁阳、麻黄、甘草等）分布中心。

水资源：额济纳旗地表水与地下水资源总量和人均占有量低于自治区平均水平。黑河下游（额济纳河）冲积扇区的可采水资源量为6.791亿立方米，可动用资源储量为1.767亿立方米。

旅游资源：一是黑水城，蒙古语称哈日浩特。位于达来呼布镇东南25千米处的弱水河东岸，是西夏重要的农业基地和边防要塞，也是元代河西走廊通往岭北行省的驿站要道。

二是塔王府，蒙古语称诺彦乃白兴（王爷府）。位于达来呼布镇东2.5千米处，总面积3平方千米，是额济纳旧土尔扈特旗扎萨克塔旺嘉布的官邸。

三是居延海，因匈奴居延部落而得名，意为天池。远古时期，居延海就是我国西北最大的湖泊之一。受弱水河补给量的影响，居延海水面变化多端，是一个神奇的“游移湖”。

四是胡杨林景观区，位于达来呼布镇以东16千米处。胡杨又名胡桐，被视为活的植物化石，是国家二类保护植物。全旗现存胡杨林3万公顷，已被列为国家级自然保护区。

4. 口岸相关商贸往来

策克口岸当前已成为交通运输网络枢纽。自1992年开通以来，中蒙双方开展了形式多样的经贸合作交流，带动了当地餐饮住宿、商品零售、仓储物流、修理、装卸等服务业繁荣发展。

图1-85 出入境车辆查验（2006年）

图1-86 出入境车辆查验（2008年）

图1-87 出入境车辆查验（2016年）

图1-88 口岸消毒通道

二、辽　宁　省

1. 丹东口岸（图2-1~图2-12）简介

丹东位于辽宁省东南部鸭绿江西北岸，濒临鸭绿江与黄海的汇合处，是东北亚经济圈、环渤海经济圈重要接合点，是连接朝鲜半岛与中国及欧亚大陆的主要陆路通道，是中国万里长城的最东端起点和中国陆地边界与海岸边界的北部接合点，具有沿海、沿江、沿边的独特优势。

丹东地区现有正式对外开放口岸9个，其中，经国务院批准开放的一类口岸5个。按运输方式划分：公路口岸1个（通过鸭绿江桥）；铁路口岸1个（分为客运和货运两部分）；水运口岸2个（大东港和浪头港）；中朝输油管道口岸1个。经辽宁省人民政府批准开放的二类口岸有4个，其中边境口岸3个，即太平湾口岸（含哑巴沟和长甸河口两个附属过货监管点）、丹纸码头、大台子口岸，大鹿岛海上货轮外贸装卸点1个。航空口岸于2007年起实现了临时对外开放，2015年开通了丹东—首尔临时国际航线，2017年开通了丹东—平壤的临时国际航线。经过多年发展，丹东现已形成了公、铁、海、空并举的立体化国际口岸发展格局，承担着中朝贸易总量70%以上的货物运输任务。

2. 国门与界碑的历史沿革

丹东公路口岸历史悠久，是于1955年经中朝双方商定批准开放的国家一类口岸。1966年关闭，1981年恢复通关。界碑就位于丹东公路

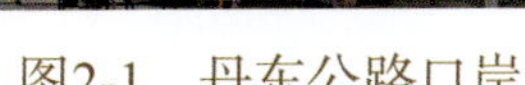
图2-1 丹东公路口岸

图2-2 丹东浪头机场

图2-3 中朝友谊桥远景

口岸，鸭绿江中朝友谊桥桥头位置，是中华人民共和国边境线上的第12号界碑，2009年设立。丹东（安东）国境卫生检疫始于1911年（宣统三年），初设立了大东沟防疫所，1924年建成安东海港检疫医院。1949年建立东北行政委员会卫生部安东海港检疫所，后称安东国境检疫所、安东交通检疫所、中华人民共和国安东检疫所、中华人民共和国安东卫生检疫所、中华人民共和国丹东卫生检疫所。1955年5月，国家外贸部批准成立东北商品检验局安东工作组。1957年，安东成立了植物检疫站，与东北商品检验局安东工作组合署办公。1965年6月，辽宁省农业厅根据国务院要求，在丹东建立中华人民共和国丹东动植物检疫所。1999年11月，丹东进出口商品检验局、丹东动植物检疫局和丹东卫生检疫局合并组建丹东出入境检验检疫局。

图2-4　丹东公路口岸中朝友谊桥

图2-5　丹东公路口岸界碑

图2-6　1949年建立的东北人民政府卫生部安东国境检疫所

图2-7　安东港码头船舶卫生检疫

图2-8　植检人员在田间进行观测实验

图2-9　抗美援朝时期，检验检疫人员发放消毒灭菌药品、为志愿军进行灭虱处理、进行重点区域彻底消毒等

丹东位于东北亚经济圈与环渤海、环黄海经济圈的交汇处。1988年经国务院批准，成为沿海开放城市。2009年包括丹东在内的辽宁沿海经济带上升为国家战略。2013年经海关总署批准，成为全国首批出境加工试点地区。2015年被辽宁省政府批准成为全省首个边民互市贸

易区。目前，丹东已与100多个国家和地区实现经贸往来，尤其是对朝贸易进出口总额占全国对朝进出口总额的近70%。

3. 国门与界碑的地理特征

1）自然条件

地形地貌：丹东北依长白山脉，南邻黄海，东隔鸭绿江与朝鲜新义州相望，西与鞍山市的岫岩满族自治县接壤。丹东大陆海岸线长120千米，沿海有大鹿岛、小鹿岛、獐岛等岛屿。丹东地区是辽东丘陵的一部分，属长白山山脉向西南延伸的支脉或余脉，地势由东北向西南逐渐降低。按高度和地形特征，可划分为北部中低山区、南部丘陵区、南缘沿海平原区3类规模较大的地貌单元。其中以山地和丘陵为主，局部还有阶地、盆地、台地等小型地貌单元。

气候特征：丹东位于亚欧大陆东岸中纬度地带，属于暖温带亚湿润季风气候，冬无严寒，夏无酷暑，四季分明。年平均气温南部在8~9℃，北部在6~7℃，在最热的8月，平均气温为22.2~23.5℃。

2）资源禀赋

矿产资源：丹东地区矿产资源丰富，有金属、非金属、能源等矿产63种。已开发利用45种。已有矿产地700多处。其中具有现时开采价值的矿产有30余种。硼矿资源储量和产量居全国首位，金、铅、锌等矿产资源储量居辽宁省前列，菱镁矿、大理石、高岭土、红柱石等矿产资源储量较大。金属矿产主要有金、银、铜、铅、锌、钼、铁7种。非金属矿产有硼矿、菱镁矿、滑石矿、石灰岩等20余种。硼矿是丹东地区最具有优势和特色的重要矿种。能源矿产有煤、泥炭等。

水资源：鸭绿江是中朝两国的界河，水系发达，干、支流近于直角相交。主要支流在中国一侧有浑江、蒲石河、安平河、爱河、大沙河等，在朝鲜一侧有虚川江、长津江、慈城江、秃鲁江、渭源江、忠满江等。鸭绿江发源于吉林省长白山主峰南麓，西南流向，于吉林省浑江口进入辽宁省宽甸满族自治县境内，经丹东市于东港市注入黄海。总流域面积64 471平方千米，中国一侧流域面积为32 466平方千米，在丹东境内的流域面积为11 670平方千米。

动植物资源：丹东市陆生野生脊椎动物有410种。其中鸟类360种、兽类28种、两栖类11种、爬行类11种。其中，国家一级重点保护的有丹顶鹤、东方白鹳、虎头海雕、中华秋沙鸭、紫貂等；国家二级重点保护的有黑熊、水獭、豺、大天鹅等。此外，还有世界濒危物种勺嘴鹬、小青脚鹬等。

丹东市有植物250科1 860种。国家重点保护植物13种，如人参、刺参、野大豆等，其中，真菌植物56科141属362种，地衣植物20科32属158种，苔藓植物59科144属265种，维管束植物114科1 056种。利用价值较高的树种有红松、赤松、油松、沙松、冷杉等。

旅游资源：丹东依山、临江、面海，风景优美，气候宜人，有“北国江南”的美誉，是东北地区最温暖湿润的区域和最适合人类居住的城市之一。丹东淡水资源丰富，拥有河流1 000多条，人均占有淡水量是全国人均的1.3倍、辽宁省的4.6倍，森林覆盖率达66%，拥有国家级、省级风景名胜区、自然保护区和森林公园29处，是中国优秀旅游城市、国家园林城市。江海之滨拥有10万公顷国家湿地保护区，是东亚—澳大利亚北迁涉禽的第一大停歇地，每年都有百万只候鸟在这里停歇、栖息。丹东具有江海并收的独特风情，是中国万里海疆的北端起点，有126千米的黄金海岸线。

3）经济发展

丹东工业历史悠久，造纸、纺织、服装、日用品生产等产业极具影响力，曾有过全国轻工业明星城市的美誉，形成了门类齐全、基础雄厚的产业结构。目前，工业企业约8 000户、规模以上企业342户，形成了以汽车及汽车零部件、电子信息、农产品深加工为主的主导产业，汽车及零部件、仪器仪表、防护纺织制品、增压器、满族医药及健康产业集群被列入省级产业集群。丹东电力资源丰富，水电、风电、火电齐全，装机容量为360万千瓦，发电能力居辽宁省前列。

4）交通条件

丹东海、陆、空交通发达，已形成了现代化立体交通网络。铁路距平壤220千米，距首尔420千米。已开通丹大快速铁路高铁以及东北东部铁路。公路距沈阳222千米，距大连252千米。已开通了沈丹、丹大、丹海、丹通4条高速公路和沈丹客运专线。丹东港已与国内外90多个国家和地区的100多个港口通航，开通了到韩国仁川的东方明珠号客轮，2016年港口吞吐量达1.6亿吨。丹东机场已开通到北京、上海、深圳、青岛、烟台等国内航线。

图2-10　中朝友谊桥与鸭绿江断桥

图2-11　火车过桥

图2-12　汽车过桥

5）民族人口

丹东是满族的发祥地之一，共有汉族、满族、蒙古族、回族、朝鲜族、锡伯族等40个民族，总人口约239万。

三、吉 林 省

（一）珲春辖区口岸（图3-1~图3-11）

1. 口岸简介

珲春市位于吉林省最东端，图们江下游，隶属于延边朝鲜族自治州，是中国唯一地处中俄朝三国交界的边境城市，与俄罗斯、朝鲜山水相连。珲春市以珲春岭为界与俄罗斯接壤，边境线全长246千米，西南以图们江为界与朝鲜相邻，边境线全长139.5千米。独特的地理位置正是珲春的魅力所在，“雁鸣闻三国，虎啸惊三疆；花开香三邻，笑语传三邦”就是对珲春的真实写照。

珲春辖区共有四个口岸，两个对俄口岸分别为珲春公路口岸和珲春铁路口岸，两个对朝口岸分别为圈河口岸和沙坨子口岸。

1）珲春公路口岸

中俄珲春公路口岸又称长岭子口岸，为国家一类口岸，位于吉林省珲春市东南部，距珲春市区15千米，对面是俄罗斯克拉斯基诺口岸，是吉林省唯一对俄开放的公路口岸。该口岸距俄波谢特港42千米，距俄扎鲁比诺港71千米，距俄符拉迪沃斯托克（海参崴）港170千米，距俄纳霍德卡340千米。

图3-1　珲春公路口岸（2002年）

图3-2　珲春公路口岸（2017年）

珲春公路口岸是1988年设立的，1993年国务院批准为国际客货运输口岸，允许第三国人通行。1996年开通了由珲春市经珲春公路口岸、俄罗斯扎鲁比诺至日本予三岛陆海联运航线；1998年珲春公路口岸正式开始过客。现已开通至扎鲁比诺、符拉迪沃斯托克（海参崴）等地的旅游线路。2000年开通了珲春经俄扎鲁比诺港至韩国束草市的客货航线，航线全长316海里，是连接中国东北地区、俄罗斯远东地区和韩国东海岸之间距离最短的航线。珲春公路口岸占地面积2万平方米，设计过货能力为60万吨/年，过客能力为20万人次/年。

珲春公路口岸中俄界碑，建于2014年，此界碑为双立界碑，中方为407号，俄方为408号。

图3-3　珲春公路口岸界碑

2）珲春铁路口岸

中俄珲春—马哈林诺国际铁路是联合国开发计划署倡导的图们江地区国际合作开发的重点项目，也是构筑图们江区域国际陆海联运大通道的重要组成部分，更是促进这一地区中俄经贸往来的“黄金”通道。

珲春铁路口岸总建筑面积2.15万平方米，位于珲春市西南部边境经济合作区，距市区6千米，与俄罗斯的俄卡梅绍瓦亚铁路口岸相连。1998年12月17日，国务院批准中俄珲春-马哈林诺铁路口岸为国家一级客、货铁路口岸，成为吉林省唯一对俄铁路口岸。1999年5月开通试运营，2003年11月正式运营。

图3-4 珲春铁路口岸（2002年）

3）圈河口岸

圈河口岸是中朝国际客货公路运输口岸，为国家一类口岸，位于珲春市敬信镇东南图们江畔，距图们江入海口36千米，距珲春市区42千米，距朝鲜罗津51千米，与朝鲜元汀口岸相连。圈河口岸是我国直接进出朝鲜最大的经济贸易区—— 罗先经济贸易区的唯一陆路口岸，也是借港出海、内贸外运的重要陆路通道。圈河口岸投入使用以来一直作为国家二类口岸运行。1998年12月，国务院批准圈河口岸为国际客货运输口岸，允许第三国人通行。口岸年过货能力60万吨，年过客能力60万人次。圈河口岸中朝跨境大桥名叫庆兴桥，始建于1936年，桥体为钢架结构，桥长500米，桥宽6.6米，以桥中间划分国界线。吉林省政府曾两次出资对该大桥进行维修，但由于该大桥建设年代久远，现确定为危桥，目前只能限重通行。2014年9月，由中方投资1.5亿元，新建圈河-元汀界河公路大桥，2016年10月竣工并投入使用。

图3-5 圈河口岸

圈河口岸第119号界碑，建于2009年，此界碑为双立界碑，中方为1号，朝方为2号。

图3-6 圈河口岸第119号界碑

4）沙坨子口岸

沙坨子口岸是吉林省通往朝鲜的重要陆路口岸，距珲春市区11千米。对面是朝鲜庆源郡口岸。1953年经省政府批准为对朝二类口岸，是传统的民间贸易口岸。改革开放前，主要为双方边民探亲往来服务。自1985年起，开始过货。2007年，沙坨子口岸被国务院批准升格为国家级口岸。口岸年过货能力为20万吨，年过客能力为20万人次。

图3-7 沙坨子口岸（2002年）

图3-8 沙坨子口岸（2017年）

沙坨子口岸大桥始建于1936年，长423米，为47孔桥，其中中方占39孔。

沙坨子口岸第118号界碑，建于2009年，此界碑为双立界碑，中方为1号，朝方为2号。

图3-9 沙坨子口岸第118号界碑

2. 国门与界碑的地理特征

1）自然条件

地形地貌：珲春市地形呈马鞍形，东、南、北三面被群山环绕，山地面积约占珲春市总面积的80%以上，境内最高峰老爷岭，海拔1 477米，是中国第一缕曙光照射地；西侧为珲春河冲积平原，面积达600余平方千米，是珲春市人口和产业重心。城市位于珲春平原中西部，建成区面积达16平方千米，远期规划总用地面积65平方千米。珲春市境内还有敬信、春化等小型平原和盆地。

气候特征：珲春市气候属中纬度、中温度、近海洋性季风气候区，又因西部、北部有高山作天然屏障，形成了冬暖夏凉的气候特点，年平均气温为5.65℃，无霜期为140~160天，秋霜多在9月下旬出现，平均降水量为617.9毫米，年平均风速为3.6米/秒。由于靠近日本海，冬夏气候受海洋的影响十分显著。其主要特点是：冬季不太冷，夏季不太热，8月平均气温21.2℃，是盛夏避暑胜地。

2）资源禀赋

水资源：珲春依山傍海，雨量充沛，水系发达，泡塘遍布，水资源丰富。全境多年年平均水资源总量20.58亿立方米，人均占有水量12 770立方米。境内大小河流52条，其中一级支流5条，二级支流34条，三级支流11条，四级支流2条。

矿产资源：珲春市矿产资源非常丰富，煤炭探明储量7.78亿吨，远景储量12亿吨以上；已发现大型黄金矿床2处；钨金属储量11.4万吨。

林木资源：珲春域内拥有林地面积44万公顷，木材储积量4 500万立方米。年度采伐量12万立方米，主要树种有红松、云杉、落叶松、水曲柳、椴木、柞木、桦木等。其中优质大径阔叶材比重较大，柞木占活立木总储积量的36.6%，为生产地板、家具等林木制品工业提供了充足的原料保证。

土地资源：珲春市拥有耕地面积2.9万公顷，耕地、林地、牧草地之和占珲春市土地总面积的93.7%。耕地集中联片、地势平坦，坡度小于15°的耕地占99%，有利于发展粮食、蔬菜、药材及畜牧业。粮食作物以水稻、大豆、玉米为主。此外，珲春土壤内富含硒元素，经检测地上农作物果实均富含硒元素，长期食用，对人体健康十分有益。

湿地资源：珲春市境域湿地主要为敬信湿地。敬信湿地是省级湿地保护区，位于图们江入海口处，连片面积5 874公顷，水域沼泽800余公顷。

动物资源：珲春市野生动物种类、数量繁多，其中国家一级重点保护的野生动物有东北虎、豹、梅花鹿、紫貂、原麝等；国家二级重点保护的野生动物有黑熊、马鹿、猞猁、花尾榛鸡等。

旅游资源：珲春市有秀美的自然风光和独特的人文古迹。其依山面海，气候宜人，植物繁茂，江河纵横，山川锦绣，自然风光秀美独特。珲春市历史悠久，截至2013年，其共发现历史遗址、墓群、城址、碑刻、古建筑遗址80余处，其中被列为省级重点文物保护的有7处。珲春市还拥有一个国家级风景名胜区—— 防川景区，一个国家森林公园—— 图们江国家森林公园。

3）交通条件

珲春市境内共有国、省、县、乡公路46条，总里程687.147千米。珲春境内现已有铁路线总长78千米，其中图们至珲春64千米，珲春至俄罗斯边境14千米。通过珲春铁路口岸，中方的窄轨铁路可以直达俄罗斯的波谢特港。2015年9月20日，由长春至珲春的长珲城际铁路正式通车，设计时速为250千米。

3. 口岸相关商贸往来

基于沙坨子口岸通道，中朝双方筹划建设中朝柳多岛边民互市贸易区，已于2017年开始动工，项目所在地柳多岛位于珲春市沙坨子口岸与朝鲜庆源郡交界地带（属于图们江中的岛屿，分别由公路桥连接两国陆地）。项目由中方计划投资30亿元建设，朝鲜出让土地使用权50年，同时保证提供3万名以上劳动力，打造集采购、加工、仓储、运输、销售、贸易、旅游、免税购物等多功能于一体的国际合作园区。

圈河口岸的中朝边民互市贸易已有多年历史，其中80%的互市进口商品为食用水生动物和冰鲜、冷冻水产品。2012年以来经圈河口岸进口的互市贸易量平均年增长率为42%。圈河口岸已经成为支撑珲春海鲜市场发展的一条重要通道。

2013年12月，珲马铁路恢复常态化运营，当年经珲春铁路口岸进出口的货物为1.1万吨。2014年，进出口货物达到60.8万吨。2015年，进出口货物为114万余吨。2016年，进出口货物达203万吨。经由珲春铁路口岸入境货物成井喷式增长，为珲春经济发展带来了强劲动力。

图3-10　圈河老桥

图3-11　圈河新大桥

（二）图们口岸（图3-12~图3-15）

1. 口岸简介

图们市位于吉林省东部，长白山脉东麓，图们江下游，与朝鲜咸镜北道稳城郡隔江相望。图们市境内的公路、铁路、航运三线均处在东北亚“金三角”地带，是连接中国东北腹地、朝鲜、俄罗斯远东地区公路、铁路运输的国际交通枢纽。

图们口岸位于图们市区图们江畔，包括公路口岸和铁路口岸两个部分，是我国对朝鲜的第二大陆路口岸。图们口岸的对面是朝鲜南阳国际口岸，距朝鲜清津177千米。

图3-12 图们公路口岸

图3-13 图们铁路口岸

2. 国门与界碑的历史沿革

图们口岸形成历史较早，1933年设图们税关，日伪时期建成图们–南阳国境大桥。1950年9月，国家在图们口岸正式设立边防检查站。改革开放前，图们公路口岸主要是通行双方探亲人员、公务人员和汽车运输双方边地贸易货物。1985年新建图们公路口岸联检楼等口岸设施，口岸运行能力为进出口货物20万吨/年，出入境人员10万人次/年。第三国人可持有效证件从该口岸通行。

图3-14　86号界碑

图3-15　87号界碑

3. 国门与界碑的地理特征

1）自然条件

地形地貌：图们市地处长白山余脉低山丘陵区，地势西北高，东南低，南岗山南北方向纵贯全境。图们市区位于图们江与嘎呀河、布尔哈通河冲击形成的山间盆地之中，四周群山环抱。地貌类型分为低山区、丘陵区、河谷平原区。低山区分布于东北部，灌林茂密，宜林宜牧；丘陵区分布于西南部，山间溪流众多，土地肥沃，宜种植水稻和经济作物；河谷平原区分布于图们江西北侧和嘎呀河与布尔哈通河两岸，是城市、乡镇、村屯聚集区。图们市总土地面积的大体比例为“八山半草半水一分田”。

气候特征：图们市具有明显的温带大陆性气候特征，但距日本海较近，因此也受到海洋性气候的影响。年平均气温为5.9℃，最高气温32.9℃，最低气温–24.5℃。5~9月的活动积温为2 683.1℃，终霜期4月

26日，初霜期10月4日。降水量变化大，季节分布不均，年平均降水量601.6毫米，降水多集中于6~9月。年平均日照总时数2 220.1小时。

2）资源禀赋

土地资源：图们市耕地资源总面积为8 208公顷。常用耕地面积7 797公顷，其中水田1 258公顷，旱田6 539公顷。有效灌溉面积1 425公顷。

矿产资源：图们市境内已探知金属和非金属矿产种类有17种。金属矿主要是铜、铅、锌等，非金属矿储量较为丰富，其中，褐煤储量约为2亿吨，硅石储量3.6万吨，黏土储量13.6万吨，石榴石储量200万吨，大理岩储量6 000万吨。

3）民族

图们市主要有朝鲜族、汉族等民族聚居，以朝鲜族为主。

4）交通条件

图们境内的公路网四通八达，图乌（乌兰浩特）公路、图鸡（鸡西）公路和图汪（汪清）公路在此交汇，形成了内外相连的公路网络，周边的延吉、汪清、珲春、龙井均在40分钟车程之内。通过图们口岸，可直入朝鲜腹地；经珲春公路口岸（长岭子口岸），与俄罗斯远东地区的公路相连。珲乌高速公路延吉至图们段于1999年投入使用。

图们市的国内铁路有长图铁路、图珲铁路和牡图铁路，可到达北京、哈尔滨、长春、沈阳、大连、珲春、营口、丹东等城市。图们站是我国东北地区重要的始发站，站内有12条编组线，日均编组能力达1 200辆，日发客货车90多列。通过图们江国境铁路桥，铁路与朝鲜铁路接轨，可直达朝鲜罗先市；图们—朝鲜豆满江—俄罗斯哈桑铁路经俄罗斯可到达欧洲。2015年9月20日，长珲城际铁路通车，从图们市可以更快速地到达长春等城市。

图们江是中国内陆通向日本海的唯一水上通道，也是中国通往俄罗斯远东沿海乃至美国西海岸的唯一水上通道，距日本海最近处只有65千米。现开通了经朝鲜罗津港、清津港到韩国束草、釜山，经俄罗斯波谢特港、扎鲁比诺港到日本秋田两条海上运输线，这两条航线还分别延伸到日本的大孤港和新潟港。

图们市距4C级国际空港延吉朝阳川国际机场只有约50千米的路程，航空交通方便快捷。延吉机场经过二期改造，可以起降各种型号客机，开通了至北京、上海、广州、长春、沈阳、大连等近20条国内航线和至韩国首尔、日本新宿、俄罗斯符拉迪沃斯托克（海参崴）等国际航线。

（三）三合口岸（图3-16~图3-18）

1. 口岸简介

三合口岸是国家级双边公路客货运输口岸，位于龙井市三合镇，距龙井市区47千米。口岸对面是朝鲜咸镜北道第二大城市——会宁市，与朝鲜会宁口岸间有公路桥相连。三合口岸距离朝鲜东部沿海最大港口、第三大城市—— 清津仅87千米，是中方口岸距离朝鲜清津港最近的口岸，是我国通往朝鲜咸镜北道首选的公路通道，也是国家规划的中国龙井—朝鲜清津港中朝陆海国际大通道的枢纽，在中朝贸易中的地位举足轻重。

2. 国门与界碑的历史沿革

三合口岸总占地面积22 535平方米，联检楼及配套设施面积为5 820.95平方米。口岸跨境桥建成于1941年，为钢筋混凝土结构，全桥长295.2米，行车道净宽6米，当前由中朝两国共同管理。其口岸通关能力设计为过货量30万吨/年，过客量15万人次/年。三合口岸国门建于2005年，外表用600多块0.5平方米的青灰色花岗岩石板镶嵌而成。国门上方悬挂着直径为1.2米的国徽。并用中朝双语书有“中国三合口岸”和英文“CHINA”。国门宽18米，高15米。

图3-16　三合口岸国门

位于三合口岸国门和朝鲜国门之间的是中华人民共和国东北部边境线上的第78号界碑，2009年经过中朝两国第二次边境勘界后建立。界碑的排序是以中朝界河鸭绿江入海口为1号界碑，至三合口岸为第78号界碑。中朝双方设有同号双界碑，其中，中国标识为78（1）号界碑，朝鲜标识为78（2）号界碑。

图3-17　三合口岸界碑

三合口岸历史久远，建于1930年，1950年设立口岸联检机构。1951年2月，成立三合卫生检疫站，1992年3月更名为三合卫生检疫局。1975年6月成立三合动植物检疫站，1992年6月更名为三合动植物检疫局。1990年9月，在龙井市成立图们商品检验局龙井办事处。1999年11月由三合动植物检疫局、三合卫生检疫局、图们进出口商品检验局龙井办事处合并成延边出入境检验检疫局三合办事处，负责三合口岸的出入境动植物检疫、卫生检疫和进出口商品检验监管工作。

图3-18 检验检疫办公楼

3. 国门与界碑的地理特征

1）自然条件

地理位置：三合口岸位于吉林省东南部长白山东麓，东经128°54′~129°48′，北纬42°21′~43°24′。东南隔图们江与朝鲜相望，边境线长142.5千米；东北与延吉市、图们市接壤；西北与安图县相接。

气候特征：①气温，三合镇属于温带大陆性季风气候，四季分明，冬冷夏热。年平均气温为5.6℃。7月最热，平均气温为21.2℃，1月最冷，平均气温为-13.4℃。年极端最高气温为37.1℃，极端最低气温为-34.8℃。②降水，三合镇年平均降水量为549.3毫米，属于湿润区。年平均日照时数为2 429.1小时，初霜平均日期在9月27日，终霜平均日期在5月6日，无霜期平均为143天。③风力、风向，大风多发生在11月至翌年4~5月，大风多为7~8级，风速可达17.2米/秒。夏季多偏东南风，冬季多偏西北风。

2）资源禀赋

植被资源：龙井市森林多为天然次生林和人工林，主要树种有柞树、红松、落叶松、云杉、赤松、黄檗、水曲柳、椴树、平基槭、山杨、白桦等。

龙井市属长白山植物区系，植被种类繁多。据统计，有野生植物211科849属。被列入国家一级重点保护的野生植物有东北红豆杉、长柏松、人参等16种，被列入国家二级重点保护的野生植物有红松、水曲柳、胡桃楸、五味子等31种。观赏植物有花楸、黄杨、百合、芍药等50余种。珍贵药材有西洋参、长白参、细辛、天麻、贝母、五味子等。山野菜有蕨菜、大叶芹、山胡萝卜等。

动物资源：辖区内野生动物有50多种，主要包括梅花鹿、黑熊、豹、獾等，生产的鹿茸、熊胆、獾油、蛤蟆油等都是名贵的药材。此外还有鸟类、爬行类、两栖类野生动物上百种。

水资源：龙井市境内河流均属图们江水系，流长10千米以上河流28条，其中主要河流有图们江、海兰江。海兰江发源于和龙县青山北甄山东坡，由西向东经龙井市进入延吉市，汇入布尔哈通河。龙井市总体属于贫水区，雨季洪涝灾害频繁，枯水期出现供水不足。

矿产资源：龙井市矿产资源种类齐全、分布广泛。现已发现煤、铅、锌、金、镉、铁、钼、硅灰石、石灰石、辉绿岩等30多种矿产资源。百年老矿天宝山矿就位于龙井市老头沟镇。

3）经济发展

龙井市自然资源丰富，全市耕地面积35 196公顷，其中水田面积8 302公顷。

龙井市是吉林省商品粮生产基地和农业综合开发实验基地，是中国苹果梨、红晒烟、黄牛、细毛羊生产基地，境内有亚洲最大的苹果梨种植园、吉林省最大的人工养熊基地、国家级天佛指山松茸自然保护区。龙井市是中国苹果梨原产地，1921年从朝鲜引种，至今已有90多年栽培历史，所产苹果梨被誉为“北方梨中之秀”，1995年被授予“中国苹果梨之乡”的称号。

4）交通条件

龙井市主要城镇与延吉、图们城区已实现城际快速道路连通，全市基本形成了以市区为中心，以国道G302珲乌线、G333三合—莫力达瓦旗线（三合至龙延公路交界处）、G334龙井—东乌珠穆沁旗线（开山屯至琵岩岭段）、G331丹东—阿勒泰线（开山屯至白金电站段）为主骨架的交通网络布局。龙井至丹东、通化等邻近城市均有直达列车。延吉机场位于龙井市东北部，与龙井市区相距仅13.5千米，已开通了长春、沈阳、大连、北京、广州、上海等航线。

4. 口岸相关商贸往来

三合口岸距离朝鲜清津市仅87千米，距离朝鲜北部最大港口清津港仅87千米，是我国与朝鲜咸镜北道进行人员来往和开展边境贸易的重要通道，是东北内陆省份实现“借港出海”“内贸货物跨境运输”最便捷的通道，同时也是赴朝鲜咸镜北道进行商务、旅游和贸易的首选口岸。

三合口岸主要从朝鲜进口铁矿粉、铁矿石、干鱿鱼、冷冻鱿鱼等，出口粮油、食品、机械设备、家电、生活用品、农药、化肥等。

（四）开山屯口岸（图3-19~图3-22）

1. 口岸简介

开山屯口岸位于延边朝鲜族自治州龙井市开山屯镇，建于1951年7月，是对朝开放的国家二类陆路口岸，也是中朝双方华侨、边民探亲和进行边境贸易的口岸。

1991年以前开山屯口岸只作为边民过往口岸，1992年3月，经上级批准实现了客货双通。国境桥始建于1933年，作为公路、铁路两用桥，中华人民共和国成立后铁路桥停用，该桥改为公路桥。1986年8月，口岸新联检楼开始使用，口岸面积为5 600平方米，联检楼面积为600平方米。

2. 国门与界碑的历史沿革

开山屯镇历史悠久。早在2 000多年前，满族的祖先肃慎人便在此地劳动生息。

光绪九年（1883年），清朝政府在开山屯附近的光照村开设海关，与朝鲜贸易。清初为禁山围场，光绪二十年（1894年）建屯。

1922年，取“开”字，加地理实体得名为“开山屯”。

1932年9月，中朝铁路桥建成，桥长326米，中朝各占一半。1934年，开山筑铁路通车后，正式命名为开山屯。1932~1945年，先后称为和龙县光开社、光开村、开山屯，1940年划入延吉县管辖，1956年建镇。

开山屯口岸大桥始建于1930年，1927年建成简易公路桥，1933年建成铁路桥，中华人民共和国成立后铁路桥停用。公路桥全长327.7米，其中中方桥长165.7米，朝方桥长162米，公路桥桥面宽3.5米，铁路桥桥面宽2.2米，距水面9米。

开山屯口岸界碑建于2009年，是中朝79号双立界碑。开山屯出入境检验检疫机构始建于20世纪中叶。1951年2月24日，东北人民政府卫生部领导下的图们交通检疫所增设了龙井市开山屯检疫站，开展国境卫生检疫工作。1974年3月21日，图们动植物检疫所开山屯动植物检疫站成立。1999年，延边出入境检验检疫局开山屯办事处成立。

图3-19　开山屯口岸大桥

图3-20　开山屯口岸界碑

图3-21　开山屯口岸办公楼（一）

图3-22　开山屯口岸办公楼（二）

3. 国门与界碑的地理特征

1）自然条件

地理位置：开山屯镇地处吉林省东部、长白山脉北麓，隶属于延边朝鲜族自治州龙井市，东隔图们江与朝鲜隔江相望，沿江边境线长36千米。

开山屯镇地处东经129°38′~129°48′，北纬42°36′~42°47′，全镇东西宽约13千米，南北长约21.5千米，面积为约201.17平方千米。

地形地貌：开山屯镇地处长白山脉东坡，海兰河、图们江的分水岭南岗山脉自东北向西南从镇内穿过。以南岗山脉为界，东部和南部地形起伏较大，为中低山地貌，海拔500~1 500米，山体多为森林覆盖，植被良好。西部、北部为波状起伏的低山丘陵地貌，海拔在500米以下，地表多为耕地。

气候资源：开山屯镇属中温带大陆性季风气候，夏季湿热多雨，秋季凉爽，冬季寒冷干燥。年平均气温5.7℃，有气象记载极端最高气温37.6℃，极端最低气温-27.3℃；年平均降水量473.4毫米，主要集中于6~9月；年平均蒸发量243.8毫米，最大月蒸发量集中在5月；年平均日照时数为2 109.8小时；年平均风速为3米/秒；无霜期较短，年平均无霜期140天左右。

2）资源禀赋

水资源：开山屯镇属图们江水系，水力资源十分丰富，境内主要河流有海兰河、布尔哈通河、嘎呀河，属山区型河流，河谷深而窄，水量随季节变化明显，在冰融期和多雨季节水位陡涨，枯季时水浅多滩。

土壤资源：开山屯镇地处长白山余脉，土壤类型以暗棕壤和水稻土为主，还有少面积的冲积土和白浆土。境内耕地地力等级为2级地和3级地，中产田为主，高产田和低产田为辅。土壤pH范围为5.0~6.4，偏酸性。冻土深度1.7米。

东南部自然保护区土壤母质为花岗岩、砂岩、页岩风化物。土壤类型主要是酸性岩森林灰棕壤，此外还有暗棕壤、白浆土、草甸土、沼泽土、泥炭土、冲积土等，这些土壤中酸性岩森林灰棕壤透水性好，pH为5.0左右，偏酸性是赤松林生长的最佳条件，因此东南部自然保护区也是天然松茸的主要蕴藏带。

3）民族与行政区划

开山屯镇现辖4个社区、5个行政村、42个自然屯，主要民族有朝鲜族、汉族等。

4）交通条件

中朝之间原有公路、铁路桥连接，中华人民共和国成立以后因种种原因铁路桥停止使用，公路桥每车限载15吨。开山屯镇有一条铁路线，即开山屯—朝阳川；有两条公路线，一条是龙井—开山屯公路，另一条是开山屯—图们沿江（国防）公路。

4. 口岸相关商贸往来

开山屯口岸自开放以来对地方发展起到了积极的推进作用。2015年过货2.6万吨、出入境人次5 146人次、出入境车辆3 042辆次，2016年过货3.2万吨、出入境人次6 324人次、出入境车辆4 142辆次。由于受国际政治因素影响，2017年过货量、出境人次有所下降。

（五）南坪口岸（图3-23~图3-28）

1. 口岸简介

南坪口岸位于吉林省和龙市南坪镇，距和龙市50千米，距朝鲜茂山郡12千米。在延边州整体开发开放战略中，南坪作为开发开放口岸，区位优势和战略地位极其重要，既是中蒙大通道战略的承接点，又是“一带一路”倡议的“黄金桥头堡”，距朝鲜清津仅82千米。南坪口岸占地面积20 000平方米，建筑面积6 310平方米，多年来过货量在吉林省公路口岸中一直名列前茅。

2. 国门与界碑的历史沿革

南坪作为中朝口岸，始于1929年12月，当时以釜洞为中心，通往朝鲜七星里，两口岸间以船摆渡，进行简单的易货贸易。

图3-23 南坪口岸老办公场所

图3-24 南坪口岸老办公场所工作人员合影

图3-25 中朝联检人员通过结冰的图们江会面

图3-26 依靠临时木桥过货

1933年9月，建立图们税关后，在南坪口岸设税关出卡，下设亚东、釜洞、芦果、柳洞河、富岩坪、惠章等地分所。抗日战争胜利后，延边总关成立，在南坪设分卡。1947年4月，延边关税局成立后，南坪口岸设关税所。1950年12月，南坪关税所升为南坪支关。1951年对外开放，为国家级客货双边口岸。1994年5月，中朝双方共同出资修建临时性国境桥，进行边境贸易。1995年7月，临时国境桥被洪水冲毁闭关。2004年9月，双方协定新建的南坪至茂山国境桥竣工并投入使用。国境桥全长165米，宽12米。这是和龙市通往朝鲜咸镜北道的唯一通道。

图们设立南坪口岸检疫机构始于1947年。1975年南坪口岸设立动植检、卫生检疫机构，分别隶属于图们动植物检疫所和卫生检疫所，进出口商品检验鉴定业务由图们商检所负责。1999年12月随着图们"三检合一"，南坪口岸"三检"合并为图们出入境检验检疫局南坪办事处，2004年6月至今为延边出入境检验检疫局南坪办事处。

南坪口岸共经历了三代国门的变迁。1929~1994年，南坪口岸以船摆渡方式进行两国间贸易，中方摆渡码头为第一代国门。1994~1995年搭建临时性木桥。2004年建成现在的国境桥，中方桥头为第二代国门。现有国门建成于2008年，宽23米，高15米，外表用青灰色花岗岩石板镶嵌而成。国门上方悬挂着南坪口岸四个金色大字，字中间是直径为0.9米的国徽。

图3-27 南坪口岸联检厅

图3-28 南坪口岸国门

3. 国门与界碑的地理特征

1）自然条件

南坪口岸位于和龙市南部南坪镇，与朝鲜咸镜北道茂山郡七星里隔江相望，处于图们江上游西岸，东经129°12′，北纬42°15′，地处温带海洋性季风气候区，气候温和湿润。年平均降水量480毫米，最大冻土层为180厘米，年平均气温4.8℃。南坪口岸处于山区盆地，植物繁茂，山清水秀，景色宜人。

2）资源禀赋

旅游资源：南坪镇是典型的朝鲜族边境乡镇，朝鲜族占75%，农业人口占65%。由于地处长白山麓，土壤肥沃，水草丰富，林木茂密，人文景观独特，风土人情浓厚，旅游资源丰富。国家级旅游景点仙景台、省级旅游景点虎岩久负盛名。还有独特的朝鲜族民俗风情。南坪镇距图们江发源地的圆池110千米，是图们江千里文化长廊的重要组成部分。

动植物资源：南坪镇林地面积22 000公顷，森林中有柞木、红松等珍贵树种，黑熊、狍子、野猪、野鸡等野生动物在其中栖息、繁衍。蕨菜、刺嫩芽、马蹄叶、沙参等野生植物形成植被。清澈的溪水中有中国林蛙，草场上有成群的延边黄牛，点缀着美丽的自然风景。种植业有人参、沙参、桔梗、木耳等基地；现有标准化烟草基地、辣椒基地、韩国萝卜籽生产基地。

矿产资源：南坪镇镇内有蕴藏量很大的煤矿和麦饭石资源。南坪口岸对应着朝鲜的七星里口岸，对面有亚洲最大的露天铁矿——茂山铁矿。

4. 口岸相关商贸往来

和龙国家级边境经济合作区于2015年3月正式获得国务院批复，合作区中心区域设在南坪。南坪口岸主要出口货物有钢材、矿山机械、粮食、焦炭、汽油等，进口货物有铁精粉、生铁、无烟煤、木材等。

南坪口岸经济已成为和龙市的支柱产业，2016年全市对朝贸易达到3 983万美元，占全市外贸进出口总额的53%。

口岸经济推动对朝贸易格局初步形成。边境经济合作区一期基础建设面积13.3万平方米，依托朝鲜劳动力资源，将成为带动地方经济的加工园区。近年来，口岸所在地的边贸活动日益活跃，带动了相关产业和第三产业的迅速发展，边境贸易进出口种类逐渐多元化，出口由原来单一的矿产品、土特产品增加到100多个品种，包括日用百货、粮油食品、家用电器、机电设备、石油制品、农药化肥、化工产品、建筑材料等。

（六）古城里口岸（图3-29~图3-32）

1. 口岸简介

古城里口岸位于吉林省延边朝鲜族自治州和龙市崇善镇，东经129°00′，北纬42°06′，距和龙市80千米，距朝鲜大红丹郡24千米，距朝鲜惠山市175千米，是延边朝鲜族自治州通往两江道的唯一口岸。口岸监管场地占地面积12 000平方米，建筑面积1 017平方米，年均过货量10万吨。

图3-29 古城里口岸

2. 国门与界碑的历史沿革

古城里口岸始设于1929年，当时主要通往对岸朝鲜三长口岸。1933年图们税关建立后，曾在古城里设关所。1953年12月，根据中国与朝鲜关于边境通行协议对外开放。2007年7月经国务院批准升为国家一类口岸。

古城里口岸国境桥1995年10月正式开通，全长76米，宽10米，高9米。中朝边境70号界碑位于古城里口岸，2009年在国门线上竖立了崭新的大理石界碑。

图3-30　古城里公路口岸

图3-31　素有“图们江第一桥”之称的古城里国境桥

图3-32　古城里70（1）号界碑

3. 口岸相关商贸往来

中朝互市贸易区拟建在古城里口岸附近，主要经营农副产品、土特产品、水产品、中药材、服装、纺织品、机械产品、电子产品、五金、交电、化工、医药以及木材等。

建立中朝古城里互市贸易区是和龙市参与图们江开发开放规划，促进东北亚区域经济贸易合作的需要，也是实施沿边开放战略、促进边疆民族地区经济发展的需要。建立中朝古城里互市贸易区，一是有利于加强和龙与朝鲜的经贸合作，推进中朝的经贸往来；二是有利于充分发挥和龙独特的区位优势，进一步提高延边州、吉林省乃至整个东北亚地区对外开放水平；三是有利于引导和龙市生产要素合理流动，形成更大规模产业集聚；四是有利于和龙发展现代物流产业，更好地为进出口企业提供国际物流配套服务，促进外向型经济和高新技术产业的发展；五是有利于繁荣边疆经济，保持边疆稳定，维护民族团结，提高少数民族的物质和文化生活水平；六是有利于促进区域对外贸易加速发展，增强区域经济发展活力，促进和龙市成为延边州经济发展的新增长点。

（七）长白口岸（图3-33~图3-38）

1. 口岸简介

长白朝鲜族自治县位于吉林省东南部，长白山南麓，鸭绿江上游。与朝鲜两江道隔江相望，边境线长260.5千米，是吉林省边境线最长的县，是全国唯一的朝鲜族自治县，也是吉林省重点口岸边贸城市。长白口岸位于长白县长白镇境内，地处鸭绿江开放带的中心地段，与朝鲜两江道首府惠山市口岸零公里连接，是鸭绿江上游第一个陆路边境口岸，也是我国通往朝鲜最重要、最便捷的通道之一。

图3-33　长白口岸全貌

2. 国门与界碑的历史沿革

长白口岸设立于1952年，原为地方二类口岸，1985年经国务院批准对外开放，2007年被国务院批复升格为国家一类陆路口岸。长白口岸占地面积40 600平方米，已建成联检大厅等办公用房10 000多平方米。

图3-34　长白口岸国门

长白口岸国门总建筑面积850平方米，高19米，跨度41米，宽11米，于2006年建成并投入使用。于2013年对长惠大桥进行了加固维修工程，桥梁承载力达到公路Ⅱ级荷载标准。2006年，地方政府兴建了建筑面积2.8万平方米的对朝贸易市场，其成为对朝边贸企业的聚集地和对朝开发开放的主窗口。

图3-35 长白口岸界碑

3. 国门与界碑的地理特征

1）自然条件

长白县地处中纬度火山地貌区域，地势偏高，属亚温带大陆性季风气候。冬寒夏暖，四季分明，冬季严寒长达5个多月。地势东北高西南低，逐渐倾斜。西南部海拔一般在430~700米。西部、东南部一般在700~1 000米。国界32号界碑海拔为2 457米，最低为430米，绝对高差达2 027米。

2）资源禀赋

森林资源：全县林地面积21万公顷，活立木蓄积量2 771万立方米，全境森林覆盖率达92%，素有“立体资源宝库”“长白林海”之称。依托丰富的森林资源，发展木制产品深加工产业具有先天的资源条件和雄厚的产业基础。

水能资源：长白县超过10千米的河流多达27条，而且条条河流水势湍急，落差较大，水能资源极为丰富。除了有丰富的水能资源，长白的饮用水资源也具有深度开发的潜能，是最具长白山特色且国内外稀有的高品位矿泉水，开发前景十分广阔。

矿产资源：矿产资源主要有地开石、硅藻土、煤、金、铜等。硅藻土资源丰富，储量和品位均居亚洲前列。随着硅藻土开采和加工技术的提高，硅藻土应用领域不断扩大，相关产业链不断延长，市场空间不断扩大。

动植物资源：长白县野生动植物资源种类繁多，被誉为“长白山区物种资源立体宝库”。其中，兽类30余种，飞禽类70余种，两栖类10余种，鱼类20余种。

长白县境内共有野生经济植物和药材资源1 200余种，其中可供食用的152种，工业用的153种，药用植物136科890种；野山参、北五味子、细辛、党参、灵芝等野生的中药材储量达320万斤（1斤=0.5千克）。特别是发现了稀有的国家一类保护植物——“对开蕨”。其他药材资源有8种，面积为5 100公顷，总储量为542万斤。

3）人口和民族

全县面积2 497.6平方千米，辖1个省级经济开发区、8个乡镇、77个行政村，总人口8.4万，其中朝鲜族1.4万人，约占人口总数的17%。

4. 口岸相关商贸往来

长白县地处鸭绿江开放带的重点地段，是吉林省对外开放的前沿，也是东北亚经济圈中的优势据点，是“长吉图”开发开放先导区的辐射区，是沿边、沿江县份，具有得天独厚的资源、区位和人文优势。

2010~2016年长白口岸累计实现贸易额3.6亿美元，过货量69.8万吨，出入境人次19.3万人次，出入境车辆7.2万辆次，贸易额以年均16%的速度增长。对朝贸易出口商品品种主要有大米、玉米等粮食和纺织服装等日用品，以及电力、汽油、机器设备、机电产品。进口商品主要有板方材、卫生筷子、雪条棒等木制品，铁、铜、金、钼、铅、锌等各种矿产品，以及中药材、松子、野山果等土特产品。

图3-36　入境大厅

图3-37　出境大厅

图3-38　口岸对面的国际商贸城

（八）临江口岸（图3-39~图3-41）

1. 口岸简介

临江市位于吉林省东南部，长白山腹地，鸭绿江畔，与朝鲜两道（两江道、慈江道）三郡（中江郡、金亨稷郡、慈城郡）隔江相望。临江口岸是公路口岸，货检区年设计通过能力为60万吨，旅检区年设计通过能力为60万人次。

2. 国门与界碑的历史沿革

临江口岸第一代国门建于1935年，当时由日本人承修的中朝公路国境大桥通车，两国间的最初界线标志是在公路桥偏朝鲜一方（鸭绿江主流上方）画一条黄线，距离朝鲜中江0.3千米。第二代国门建于2010年，位于市区西部0.5千米处。国门占地面积10 000平方米，建筑面积13 000

平方米，国门为钢筋混凝土扇形门，外表镶嵌着2 000多块0.5平方米的青灰色花岗岩石板。国门上方悬挂着直径为1.8米的国徽，并书有“中华人民共和国临江口岸”十一个金色大字。

图3-39　跨境界桥

图3-40　口岸照片（左图为2005年摄，右图为2017年摄）

中朝边境第31号界碑位于临江口岸国门和朝鲜国门之间，2009年8月经过中朝两国勘界人员勘定后竖立。碑高1.2米，宽0.4米，厚0.25米，材质为花岗岩，界碑上镶嵌着中国国徽，下面刻着“中国31（1）—2009”字样。

图3-41 临江口岸界碑

1952年1月，临江设立卫生检疫机构。1961年初设立商品检验站，开展商品检验及动植物检疫工作。1999年11月，临江“三检”合并成立吉林检验检疫局临江办事处，负责口岸出入境检验检疫工作。

3. 国门与界碑的地理特征

1）自然条件

临江市位于吉林省的东南部，东依长白山，南接朝鲜，西濒帽儿山，北临老岭山脉。临江市为温带大陆性季风气候，干湿区域类型为半干旱区。冬季寒冷漫长，夏季温凉短促，春季干燥风大，秋季气温骤降，霜冻早。降水集中于7~8月植物的生长旺期。主要地形为波状起伏的丘陵。帽儿山山脉呈东北—西南走向，横亘于市区中部，致使中部高、西部平缓、东部为沼泽洼地。地势由西北向东南倾斜，坡度比较平缓。地貌特征分为丘陵和山间洼地两个地貌单元。

2）资源禀赋

自然资源：临江素称“长白山立体资源宝库”，自然资源极为丰富。水能资源理论蕴藏量51万千瓦，并有矿泉、温泉多处，现已建成水电站16座。矿业资源种类多、品位高、储量大，可供工业开采的矿藏有硅藻土、白云石、煤、金、锑等46种，其中，硅藻土和白云石储量及品位居全国前列。森林资源和野生动物资源得天独厚，全市有林地23.8万公顷，森林覆盖率达83%以上。野生动物有鹿、貂、黑熊、林蛙等250余种；野生植物有山参、天麻、细辛、贝母、党参、高山红景天等100余种。临江被誉为“中国高山红景天之乡”和“国家北药基地”。

旅游资源：临江市地处长白山腹地、森林覆盖率高，动植物资源丰富，四季分明，自然风光旖旎多姿。同时地广人稀，民风淳朴，并因毗邻朝鲜民主主义人民共和国而异国风情浓郁，成为驴友、摄友、户外爱好者、骑行爱好者经常光顾的热点城市。临江高品位的山水风光是拍摄电影的最佳外景地，是天然的大摄影棚、著名的影视基地。早在20世纪50年代，临江就以独特的魅力，备受电影人青睐，长春电影制片厂把临江作为电影外景地，先后拍摄了《五朵金花》《林海雪原》《神秘的旅伴》等三十余部影片。《四保临江》和《陈云在临江》等电视剧也在临江拍摄。

3）民族人口

临江市总人口约21.6万，常住人口约10万。有汉族、满族、回族、苗族、彝族、羌族、朝鲜族、蒙古族、锡伯族9个民族。

4）交通条件

临江交通方便，拥有铁路、公路、水路三路交通运输线。临江火车站是隶属于哈尔滨铁路局的客货运一等站，大连至临江铁路纵穿境内，年均货运量100万~150万吨。公路四通八达，国家公路有鹤大线（鹤岗—大连）201国道，省道有抚临（抚松—临江）203线。

（九）集安口岸（图3-42~图3-44）

1. 口岸简介

集安地处吉林省东南部，边境线长203.5千米，与朝鲜满浦市、慈城郡、楚山郡、渭源郡隔江相望。集安口岸是对朝三大铁路口岸之一，1954年4月正式开始国际联运业务，当年过货量达23万吨，是历史最高水平。1964年1月开通旅客列车。国际列车开通运营由中朝两国轮流进行，双号年（尾数）由中方负责运营，单号年（尾数）由朝方负责运营。2000年10月，集安口岸新建了联检楼，总建筑面积1 100平方米，年接送出入境旅客能力可达5万人次。2013年11月，集安口岸通过了国家质量监督检验检疫总局口岸核心能力建设考核验收。现集安口岸每天开行两列中国集安—朝鲜满浦国际列车。

2. 国门与界碑的历史沿革

集安口岸国门位于集安市下解放村鸭绿江国境铁路大桥桥头上，距市区11千米，建于2004年10月。国门高16.1米，宽13.7米，外部采用大理石镶嵌，内部设有阶梯，可以直接通往国门顶部。国门上方悬挂着国徽，下方有“集安口岸”四个金色大字。

图3-42 集安口岸办公楼

图3-43 集安口岸国门

位于鸭绿江国境铁路大桥桥头边的界碑是中华人民共和国东北部边境线上的第23号界碑。该界碑为双立界碑，23是界碑的标号，（1）是我国的国家代码，2009是界碑竖立的年份。

集安口岸在1949年以前就有检验检疫机构。1949年4月，东北行政委员会卫生部集安国境检疫所成立。1950年6月朝鲜战争爆发，集安口岸成为连接前线与后方的主要通道，大量的人员、交通工具、军需物资经集安进出境。1965年5月，吉林省政府批准建立集安动植物检疫所。1992年4月，吉林进出口商品检验局批准建立通化进出口商品检验局集安办事处。1999年11月，集安出入境检验检疫局成立，下设车站办事处，负责集安口岸出入境检验检疫工作，现已撤销。

图3-44 集安口岸界碑

3. 国门与界碑的地理特征

1）自然条件

地理位置：集安地处吉林省东南部，最东始于青石镇石湖村桦皮甸鸭绿江国境线，最西止于大路镇古马岭村二股流附近浑江河道中心，最南点起于凉水朝鲜族乡杨木村鸭绿江与浑江交汇处，最北点止于头道镇砬子沟村砬子沟岭口，边境线长203.5千米。

气候特征：集安属于北温带大陆性气候，年平均气温6.5℃，年平均降水量947毫米。境内老岭山脉自东北向西南形成一道巨大的天然屏障，横贯全市，抵御北来寒风，使温暖湿润的海洋气流，沿鸭绿江溯源而来，造就了集安市岭南、岭北两个小气候区。岭南、岭北冷暖转换时差为10~15天。岭南气候温和、空气湿润、降雨充沛、风力弱小的特点极为突出，素有“吉林小江南”之美誉。集安地貌属中低山区。东北部地势较高，西南部地势低缓，整个地势呈屋脊状向东南和西北逐渐降低，形成了西北部低山台地区、中部中山区、东南部低矮沿江丘谷区。

2）资源禀赋

植物资源：集安市植物种类为6门161科689种。国家级重点保护野生植物共计10种，其中，国家一类保护植物有东北红豆杉1种，国家二类保护野生植物有对开蕨、红松、钻天杨、黄檗、紫椴、水曲柳、松口蘑、野大豆、朝鲜崖柏等9种。

动物资源：集安市境内野生动物种类共计242种。其中，国家一类保护动物有豹、原麝、梅花鹿、黑熊、青鼬、黑鹳、金雕、中华秋沙鸭、鸳鸯、秃鹫、黄嘴白鹭、雀鹰。

特色资源：集安市森林覆盖率达82.16%，大气环境质量保持在国家二级标准，空气质量优良天数超过330天。良好的生态环境和气候条件孕育了品质优良的人参、山葡萄、五味子、蜂产品、食用菌等特色资源，是全国最大的山葡萄产区，是重要的健康食品、保健品原料和生产基地。

3）经济发展

近年来，集安市项目建设不断取得突破，工业经济稳步增长，开发开放成效明显。集安—慈江道经济带被列入国家《沿边地区开发开放规划》。集安被确定为吉林省加快开放发展试点，享受地级市经济和社会管理权限。规划实施国家级边境经济合作区建设，申报前期工作全部完成，堤防工程基本完工，引道引桥工程开工建设。集安公路口岸获批为国家一类口岸，加强口岸建设，新建老虎哨口岸码头，提升铁路口岸通关环境，维修改造青石临时口岸。加快推进开放通道建设，新建下临边防公路，完成集锡、集丹公路大修和鸭绿江航道疏浚，集丹、集青公路提升为国道。

4）交通条件

集安市公路总里程为1 233.8千米，铁路线总里程为120千米。集安火车站年客运量7万人次、货运量5.3万吨。

4. 口岸相关商贸往来

集安是对朝贸易三大口岸之一，是赴朝旅游的重要通道，也是通化市唯一的口岸城市，与朝鲜的一市三郡（满浦市、慈城郡、楚山郡、渭源郡）隔江相望。在对朝贸易的发展过程中，20世纪90年代中后期曾经出现过一段由于朝鲜支付能力下降，贸易信用度降低，中方贸易风险加大的时期，这严重影响了对朝贸易的发展。近年来，随着朝鲜经济改革政策的实施，贸易环境得到了极大的改善，随着朝鲜国内经济的恢复和对外开放的深入，集安口岸对朝贸易的不断增长，有力地带动了地方经济的增长。

中朝贸易有着很强的互补性，中国的化工原料、建筑材料、成套设备、机电产品、生活日用品等在朝鲜等很受欢迎，而朝鲜的矿产、木材等也为中国企业所青睐。我国出口企业采购通化市本地企业生产建材、化肥等商品推动了通化相关企业的发展，进口的木材、松子、矿产品等商品又为通化的企业提供了急需的原材料，为促进通化地方经济发展起到了积极作用。在国家加快沿边开发开放的背景下，集安位于鸭绿江中朝经济合作带中心位置的地缘优势越来越突出，口岸建设发展的步伐也日益加快。

四、黑龙江省

（一）绥芬河口岸（图 4-1~图4-13）

1. 口岸简介

绥芬河口岸位于黑龙江省东南部，距离省会哈尔滨460千米，距离俄罗斯滨海边疆区首府符拉迪沃斯托克（海参崴）190千米，是中俄毗邻的两大铁路口岸之一，向东借助俄罗斯远东港口可辐射到韩国、朝鲜、日本等亚太国家及环太平洋港口，向北连通西伯利亚大铁路直达俄罗斯全境和欧洲国家。在中国“一带一路”倡议中，绥芬河被确定为“中俄蒙经济走廊”的重点边境口岸。俄罗斯实施的远东大开发和符拉迪沃斯托克（海参崴）自由港战略，也将绥芬河纳入“滨海一号”交通运输走廊项目的重要枢纽城市，推出了一系列促进中俄跨境物流运输的重要措施及政策。这些使得绥芬河在中国对东北亚国家开放合作中的重要作用更为突出，也为企业投资创造了更加便利良好的条件和环境。

中俄边境线绥芬河段共有8个界碑，编号分别为355至362。其中偶数编号为俄方所建，奇数编号为我方所建。357号界碑是大家最为熟知的界碑，一般来绥芬河的游客都会与之合影留念。

绥芬河市有公路和铁路两个国家级口岸。

绥芬河铁路口岸位于滨绥线终点，与俄罗斯符拉迪沃斯托克（海参崴）分局格罗捷科沃站接轨，是牡丹江铁路分局管内唯一的口岸站，是我国对俄贸易的重要陆路口岸，主要承担中俄国际联运和中外旅客运输任务。绥芬河车站始建于1899年，1903年正式投入运营，是一个历经沙俄、日伪、中苏共管和主权铁路四个历史时期的百年老站。

图4-1　绥芬河口岸

图4-2　中俄357号界碑

图4-3　绥芬河火车站

图4-4　铁路口岸联检大楼

图4-5　从铁路看“木业之都”绥芬河

图4-6　中俄远东铁路大动脉

图4-7 滨绥铁路“远东第一桥”（1903~2015年）

图4-8 中共六大红色国际通道—— 绥芬河铁路大白楼

绥芬河公路口岸位于301国道东端中俄边境线上，与俄罗斯滨海边疆区波格拉尼奇内区陆路接壤，是国家一类口岸，担负中俄贸易进出口中转分拨和客运任务。得天独厚的地理位置及地缘优势，使绥芬河公路口岸成为通向日本海的中、俄、日、韩陆海联运国际大通道的结点和枢纽。

图4-9 公路口岸联检办公楼

为助推中俄贸易升级步伐，口岸改造力度不断加大。目前，公路口岸扩能改造后，有24条出入境旅客通道和12条货检进出境通道，口岸年通关能力将达到600万人次、车辆55万辆次、货物550万吨。铁路口岸经过多年扩能改造，换装能力由1 000万吨提高到3 300万吨，过客能力达2 200万人次。新公路国际客运中心项目开工建设。绥芬河机场项目预可研报告通过国务院和中央军委批复，可研阶段工作已全面展开。口岸功能的不断完善，对推进对俄经贸转型战略升级，集聚人流、物流、资金流、信息流，拉动黑龙江省乃至全国经济快速发展都具有重大的现实意义。

图4-10 科技监管快速通关

2. 国门与界碑的历史沿革

绥芬河历史悠久，早在四五千年前就有中华民族的祖先在此繁衍生息。先后隶属于唐、金、明、清等朝代，唐称“率宾水”，金称“苏滨水”，明称“速频江”，清代始称“绥芬河”。“绥芬”一词源于满语，锥子之意，指在这条河里生长着一种尖锐如锥的钉螺。

绥芬河原属清代内陆地区。1860年中俄签订《北京条约》，始与俄国接壤，成为边境地区。19世纪末，沙俄开始修筑中东铁路，在绥芬河河岸的东宁县三岔口建立第五车站，命名为绥芬河站。后因地质结构原因，向北移动50千米，成为现在绥芬河市的所在地。

图4-11　绥芬河口岸国门

绥芬河市近代和现代发展大致可分为四个阶段。

（1）1903~1933年。1903年中东铁路建成，奠定了绥芬河地区交通、通信、通商的基础，曾与符拉迪沃斯托克（海参崴）和哈尔滨得到同步的发展。这30年间，有俄、日、朝、英、法、意、美等18个国家的使节和商贾云集于此，文化和经贸交流异常繁荣活跃，五颜六色的各国旗帜林立市区，时称“旗镇”和“国境商业都市”，并有“东亚之窗”的美誉。绥芬河还在东北最先开通了火车、汽车，最先有了电灯、电话，被冠为“文明中心”。

（2）1933~1945年。1933年，日本关东军占领绥芬河后，中苏间铁路被堵塞中断。1935年，对苏贸易完全停止。在此期间，绥芬河市的商业活动全部停滞，各国商人纷纷撤离，人口锐减，经济萧条。

（3）1945~1987年。1945年，绥芬河获得解放。中华人民共和国成立后的十年间，绥芬河始终承担运输中苏战略物资和进出口货物的重任。60年代初至70年代末，中苏政治关系恶化，双边贸易处于停滞状态。1975年，绥芬河被国务院正式批准为省辖计划单列市。80年代后，中苏两国政治关系改善，经贸关系出现转机。1984~1985年，中苏两国相继签订了“经济和科技合作协定”“贸易和支付协定

（1986~1990年）”。1987年，绥芬河市与对面城市波格拉尼奇内区政府签订合作协议，地方层面边境贸易由此拉开序幕。

（4）1988年至今。1988年，绥芬河市被黑龙江省委、省政府批准为通贸兴边试验区；1992年被国务院批准为国家首批沿边扩大开放城市，同年设立了边境经济合作区，实现了由省级通贸兴边试验区向国家级沿边开放城市的历史性跨越；1999年6月，经中俄两国外交换文批准成立中俄互市贸易区；2009年4月，经国务院批准设立黑龙江绥芬河综合保税区。

图4-12　绥芬河综合保税区

2011年，经黑龙江省委、省政府批准，绥芬河市被列为省直管行政体制改革试点市，经济社会享受地市级管理权限。借助国家沿边开放政策，绥芬河对外开发开放不断走向深入，逐步发展成全国对俄经贸合作的重要前沿。

3. 国门与界碑的地理特征

1）自然条件

地理位置：绥芬河地处东北亚经济圈的中心地带，东距俄罗斯对应口岸波格拉尼奇内21千米，距俄罗斯远东最大的港口城市符拉迪沃斯托克（海参崴）190千米，紧邻俄罗斯远东特殊发展区——自由港经济特区，有一条铁路、一条公路与俄罗斯相通，高铁通车后，2.5小时即可到达黑龙江省会城市哈尔滨。通过绥芬河铁路可连通俄罗斯太平洋沿岸港口群，既可便捷地到达日本、韩国、美国等国家，也可借助俄罗斯港口，通过“中—外—中”海关特殊监管模式，到达我国东南沿海上海、宁波等港口。绥芬河是黑龙江省最便捷的出海口，是中国东北地区对外开放、参与国际分工的重要窗口和桥梁，也是承接我国东北振兴和俄罗斯远东开发两大战略的重要节点城市，被誉为连接东北亚和走向亚太地区的“黄金通道”。

气候特征：绥芬河属于温带大陆性季风气候，四季变化明显。年平均降水量为650~700毫米。每年空气良好天数达到345天左右。夏季平均气温22.5℃。冬无严寒，夏无酷暑，群山环绕，清爽宜人，是天然氧吧和避暑胜地。

2）资源禀赋

水资源：辖区内主要河流有两条，即小绥芬河和寒葱河。小绥芬河施业区内河道长度14千米，河流水面总面积为59.2公顷；寒葱河长度13千米，流入小绥芬河。

林木矿产资源：市域内林地面积33 620公顷，有林地面积33 586公顷，蓄积量357万立方米。全市有乔木树种20多种，灌木100多种，其中乔木有红松、水曲柳、黄菠萝、胡桃楸等珍贵树种。截至目前，全市已发现矿产有泥炭、膨润土、沸石、砖瓦用黏土、建筑用砂、石等并开始加以开发利用。

旅游资源：绥芬河口岸开通有百年的历史，市区内有很多中东铁路开通后保存完好的历史建筑。主要有火车站、俄侨学校、赤查果夫茶庄（人头楼）、东正教堂、俄领事馆等几十处历史文化建筑。也有近年来建设的博物馆、秘密交通线纪念馆、和平友谊天使嘎丽娅纪念碑和纪念馆等文化场馆。市内道路标志、商店招牌和广告用语多用中俄文版面，充满异域风情。绥芬河市民及商家店员均会讲俄语，被誉为“会说俄语的城市”“中俄友谊城”。绥芬河市与俄罗斯17个城市、日韩9个地区开展常态化人文交流，建立国际友城16对。绥芬河市先后获得“全国文明城市”“中国优秀旅游城市”“中国改革开放三十年十八个典型地区之一”的荣誉称号。时任国务院总理朱镕基为绥芬河市题词“百年口岸”。俄罗斯总统普京为绥芬河题词“我们的友谊就是相互理解、信任、共同的价值观和利益，我们将铭记过去，展望未来”。

3）人口和民族宗教

全市常住人口约7万人。其中，非农业人口约5.9万人，农业人口约1.1万人。全市共有少数民族14个，其中较多的为满族、朝鲜族、蒙古族。有三大宗教，包括佛教、基督教和天主教。

图4-13 “百年口岸”题词石碑

4. 口岸相关商贸往来

沿边开放以来，绥芬河市对外贸易和经济技术合作迅猛发展，形成了一般贸易、边境贸易和民间互市贸易同步推进，商品贸易和服务贸易共同发展的格局。

目前，绥芬河市外贸企业已与亚、欧、非、南北美、大洋洲的上百个国家，5 000多家企业建立了合作关系，对俄贸易进出口商品已经达到

141大类，1 326余个品种。

绥芬河市凭借熟悉俄罗斯市场需求、高级俄语人才多等优势，积极推动中俄跨境电子商务与实体经济互动融合发展新模式，电子商务迅速发展，被国家海关总署批准为跨境贸易电子商务试点，边境经济合作区由商务部批准为国家电子商务示范基地。目前，绥芬河市已搭建了跨境电商通关服务平台、跨境电商公共服务平台和跨境电商综合服务平台三个平台，实现了交易、报关、报检、结汇、退税和物流配送的无缝对接。

为服务“龙江丝路带”建设，保障“哈绥俄亚”陆海联运扩量增效，绥芬河口岸积极拓展口岸功能，现已获得进境食用水生动物及冰鲜水产品两个指定口岸资格等。

（二）东宁口岸（图4-14~图4-16）

1. 口岸简介

东宁市位于黑龙江省牡丹江市东南部，面积为7 139平方千米，辖6镇102个行政村，人口23万人。气候温和湿润，素有“塞北小江南”之美誉。区位优势独特，地处中、俄、朝三角交界地带的中心，为黑龙江省距海最近的口岸城市，是东北亚国际大通道上的交通枢纽。

1989年12月，国家批准东宁口岸为一类口岸，1990年3月，中苏两国政府换文确认为双边公路客货运输口岸，同年5月正式对外开放。1992年11月，两国政府换文开通旅客运输，陆续开通了东宁至俄罗斯近邻城市的旅游业务。1994年1月，中俄两国政府再次确定东宁为双边公路客货运输口岸。2008年8月3日，开通客运通道。2016年10月23日开通货运通道。口岸开放初期，在瑚布图河上架设了一座长32米，宽4.5米，荷重30吨的临时桥。1993年与俄方合作建成了长45米，宽9米的永久性界桥。同年，又修筑了县城至口岸的11千米水泥

图4-14 东宁口岸

混凝土路面。口岸封闭监管区38 000平方米。内设查验单位办公用房1 900平方米，旅检综合办公楼1 100平方米，设置进出境货检通道各1条，进出境旅检通道各1条。2002年6月，口岸新建设施投入使用，年设计货运通过能力达到100万吨，旅客年通过能力达到100万人次。2013年，东宁市政府对口岸设施进行了改造，使口岸规划更趋合理。现东宁口岸封闭监管区72 000平方米，旅检综合办公楼建筑面积6 210平方米，内设有出境旅客检查通道8条，入境旅客检查通道6条。设有客车检查通道2条。年设计货运通过能力达到100万吨，旅客年通过能力达到150万人次。

东宁国境卫生检疫始于1990年，初为东宁卫生检疫所，隶属绥芬河卫生检疫所领导。同年2月，成立东宁动植物检疫所，隶属绥芬河动植物检疫所领导。同年7月，成立东宁进出口商品检验局。1992年东宁动植物检疫所更名为东宁动植物检疫局。1993年东宁卫检局与绥芬河卫检局正式分离，成为国家卫检总所的直属局。同年7月，东宁商品检验局与绥芬河商品检验局正式分开，直接隶属黑龙江商品检验局领导。1999年12月2日，东宁进出口商品检验局、东宁动植物检疫局、东宁卫生检疫局职能合并，组建成东宁出入境检验检疫局，为黑

图4-15 货运通道

龙江出入境检验检疫局的下属分支机构，由黑龙江出入境检验检疫局垂直领导。1999年12月10日，东宁出入境检验检疫局正式挂牌成立。

2. 国门与界碑的历史沿革

东宁口岸与对应的俄罗斯滨海边疆区波尔塔夫卡公路口岸隔瑚布图河相望。瑚布图河为界河，架有永久性桥梁，连接双方边境公路。中俄东宁-波尔塔夫卡口岸界河桥是1994年由俄方负责设计施工、中俄双方共同投资建设的，全长103米，宽9米，设计洪水载重60吨，现已投入使用20多年，是东宁至俄罗斯口岸贸易通道上的唯一一座桥梁。它距俄远东铁路东端枢纽站乌苏里斯克市53千米，距俄海港城市符拉迪沃斯托克（海参崴）154千米，是进出俄远东地区最便捷的口岸。北上可通过鸡图公路及哈绥公路抵达省内各地，南下可沿鸡图公路经吉林通往全国各地。国门界碑就位于界河桥边，编号374，并于2014年翻新修建。

图4-16 东宁口岸界碑

3. 国门与界碑的地理特征

1）自然条件

东宁国门位于黑龙江省东宁市三岔口镇，地处东经131°15′，北纬44°1′，距东宁市区11千米。受海洋影响，四季分明，雨热同季，年无霜期150天左右，有效积温3 000℃，平均气温6℃。地貌呈“九山半水半分田”的特征，森林覆盖率达88%，林木蓄积量3 500万立方米。有黄金、铁、铜等36种矿产，是全国万两黄金县和重点产煤县之一。盛产黑木耳、松茸、亚侧耳等名贵山珍和滩头鱼、大马哈等名贵特产，蕴藏着山参、黄芪、刺五加等200余种中草药。东宁产的黑木耳有“天下第一耳”之称，松茸被消费者誉为“菌中之王”。境内有渤海国古迹、日军侵华要塞群遗址、大峡谷、神仙洞等迷人的边塞山水景色和人文景观，是名副其实的“塞北小江南”。

地形地貌：东宁市属于中低山丘陵区，西部与北部为长白山系老爷岭余脉太平岭，东部和南部为老爷岭和通肯山。总的地势为西高东低中间洼，最高为通沟岭，海拔1 102米，最低为东宁盆地，海拔只有50米。由于地质时期新构造运动褶皱、沉积、抬升、凹陷、河流冲刷淤积作用，从西北向东南形成了山地、丘陵、平原三种地形，地貌特征为“九山半水半分田”，山地占县域总土地面积的80%以上；耕地仅占县域土地总面积的5.5%。

气候特征：属温带大陆性季风气候。但由于周围群山怀抱，西北有太平岭作天然屏障，东南距日本海较近，经常受海上气候的调节，大陆性气候特点有所减弱。春旱秋涝，雨热同季，冬长夏短。因为地形高低和河谷走向的不同，受热条件差异很大，形成西冷东暖、南北寒的不同气候区。

2）资源禀赋

水资源：境内山区河流众多，有大小河流160余条，属于绥芬河水系。有流域面积100平方千米的河流28条，全部汇入绥芬河。绥芬河是黑龙江五大水系之一，是横跨中俄两国的国际河流。其发源于长白山老爷岭，流经吉林省汪清县和黑龙江省东宁县，于东宁镇下游10千米处流入俄罗斯境内，在符拉迪沃斯托克（海参崴）附近注入日本海。流域面积为17 321平方千米，在中国境内流域面积为1万多平方千米，占流域总面积的58.1%，绥芬河全长443千米，在中国境内河流长度为258千米。

矿产资源：东宁市土地面积辽阔，地处山区、半山区，境内金属、非金属和燃料矿产都较为丰富。境内已发现有金银矿点3处，矿化点6处，砂金矿点12处，有色金属矿产地7处。黑色金属矿产有铁和铬两种，矿产地共有4处。境内燃料矿产以煤为主，主要有东宁煤田和老黑山煤田。

动植物资源：野生植物以长白植物区系为主，兼有兴安植物系和华北植物区系植物。比较名贵的树种有红松、赤松、落叶松、樟子松、云杉、冷杉、水曲柳、黄菠萝等；可利用的野生经济植物有300余种，中药材200余种，较名贵的有山参、黄芪、平贝、细辛等；东宁还是黑龙江省重要的出口水果生产基地，果树品种达200多种，优质苹果、梨在东宁已有近百年的栽培历史；还有不同品种的山野菜、野果等。境内各类野生动物兽类有东北虎、豹、黑熊、野猪、狍子、马鹿、梅花鹿、獾子等。鸟类有飞龙、雉鸡、腊嘴雀、沙半鸡、棒槌鸟、杜鹃、山雀、黄雀、松鸭等。鱼类有大马哈鱼、滩头鱼、细鳞鱼、鲇鱼、哲罗鲑、食蚊鱼等。

3）民族人口

辖区总人口23万人，其中城镇常住人口10万人，城镇化率47.62%。总人口中，以汉族为主，还有朝鲜族、回族、蒙古族、藏族、壮族、满族、彝族等民族在此居住。

4）经济发展

工业：确定了“以对俄贸易兴边，以进出口加工和资源开发立县，以特色农业富民”的发展思路。黑龙江东宁经济开发区为省级经济开发区，累计完成投资12亿元，入驻企业89户，73户建成投产，成为哈牡绥东对俄贸易加工区上的重要节点。大力发展服装鞋帽加工、机电产业、食品加工、木材加工、水电资源开发、煤炭矿产资源开发等产业。

农业：东宁大力发展黑木耳、境外农业、劳务经济、特色农业四大产业。启动建设了全国最大的黑木耳山产品产业集群，成为中国食用菌协会黑木耳分会会长单位，并荣获中国黑木耳第一县、全国食用菌十大生产基地县等称号。烤烟、果菜、畜牧养殖等特色产业稳步发展，水飞蓟、白瓜子等产业初具规模，被评为全国绿色农业示范区。

4. 口岸相关商贸往来

东宁口岸是国家批准的粮食、石化等内贸大宗货物集装箱跨境运输业务试点口岸，是中俄唯一的金伯利进程国际证书制度指定口岸，是中药材进口指定口岸，是黑龙江省首个进境食用水生动物指定口岸，是中俄海关货物监管结果互认试点口岸。口岸年客货运高峰期分别超70万人次和36万吨，年进出口贸易额最高达39.6亿美元。形成了果菜、服装、鞋类、建材、干调、宝玉石、粮食、有色金属、机床、矽钢片、木材等大宗商品进出口基地。

东宁在俄先后建设了乌苏里斯克经贸合作区、俄罗斯滨海华宇经贸合作区、莫斯科弗拉基米尔宏达工业园区3个境外工业园区和华信、华洋2个境外农业园区。乌苏里斯克经贸合作区是经我国商务部批准的首批8个境外经贸合作区之一，目前是俄境内第一轻工产品生产园区。中俄（滨海边疆区）现代农业合作区于2015年4月正式被国家商务部、财政部批准为国家级境外园区，成为我国首个境外农业经贸合作区。俄罗斯滨海华宇经贸合作区“一区五园”格局初步形成，成为我国在俄功能最全、产业链最完善的境外园区。随着绥芬河-东宁重点开发开放试验区获批，互贸区重新启动运营，东宁迎来全新的对外开放战略机遇。

（三）密山口岸（图4-17~图4-25）

1. 口岸简介

1）设立时间

密山口岸是1989年4月经国务院批准对外开放的国家一类口岸。1992年10月经中俄两国政府换文确认为双边公路客货运输口岸。1993年5月，正式开通使用。

图4-17 密山口岸

2）地理位置

密山口岸国门位于黑龙江省东南边陲密山市当壁镇，兴凯湖西北端的中俄界河白棱河河口，距密山市区38千米，距俄罗斯图里洛格口岸2千米。

3）接壤情况

密山口岸距俄罗斯对应口岸图里洛格口岸2千米，距俄对应城市卡缅雷博洛夫64千米，距俄远东地区重要交通枢纽和贸易中心乌苏里斯克170千米，距俄滨海边疆区首府符拉迪沃斯托克（海参崴）280千米。密山口岸所辖国境线长265千米，其中水界235千米，兴凯湖为中俄界湖。历史上密山市当壁镇就是中俄民间贸易的重要通道。

图4-18 密山口岸界碑

4）战略地位

密山处于黑龙江沿边开发开放带中间位置，是黑龙江东部区域次中心城市。密山境内交通路网四通八达，高速公路、铁路横贯东西，陆海联运港可使货物经营口港直接出海，或在距市区63千米的兴凯湖机场直接飞抵哈尔滨、北京、青岛、上海、沈阳、三亚、大连、天津等城市。密山拥有国家一类客货两用陆路口岸，年过货能力100万吨以上、过客能力50万人次以上，被列为全国首批进境粮食指定口岸。由于地理位置优势，密山口岸可开展国际联运，是黑龙江省理想的出海通道。

5）建设规模

密山口岸是1989年经国务院批准，1993年正式开通的国家一类口岸。运营20多年，由于口岸基础设施严重老化，2013年，密山市实施了口岸查验综合楼改扩建工程。改造总面积2 542平方米，扩建总面积1 538平方米。经改造后，现密山口岸总占地面积1.4万平方米，建筑面积7 388平方米，拥有进出境货物检验通道4条、出入境旅客查验通道4条，设有完善的检验检疫、边检、海关等联检部门办公室、口岸管理办公室、免税商店等综合管理服务机构，年过货能力可达100万吨，过车能力可达200车次/日，验放能力可达60万人次/年。

密山口岸国门采用仿古长城建筑风格，平面布局，南北对称。庄严雄伟的口岸国门，与收入《吉尼斯世界纪录大全》的世界最小国界桥白棱河桥及口岸公路大桥构成了一道独特的旅游景观。

图4-19 密山口岸远景

白棱河，原名吐尔必拉河，属屯必拉河支流，发源于密山境内的王胖子沟，界河段18千米。1860年以前属中国领土。1861年，咸丰皇帝派仓场侍郎成琦为钦差，会同吉林将军景淳到兴凯湖勘定国界，谈判时，中俄双方地图均无“白棱河”标识，当时中国吉林地图在兴凯湖西南标写“白珍河”，而俄方地图在兴凯湖西北的这条河标写“白志河”，双方发生争执。清方代表迫于压力，屈辱地签署了《中俄勘分东界约记》，承认屯必拉支流吐尔必拉是白棱河，为两国界河。白棱河上本无桥，中华人民共和国成立以后，中俄双方边防部队为方便会晤，在各自一方架了简易木桥，即“白棱河桥”，被吉尼斯世界纪录列为“世界上最小的界河桥”。密山口岸开通后，1991年，双方为了方便贸易往来，商定由中方修建了永久性公路界桥。

图4-20　白棱河

图4-21　白棱河桥

图4-22　世界最小界河桥标识

6）设立机构

密山市口岸办公室对密山口岸实施管理，密山出入境检验检疫局、密山海关、密山边防检查站担负口岸查验任务。

2. 国门与界碑的历史沿革

密山市位于黑龙江省东南部美丽的兴凯湖畔，因境内蜂蜜山而得名，总面积7 731平方千米，总人口42.4万，下辖16个乡镇154个行政村，域内有农垦牡丹江管理局及所属6个国有农场，是一座集工业、农业、外经贸、生态旅游为一体的综合型边境口岸城市。

密山口岸是国务院1988年批准的一类陆路客货口岸，于1992年4月开始定期开放，1993年5月，正式开通使用。密山口岸—— 当壁镇对应的俄罗斯图里洛格口岸—— 卡缅雷博洛夫镇，是俄罗斯滨海边区兴凯区所在地，位于界湖兴凯湖西岸。

图4-23 密山口岸国境公路（1993年）

密山口岸位于密山市当壁镇，当壁镇是中俄交界的重镇，坐落在兴凯湖畔。南与俄罗斯的图里洛格水陆相连，仅一桥之隔，是国门口岸的所在地。

从1889年起，当壁镇开始有居民居住，当时人称此地为“快当别”。到1912年人口陆续迁入，镇内也有了商业的雏形。至1917年人口逐渐增多。1927年，镇内初具规模，南北3里（1里=500米），东西4里，镇内店铺成行，日益繁荣。中苏贸易开始兴隆，中国主要以大豆出口换回日杂用品，这里的繁华期从1926年持续至1934年。1933年日军占领中国东北边陲，逐步实行边界封锁，从而使中苏之间贸易受到限制。

1935年双方又都设立了边卡进行严格检查，出口的谷物粮食关税也不断增长，贸易量越来越少。1941年6月日军开始净化边界，将当壁镇全部烧光，居民四散，从此当壁镇就有名无实了。

1946年，中共东安地委中苏贸易小组在当壁镇组织了边界临时贸易，到1947年10月终止，后转到绥芬河口岸。

从1985年起，黑龙江垦区的八五一零农场开始在当壁镇发展旅游业，并以其美丽的自然风光和悠久的历史，吸引着成千上万来自各地的游客。1988年，国务院正式批准密山市建立当壁镇对苏贸易口岸，从此当壁镇日益繁荣。1992年黑龙江农垦总局在当壁镇设立经济合作区，并于2000年发展成为省内唯一一家以旅游为特色的开发区。如今密山口岸已与当壁镇密不可分，当壁镇已成为集旅游度假休闲观光与国际贸易于一体的边境重镇。

密山是满族祖先肃慎人繁衍生息之地，现有距今6 800多年的新石器时期“新开流”文化遗存。1899年清政府设蜂蜜山招垦局；1908年设密山府；1939年日伪当局设东安省；1946年三五九旅解放密山，设东安地委，后改制为密山县；1988年撤县建市。密山是革命老区，是《红灯记》故事原型地，是抗联第四军诞生地。密山是我国军事工业重要基地，被誉为中华人民共和国航空事业、人民装甲兵、发射药制造业、电器制造业“四大摇篮”。密山是王震将军率师开发北大荒的第一站，是鼓舞几代人艰苦创业的北大荒精神发祥地。伍修权、周建南、王海、吴亮平、薛少卿等70多名将军、副部长级以上干部曾在密山工作、战斗过；丁玲、艾青、吴祖光、李锐、邵宇等一大批文化名人曾在密山生活过。

18世纪末期，中国居民与俄国居民就有民间贸易往来，19世纪初期，两地人口逐渐增多，到1930年贸易开始兴隆，每天有上百辆畜力车、爬犁运输大豆、豆油、白酒等农副产品换取海盐、布匹、煤油、火柴等日用品及小农具。1939年日本入侵密山，实行边境封锁，中苏双方贸易从此中断。1945年东北解放后，于1946年开展了中苏边境地区政府间的贸易，到1947年边贸由国贸所代替，货物由绥芬河口岸办理。

密山口岸的开放依据国务院国函〔1989〕25号批复，同意开放黑龙江省六个对苏口岸。按照省政府与苏联代表团1991年11月18日在哈尔滨会谈签署的会议纪要，同意开放密山到卡缅雷博洛夫口岸，双方同步进行口岸建设。为开通这个口岸，1991年双方地方政府做了实质性准备工作，修建公路、白棱河公路桥等工作。

图4-24　中苏边防部队代表在白棱河桥上会晤（1991年）

1992年4月密山口岸开始临时定期过货，各联检部门也相应筹备设立。1993年初口岸的基础设施基本竣工交付使用，同年6月上旬，黑龙江省口岸办公室受委托组成验收小组，通过对密山口岸的验收，同意密山口岸正式对外开放，经过充分准备，1993年6月10日密山口岸正式开通。从此，密山口岸步入一个崭新的阶段。

图4-25　1992年4月10日，密山–卡缅雷博洛夫口岸首批临时过货现场俄方入境车辆接受中方查验

3. 国门与界碑的地理特征

1）资源禀赋

动植物资源：密山是北药之乡，林业经营总面积154 290.1公顷，有林地面积100 289.5万公顷，森林总蓄积量6 966 343立方米，是黑龙江省传统的北药主产区，五味子、龙胆草、刺五加、平贝、板蓝根、黄芪、党参等野生药材近百种，年产量上万吨。密山生物种类繁多，主要有松、椴、柞、桦等树种；野生浆果、山野菜、食用菌类、中草药的储量丰富；熊、鹿、野猪、獐子、猞猁、麋鹿、野兔、山鸡等野生动物种类繁多。

矿产资源：密山境内发现矿产27种，各类矿床23个，矿点及矿化点26处。其中，能源矿产有煤、铀，金属矿产有铁、钛铁、铅、锌、铜、金、黄铁、稀土，非金属矿产有泥炭、钾长石、萤石、水晶、石英、石墨、大理岩、硅灰石、高岭土、耐火黏土、砖瓦用黏土、型砂、红黏土、花岗岩、建筑沙、黄黏土，水汽矿产有矿泉水。在众多矿产中，极具开发价值的主要为煤炭、钾长石、大理石、石墨等。其中，已探明煤炭储量约5亿吨，是全国100个产煤大县之一；钾长石约1.6亿吨；水泥用大理岩约5.4亿吨；石墨矿物量约3 010万吨（马来山矿区）。

风能资源：密山因其独特的地理位置，形成穆棱河谷、裴德里河谷、环兴凯湖三大风带。经多年测试，风能特征表现为储量大、质量高，有效风速持续时间长，风向特征好。三大风带年平均风速达到6.5米/秒以上，最大为8.5米/秒，其中大风次数（≥8米/秒）年平均达150天。

旅游资源：境内的兴凯湖是亚洲最大淡水界湖，总面积4 380平方千米，气势博大，景致天成，被称为“北国绿宝石”，素有“东方夏威夷”之称。兴凯湖是国家级自然保护区和国家级地质公园，被拉姆萨尔国际湿地公约组织列入国际重要湿地名录，被联合国教科文组织确定为世界生物圈保护区。兴凯湖是野生动植物的天堂，有各种植物691种、鸟类285种、鱼类68种，是全国最大的候鸟迁徙“驿站”，所产的翘嘴红鲌（大白鱼）是我国四大淡水名鱼之一。此外，密山还有北大荒书法长廊（AAAA级）、铁西森林公园（AAAA级）、老航校博物馆、将军湖（青年水库）、口岸国门等特色景观。

2）经济发展

黑龙江密山经济开发区位于密山市区西侧，是经国家发展和改革委员会核准的省级经济开发区，规划面积19平方千米，拥有工业、物流、服务、居住四个主要功能区，重点打造绿色食品、对俄加工等工业园区。

农业：密山是黑龙江省级生态市之一，地貌分布为“三山二水五分田”，土地肥沃，水源丰沛，素有“鱼米之乡”之称。密山是全国商品粮基地县，域内耕地面积460万亩（市属270万亩），年粮食总产230万吨以上，商品率85%以上。密山是全国渔业生产基地县，现有养殖水面36.5万亩，水产品年产量达到2.84万吨。密山是乳品产业大县，域内有天然草场30万亩，从密山走出的“完达山”乳业集团现已发展成为全国十大乳品企业之一。

4. 口岸相关商贸往来

2013年口岸进行全面改造，2014年通过全国口岸核心能力验收。

2016年在联检部门的大力支持下，口岸开通中俄互市贸易区，此贸易区采取政府主导、市场化运作，根据相关政策，在互市贸易区，密山市距陆路边境20千米以内的边民，可持边民证在互市贸易区内与俄罗斯边民进行商品交换活动，并享受每人每日价值在人民币8 000元以下商品免征进口关税和进口环节税的优惠政策。互贸区采用“互联网+互市贸易”的新型模式，以专业实体商铺为基础，将互市产品在线下实体商铺进行展示的同时，建立“国门云购”综合电台进行全网线上营销。

（四）同江口岸（图4-26~图4-29）

1. 口岸简介

1）设立时间

同江口岸是1986年经国务院批准对外开放的国家一类口岸。1988年黑龙江省政府批准同江为通贸兴边试验区。1994年，同江口岸被外交部批准为国际客货运输口岸，可以通过第三国人员。

图4-26 同江旅检口岸

2）地理位置

同江口岸由东、西两个港口作业区组成，其中西部作业区距离市区西3.5千米，东港位于同江市区东北38千米的哈鱼岛西北端，距俄下列宁斯阔耶港（简称下列港）最近运距1千米。

3）接壤情况

同江口岸位于佳木斯市东北部松花江与黑龙江汇流处的三江南岸，同俄罗斯犹太自治州隔江相对，国境线长170千米，距俄下列港最近运距1千米，距俄远东政治经济中心哈巴罗夫斯克（伯力）272千米。

4）战略地位

同江市地处黑龙江省东北部，松花江和黑龙江交汇处南岸，东北亚地区中、俄、日、韩、朝经济圈的中心地带，边境线长170千米。北与俄罗斯犹太自治州和哈巴罗夫斯克（伯力）边疆隔江相望，辐射阿穆尔州、萨哈（雅库特）共和国、勘察加半岛、马加丹等俄罗斯远东地区及俄罗斯腹地，是黑龙江省乃至全国对俄罗斯贸易的前沿。通过江海联运连接日本、韩国、朝鲜及太平洋沿岸国家，被称为东北亚“黄金水道”，被誉为黑龙江省对外贸易的海上“丝绸之路”，同江就是这条黑龙江省江海联运“黄金水道”的始发港，是贯穿我国南北大通道同三公路的北端起点，是东北亚地区中、俄、日、韩、朝经济圈核心区，是黑龙江省东北部对俄及太平洋沿岸国家和地区的窗口，是东北亚重要的交通枢纽和黑龙江省东北部国际物流中转、贸易和加工中心。同江铁路已并入东北铁路网，2018年中俄跨江铁路大桥——中俄同江铁路界河桥建成后，向北可与俄远东铁路末端相连接，进而向西经过西伯利亚大铁路通往俄罗斯腹地，形成一条连接大连、哈尔滨，经同江中俄跨江铁路大桥出境，沿俄西伯利亚大铁路西通欧洲的全新欧亚联运大通道。

同江市距佳木斯机场210千米，距抚远机场190千米。建三江湿地机场建成后，距同江市仅有50千米。

5）建设规模

西部作业区简称西港，距俄哈巴罗夫斯克（伯力）港水上距离272千米，距俄下列港水上距离35千米，岸线总长1 991.8米，口岸陆域面积48万平方米。其中同江港（含粮食码头）占24.5万平方米，德通码头占23.5

万平方米。可通行3 000吨级船舶，通航期为6个月。1993年开通了西港至日本酒田港的江海联运航线，因其运距、费用、时间的优势，日本称其为东方“水上丝绸之路”。同江口岸东部作业区简称东港，位于同江市区东北38千米的哈鱼岛西北端，与俄下列港一江之隔，水上最近距离仅为1千米，距俄哈巴罗夫斯克（伯力）港240千米。岸线总长度为9 157.71米，口岸陆域面积为520万平方米。夏季有船舶运输、汽车轮渡运输，冬季有国际汽车运输，流冰期有气垫船运输，实现了全年通关。

图4-27 中俄跨江铁路大桥

6）设立机构

同江市口岸办公室对同江口岸实施管理，同江出入境检验检疫局、同江海关、同江边防检查站担负口岸查验任务。

2. 国门与界碑的历史沿革

同江市原名“临江”，土名“拉哈苏苏”，赫哲语，“废墟”或“老屋”之意。据史籍记载，同江在西周隶属肃慎部，唐代属河北道黑水府，辽代属东部道五国部，明代属努尔都司，清代属三姓副都统辖区。清末设治时，因其地濒黑龙江、松花江两江，故名临江州，后因重名改为“同江”。1929年2月，撤销道制，改由吉林省直辖。

东北沦陷后，初隶吉林省，1934年，划归三江省管辖。1945年抗日战争胜利后，划归合江省管辖。1949年，东北行政委员会决定，撤销同江县，并入富锦县。1955年，改为同江区。1959年，同江区划归抚远县管辖，并将同江区改为同江镇，抚远县人民委员会迁驻同江镇。1965年，国务院决定，设置同江县，归合江专区管辖。1985年，合江地区正式撤销，划归佳木斯市领导。1987年，国务院批准，撤销同江县，设立同江市（县级），由佳木斯市代管。

同江市作为国家一类口岸城市，对外开放有百年的通商历史，曾三度开放。最早可追溯到1904年，此时就有商号与俄国商人进行贸易活动；1909年7月1日，哈尔滨税务局发表通告，自即日起于拉哈苏苏（今同江市区）设立关卡，稽查关税。八国联军侵华，清政府以海关关税为抵押，偿还《辛丑条约》赔款。1910年，根据规定，俄国在同江设立海关分局（时称拉哈苏苏分卡），查验黑龙江、松花江两江过往船只，收取关税。这是我国在丧失主权的情况下，同江作为国家贸易口岸对外国第一次开放，历时21年。1958年5月12日，中苏两国外贸部换文达成广泛开展边境贸易的协定。同年8月合江行署牵头组织抚远县政府参加在同江、伯力两地与苏方会谈签约，开展边境贸易，这是同江口岸第二次开放，出现了对苏国贸、省贸和边贸同步进行的活跃局面。1986年经国务院批准恢复为国家一类口岸，这是同江口岸第三次对外开放，当年对苏出口大豆2.57万吨，实现了当年恢复当年过货。1987年10月，同江市外贸局与哈巴罗夫斯克（伯力）渔业消费合作社洽谈，签署以600吨土豆换苏联7 000立方米造纸木材的合同，成为中苏关系友好后黑龙江省第一笔对苏边境贸易，拉开了黑龙江省东部地区对苏边境贸易的序幕。1988年12月同江口岸东部作业区经国务院口岸领导小组批准临时开展冰上运输，结束了口岸闲置半年的历史。1993年，同江至日本酒田港江海联运首航成功，从而确立了同江成为黑龙江省江海联运始发港的地位。1994年，同江口岸被外交部批准为国际客货运输口岸，可以通过第三国人员和货物。1995年6月，经国家批准开通了对俄汽车轮渡运输，实现了佳木斯至俄比罗比詹市水陆直达联运，成为黑龙江省东北部重要的对俄水陆联运国际大通道（同江口岸现有客货汽车运输线路3条，分别是佳木斯—同江—俄比罗比詹汽车运输线路、双鸭山—同江—俄哈巴罗夫斯克（伯力）汽车运输线路、同江口岸东部作业区—俄下列汽车运输航线。水运航线3条，通航期为夏季明水期6个月，分别是同江口岸西部作业区—俄哈巴罗夫斯克（伯力）船舶运输航线、同江口岸东部作业区—俄下列轮渡运输航线、同江口岸东部作业区—俄下列船舶运输航线）。1999年12月，同江至俄下列港气垫船航线正式通航。2002年，经国家发展和改革委员会产业经济研究所论证，同江产业发展被定位于东北亚国际物流中转贸易及加工中心。2006年，开通了对俄国际集装箱船舶运输。2007年，我国交通史上第一条高寒水域浮箱固冰通道，同江东港至俄罗斯下列港浮箱固冰通道正式开通，实现了同江口岸真正意义上的四季通关。2008年10月28日，中俄跨江铁路大桥项目在中俄两国总理第十三次会晤上正式签约。2014年2月26日，中俄双方举行大桥开工奠基仪式，同年中方开工建设，截至目前，工程已进入收尾阶段。俄方一侧工程于2016年6月开工建设，计划2018年竣工。

3. 国门与界碑的地理特征

同江市位于黑龙江省东北部的松花江与黑龙江汇流处南岸，与俄罗斯下列宁斯阔耶口岸仅一江之隔，总面积6 300平方千米，辖5镇5乡以及6个国有农场，总人口21万，是中国“六小”民族之一赫哲族主要聚居地，是贯穿中国南北公路大动脉“同三”公路的北端起点。境内有八岔岛和洪河两个国家级自然保护区和一个街津山国家级森林公园。同江口岸由东、西两个作业区组成，其中，西部作业区位于市区西3.5千米、松花江横江口处，江面宽阔，水深流缓，可使5 000吨货轮停靠作业；东部作业区位于市区东38千米处的黑龙江南岸。

图4-28 同江口岸界碑

1）自然条件

同江市地形属古老冲积沉降的沼泽平原，同时有外兴安岭零星余脉形成的少量山地，总体地势西南高、东北低，平均海拔45~65米，坡降1/5 000~1/8 000，地貌组合差异不大。土壤多属黑土、草甸土和白浆土，其中草甸土占全市土壤总面积的61.2%，黑土占21.1%，白浆土占5.3%。

2）资源禀赋

动植物资源：市属森林面积71万亩，森林覆盖率达18.2%，有桦树、实生柞、落叶松、黄菠萝、水曲柳等20余种，有榛子、核桃、葡萄等干果与浆果，有蕨菜、蘑菇、木耳、猴头菇等菌类，有刺五加、黄芪、党参、穿地龙等山药材229种，总贮量近600万斤。境内野生动物有熊、野猪、狍子、野鸡等。鱼16类73种，主要有黑龙江野鲤、大白鱼、草鱼、鲫鱼等，还有比较名贵的鲟鳇鱼、鲑鱼。

矿产资源：境内已发现探明的矿产资源有铜、锌、硫铁矿化点和沙金、高岭土、褐煤、石灰石等70多种。铁矿石储量为44亿吨；锰矿储量为3 000万吨；煤炭储量为298亿吨，其中褐煤储量为117亿吨，仅俄罗斯下列宁斯阔耶区褐煤储量就达10亿吨；萨哈林岛（库页岛）上的石油天然气资源储量高达50亿吨；水镁石矿储量为1 400万吨，氧化镁含量高达62%。

旅游资源：同江市独具特色的有三江口、街津口、拉哈苏苏海关遗址等。1992年被国家林业局批准为国家级森林公园。拉哈苏苏海关遗址在市区北侧，有砖基铁瓦结构建筑500平方米，是一座中西合璧的古老建筑，系1910年英国人所建。1989年同江市人民政府把这里建成中国唯一的一座赫哲族博物馆。三江口风景区系黑龙江、松花江两江流到同江形成的三汊口，人们习惯称“三江口”，河段长度为102千米，水面宽度为1 200米，水位差22.3米，最大流量16 600立方米。两江汇合后水势骤增，江面开阔，放眼望去，水天一色，浪涛光涌，气象万千。三江口是历代兵家必争之地，中国的赫哲族、满汉军民曾多次在此痛击沙俄的侵略，故有“古战场”之称。街津口被誉为黑龙江的“边陲名胜”，位于黑龙江下游的同江县境内，距离同江市区东北45千米处，与俄罗斯隔江相望，是赫哲族聚居地，游客可深入当地人家，领略赫哲族以捕鱼为生的特有风俗。

3）经济发展

同江地处东北亚地区中、俄、日、韩、朝经济圈核心，位于我国东北地区对俄罗斯远东地区开放扇形格局的中间地段，可辐射带动周边3个边境口岸和4个内河开放口岸。北临俄远东地区，与俄罗斯下列港直线距离仅1千米，东出江海可达日、韩，西连内地，直接辐射三江平原地区和俄远东广阔市场，位置凸前，优势明显。《黑龙江和内蒙古东北部地区沿边开发开放规划》已上升为国家战略，中俄两国相继出台了《东北地区振兴规划纲要》和《俄远东及后贝加尔地区发展纲要》，国务院还制定了《中国东北地区老工业基地与俄远东地区合作规划纲要》，同时黑龙江省实施“五大规划”，发展“十大重点产业”，建设“龙江陆海丝绸之路经济带”，为中俄地区合作提供了难得的机遇。同江被列为部省合作规划确定的绥芬河、同江、黑河三大国际物流平台之一，被黑龙江省确定为三江沿边开放新兴区的重要节点。同江享受支持西部大开发、振兴东北老工业基地、支持老少边穷地区发展的相关政策。

4. 口岸相关商贸往来

2013年，同江口岸顺利通过口岸核心能力验收，构筑了口岸检疫防线，提升了公共卫生突发事件的应急能力。

2015年，进口粮食指定口岸和进口冰鲜水产品指定口岸高标准通过国家质量监督检验检疫总局现场考核验收；2016年，被推荐为动植检规范化建设全国示范口岸，国门生物安全体系进一步构建。

1986年，经国务院批准，恢复对外开放。进口商品以木材、大豆、鱼类、合成橡胶、初级形状塑料为主，并新增铁矿砂和成品油。出口商品以轻工产品、机械设备、机电产品、建材家具、食品果蔬为主。

图4-29　新建货检口岸现场

（五）抚远口岸（图4-30~图4-34）

1. 口岸简介

抚远地处黑龙江、乌苏里江交汇的三角地带，是中国最东部的市（县）级行政单位，东、北两面与俄罗斯隔黑龙江、乌苏里江相望，南邻饶河，西接同江。距俄罗斯远东第一大城市——哈巴罗夫斯克（伯力）市航道65千米。乌苏镇距离俄西伯利亚大铁路在远东地区最大编组站卡杂科维茨沃2.5千米。抚远口岸在黑龙江省及佳木斯市对外开放的总体格局中，占有十分重要的战略地位。1992年5月，抚远被国务院批准为国际客货运输一类口岸。1993年8月8日正式开关。1994年1月经中俄两国政府确认为国际客货河运口岸。自开关以来，抚远口岸的服务功能日趋完善，已成为黑龙江省对俄贸易的重要窗口和对外开放的前沿阵地。

图4-30　抚远口岸

抚远口岸沿黑龙江而下可达远东第三大城市阿穆尔共青城（简称共青城），由此经铁路可通往苏维埃港。继续沿黑龙江而下，可抵黑龙江入海口的河港与海港城市尼古拉耶夫斯克，是黑龙江省和佳木斯市唯一的水上入海通道。抚远口岸边界线长，所辖9个乡镇中，有6个乡镇处在中俄边界线上，所对应的俄罗斯地区是人口比较稠密、经济比较发达的地区。

图4-31　东极广场260号界碑

1992年8月，国家商品检验局正式批准成立中华人民共和国抚远进出口商品检验局。1992年11月，国家动植物检疫总所批复设立“中华人民共和国抚远动植物检疫局”，隶属于哈尔滨动植物检疫局。1992年11月，国家卫生检疫总所批复设立抚远卫生检疫局，隶属于同江卫生检疫局。1999年国检人〔1999〕319号文件批复设立中华人民共和国抚远出入境检验检疫局，内设机构为三科一办（工业品科、动植物检疫科、卫生食品科、办公室）。1999年12月，抚远出入境检验检疫局正式挂牌成立。

2. 国门与界碑的地理特征

1）资源禀赋

自然资源：抚远市是国家级生态示范区，总面积6 262.48平方千米，生态环境优美，绿色覆盖面积在70%以上。中国最大湿地——三江湿地，位于抚远市境内，湿地面积300万公顷，已被列入国际重要湿地名录。旅游资源丰富，拥有“华夏东极”、“淡水渔都”、黑瞎子岛、三江湿地、界江风光等旅游名片。

图4-32 黑瞎子岛中俄界碑

旅游资源：抚远市旅游资源种类多样，其中有最早将太阳迎进祖国的乌苏镇、神话故事中的白四爷庙、古老的金明文化遗址、神秘的沼泽景观、珍奇的塞北野荷、极具魅力的冬季冰雪等。最负盛名的当数乌苏镇，因这里地理位置特殊和胡耀邦题字而出名，乌苏镇被黑龙江省政府列为全省重点建设的14个旅游名镇之一。华夏东极景区被评为国家AAA级旅游景区。

图4-33 乌苏镇“东方第一哨”

2）交通条件

抚远港为天然深水良港，可停泊和运行500~2 000吨货轮。由抚远港出境，沿俄罗斯阿穆尔河经哈巴罗夫斯克（伯力）、共青城、马戈港可驶入鞑靼海峡和日本海，不仅可以使黑龙江省的船只直接入海，还可以把抚远同内地及东北亚各国连接起来。

图4-34 抚远口岸港口

抚远水域宽阔，江中无浅滩，口岸水域最深可达10米左右，平均水深4米，是黑龙江上我国一侧最佳的深水良港。抚远口岸水域通常可停泊5 000吨级驳船，丰水期万吨轮船可直抵黑龙江出海口，是黑龙江省和佳木斯市江海联运我国一侧最优的换装港口。

抚远拥有275千米的中俄界江黄金水道，从1992年7月12日重新恢复间断百年的江海联运以来，黑龙江省船只可以从松花江、乌苏里江驶入黑龙江，由省内唯一的天然深水良港—— 抚远港出境，经俄罗斯一直驶向鞑靼海峡到日本海的酒田港。这条线路的开通，使得黑龙江省的船只可以直接出江入海，使得抚远同内地、东北亚各国及地区（俄罗斯、美国、日本、朝鲜、韩国、中国香港等）连接起来。其中，抚远与俄罗斯远东地区政治、经济、军事、文化中心城市哈巴罗夫斯克（伯力）航道距离仅65千米，距出海口960千米，是中国通向俄罗斯和北美最便捷、最经济的江海联运大通道。

3. 口岸相关商贸往来

抚远口岸近年来随着改革、扩大开放的不断深入，外向型经济迅猛发展，边民互市贸易和旅游业的发展，带动了边境旅游贸易，口岸经济已成为抚远特色经济的重要组成部分。

根据黑龙江省政发〔1997〕90号文件，抚远已被批准辟建中俄互市贸易区，正阳贸易大市场和东方中俄贸易大市场纳入了互市贸易区管理，现已初具规模。全封闭的现代化大市场与原有的大中商场、百货大楼及夜市相呼应，形成了抚远市独具特色的旅游购物中心。

抚远市政府针对哈巴罗夫斯克（伯力）大市场，积极调整边贸产业、产品结构，开发特色产品，努力把抚远建成为哈巴罗夫斯克（伯力）的蔬菜、肉禽、蛋供应生产基地，地产蔬菜出口总量在哈巴罗夫斯克（伯力）市场占有较大份额，并设有两处蔬菜、水果、粮食批发市场，近几年先后在俄罗斯萨哈林州、比罗比詹、共青城等地，开展了蔬菜种植、家具生产等经济技术合作项目。

（六）黑河口岸（图4-35~图4-37）

1. 口岸简介

1）设立时间

1982年1月，国务院批准恢复黑河口岸，并确定其为国家一类口岸。1983年3月，中苏两国政府换文确认，逐步进行省级地方贸易、边境易货贸易和国家贸易。1992年，国务院批准黑河为首批沿边开放城市。

2）地理位置

黑河位于黑龙江省东北部，处于大小兴安岭、黑龙江和五大连池“两岭一江一池”交汇处，黑龙江上游与中游的交汇段。黑河是我国最北部的地级市，辖北安市、五大连池市、嫩江县、孙吴县、逊克县、爱辉区，总面积6.87万平方千米。黑河口岸位于黑河市区，是沿黑龙江中俄边境线上距离最近、通货能力最高，以客、货两大码头为主体的综合口岸。黑河口岸由货检现场、旅检现场和货运浮箱固冰通道现场组成，货检现场位于市区西侧海兰街1号；旅检现场位于大黑河岛；货运浮箱固冰通道现场位于市区东侧。

（a）

（b）

图4-35 黑河口岸货检现场

图4-36 黑河口岸旅检现场

3）接壤情况

黑河口岸与俄罗斯布拉戈维申斯克（海兰泡）市的货运码头间距3 500米、客运码头间距650米。

4）战略地位

黑河市是中国首批沿边开放城市，地处黑龙江省东北部小兴安岭北麓，以黑龙江主航道中心为界，与俄罗斯远东第三大城市——阿穆尔州首府布拉戈维申斯克（海兰泡）隔江相望，是一个土地辽阔、区位优越、资源富集、美丽神奇的边境地区。

黑河市境内交通路网四通八达，是北黑高速公路、黑齐公路、北黑安铁路的起点，黑河瑷珲机场航班直接飞抵哈尔滨、北京、上海等城市。黑河拥有国家一类客、货陆路口岸，与俄布拉戈维申斯克（海兰泡）市的货运码头间距3 500米、客运码头间距650米。年过货能力150万吨以上、过客能力300万人次。浮箱固冰通道用于冬季旅客运输和货物运输。

5）建设规模

黑河口岸货运码头岸长1 223延长米，有综合运输码头1处，明水期汽车轮渡运输码头1处，有千吨级泊位12个，推（拖）轮7艘，驳船9艘，可从事内外贸货物运输。港口陆域面积8万平方米，联合报关大厅1 800平方米，货物年吞吐能力150万吨。客运码头岸长198延长米，有客运专用码头1处，客船3艘。旅检设有出境大厅和入境大厅各1座，分别为8 489平方米和4 800平方米，内设16条人工查验通道和2条自助查验通道，旅客年吞吐能力300万人次。浮箱固冰通道用于冬季旅客运输和货物运输，客运浮箱固冰通道与旅检共用查验场地与设施；货运浮箱固冰通道场区3.5万平方米。

6）设立机构

黑河市口岸办公室对黑河口岸实施管理，黑河出入境检验检疫局、黑河海关、黑河边防检查站担负口岸查验任务。

2. 国门与界碑的历史沿革

黑河口岸历史悠久，中俄从1858年签订《瑷珲条约》起，两国就在此建成对应的通商码头，进行民间贸易和官方贸易，直到1931年日军侵占东北时中断。1957年恢复通商，进行中苏边境小额贸易，后在“文革”期间再次中断。1982年1月国务院批准恢复黑河口岸，并将其确定为国家一类口岸；1983年3月中苏两国政府换文确认，逐步进行省级地方贸易、边境易货贸易和国家贸易；1987年9月2日，黑河口岸以208.19吨地产西瓜换回了苏联的306吨化肥，率先打开了中俄边境贸易的大门；1988年9月在全国边境口岸首家开通中俄“一日游”；1992年，国务院批准黑河为首批沿边开放城市，并赋予相应的优惠政策，支持边境经济合作区和大黑河岛中俄边民互市贸易区建设；1999年7月3日建立了黑河市中俄边民互市贸易区，俄罗斯公民持有效身份证件免办签证进入，2004年1月1日开始扩大到整个城区。从此，黑河的对外开放进入了崭新阶段，成为我国沿边开放的重要窗口。

（a）

（b）

图4-37　黑河口岸192号界碑

早在20世纪20年代，美国、德国、日本等多国商人云集的地方，被誉为“万国商埠”。1987年，黑河与布拉戈维申斯克（海兰泡）市抓住中苏关系走向缓和的历史契机，采取易货贸易的方式率先恢复了中苏边境贸易，开创了中俄贸易史的先河，一船西瓜换化肥就是那时候创造的纪录。1992年，黑河被批准为全国首批沿边开放城市，设有国家级边境经济合作区和中俄边民互市贸易区。可以说，在黑龙江省与俄罗斯接壤的2 981千米的边境线上，黑河以独特的区位优势、对俄交往的历史和敢闯敢拼的劲头闻名中外。

黑河被称为博物馆、纪念馆之城，是一个多元文化荟萃的地方。其知青文化在全国来说也很有特色，当年上山下乡时期，黑河曾经接纳了来自全国的23万名知青，是黑龙江省知青数量最多的地区，黑河已经建成国内最大的知青博物馆，记录了当年老知青们在黑河奋斗的足迹。黑河的红色文化也十分鲜明，在革命战争年代，黑河是中国共产党与共产国际联系的“红色通道”，刘少奇、任弼时等许多革命先驱和青年学生都曾通过黑河赴苏联学习，黑河华侨纪念馆记载了这段历史。在瑷珲古城建设的瑷珲历史陈列馆，是全国首批百家爱国主义教育示范基地，每年都有大批游客来到这些地方，回顾革命历史，传承爱国主义情怀。此外，还有欧陆文化、民俗文化、生态文化、冰雪文化等，这些和而不同、多元共存的文化是历史的传承，是精神的财富，更是发展的动力。

黑河口岸对应的俄罗斯阿穆尔州首府布拉戈维申斯克（海兰泡）市，是俄远东第三大城市，素有“学生城”之称，教育资源丰富；是阿穆尔州主要工业、商业、交通和文化中心；布拉戈维申斯克（海兰泡）市通过布别铁路支线可以进入西伯利亚铁路，又可以从西伯利亚铁路通过巴腾支线进入贝阿铁路，形成一个铁路运输网；布拉戈维申斯克（海兰泡）市有国际机场，目前可通往日本、朝鲜和俄联邦多个城市。

3. 国门与界碑的地理特征

1）自然条件

黑河口岸位于黑河市区，黑河市位于黑龙江省北部，处于大小兴安岭、黑龙江和五大连池“两岭一江一池”交汇处，黑龙江上游与中游的交汇段，中俄多元文化和“一带一路”与欧亚经济联盟对接的交汇点，既有对俄距离最近、开放最早、通道最多、基础最好的独特优势，又有生态优、资源好、风光美的巨大潜力，更有未来中俄合作的巨大增长空间。

林业资源：黑河林区面积大，山产品丰富，仅野生的猴头菇、木耳、蕨菜等山产品就达100多种，年采集量为1 860多万斤。黑河引进培育的俄罗斯大果沙棘、蓝靛果忍冬、穗醋栗、花楸等小浆果，是生产营养保健饮料和食品的优质原料。黑河北药资源多，野生药材有刺五加、五味子等350多种，年产量超过6 000吨，人工种植的药材有水飞蓟、板蓝根、林下参等20多种，种植面积63万亩，年产药材超过1.5万吨。黑河汉麻质韧性强、可纺性高，品质全国最好，产量占全国的三分之一。

矿产资源：黑河矿产资源非常丰富，在黑龙江省占有相当重要的地位，仅目前发现的就有95种，潜在经济价值在1万亿元以上，特别是金、铜、钼等16种矿产主要集中于黑河境内。已经开发的多宝山矿区铜储量居全国第三位，正在建设的翠宏山铁多金属矿是黑龙江省第二大铁矿。

旅游资源：黑河优越的地理位置、完美的生态环境、独特的人文历史和民俗风情，使黑河旅游资源丰富独特。黑河拥有世界三大旅游资源中的冰雪、森林两大资源。世界罕见的五大连池天然火山地质博物馆，闻名遐迩的瑷珲古城，民族风情浓郁的鄂伦春、达斡尔少数民族聚居地，惊险奇特的沾河漂流，茫茫的小兴安岭林海，两岸文明迥异的中俄大界河——黑龙江，风光秀美的卧牛湖，有“北方小镜泊”之称的山口旅游度假区，这些为黑河旅游增添了无穷魅力。

2）经济发展

黑河是我国寒地物种基因库，耕地面积为2 880万亩，是国家商品粮基地和绿色食品主产区。特别是大豆，非常有代表性，黑河不但是全国大豆试验基地，而且其培育的“黑河43号”向全国和俄罗斯提供了80%的种子，“黑河大豆”地理标识已经在国家商标局备案注册。黑河的饲草饲料也非常充足，830万亩天然草原大部分位于北纬40°~47°的黄金奶源带内，大量的青贮玉米、苜蓿、黑麦草、豆粕、麦麸都可以成为很好的饲料，载畜量理论上达到210万只，发展畜牧业有着得天独厚的条件。黑河高纬寒地的优势，有开发健康安全、有机绿色食品的巨大潜力，能打造成我国绿色食品的“大厨房”。

在资源能源合作方面。俄阿穆尔州资源储量排在全俄前列，据估算，阿穆尔州仅矿产资源的潜在经济价值就达7 000多亿美元。此外，耕地储量3 450万亩，木材蓄积量20亿立方米，水电资源占俄远东水电资源的四分之三，年富余电量超过50亿度。近年来，国家支持企业“走出去”，参与俄资源能源开发，黑河作为中俄合作的重要通道和平台，发挥的作用也是越来越明显。例如，2014年中俄两国签署了长达30年、高达4 000亿美元的天然气供应合同，其东线输气管道就从黑河过境。同时，黑河市也在积极深化对俄投资，如总投资77.6亿元、年输油500万吨的阿穆尔-黑河油品储运与炼化综合体项目，即将开工建设；萨哈（雅库特）共和国油田区块勘探开发项目，也已经取得了3个特许油田区块地下资源利用许可证，预测石油储量约为1亿吨。

4. 口岸相关商贸往来

黑河口岸2013年通过全国口岸核心能力验收，2014年获批全国首批进境粮食指定口岸。“十三五”期间，黑河口岸将迎来前所未有的发展机遇，随着国家对黑龙江大桥、跨江空中索道、东线天然气的大力支持，黑河口岸将建成上规模、有特色、现代化的综合性国际口岸；口岸管理更加规范，口岸设施更加完善，口岸运行更加高效；有利于建成地下、陆上、水上、空中的全方位、立体化口岸体系。黑河口岸现货物运输能力已达到500万吨，旅客运输能力达到500万人次，天然气管道运输能力达到380亿立方米。

（七）嘉荫口岸（图4-38~图4-39）

1. 口岸简介

1）设立时间

嘉荫口岸是1989年4月经国务院批准对外开放的国家一类口岸。1992年，中、俄两国政府确立嘉荫-巴斯克沃口岸为国际客货运输口岸和江海联运港口。1993年5月1日，嘉荫口岸通过了国家验收并正式对外开放。1994年2月，嘉荫–巴斯克沃口岸正式开通通货。

图4-38 嘉荫口岸

2）地理位置

嘉荫口岸国门位于黑龙江省东北边陲嘉荫镇，距嘉荫县9.2千米，距俄罗斯巴斯克沃口岸16千米。

3）接壤情况

嘉荫口岸距俄罗斯对应口岸巴斯克沃口岸16千米，距俄对应城市奥布卢契40千米，嘉荫县边境线长249.5千米。

4）战略地位

嘉荫县位于黑龙江省北部，东北界河黑龙江与俄罗斯的阿穆尔州和犹太州隔江相邻，属伊春市辖县。

5）建设规模

嘉荫口岸是1989年经国务院批准，1993年正式开通的国家一类口岸。运营20多年，目前辟建了2座立壁式木材专用码头、1座滚装码头，铺设了4万平方米的货场路面硬化，建成了93米的防浪墙和643平方米的货检厅，口岸年吞吐能力80万吨。进出口货物以木材、钢材、果蔬等为主，现嘉荫口岸总占地面积9万平方米，拥有旅检大楼3 511平方米、货检厅643平方米、综合服务楼533平方米、海关免税商店182平方米、监管仓库1 000平方米，拥有进出境货物检验通道2条、出入境旅客查验通道2条，设有完善的检验检疫、边检、海关等联检部门办公室，口岸管理办公室，免税商店等综合管理服务机构，过货能力可达8万吨/年，过船能力10车次/日，验放能力可达3万人次/年。

6）设立机构

嘉荫县口岸办公室对嘉荫口岸实施管理，黑龙江出入境检验检疫局嘉荫办事处、嘉荫海关、嘉荫边防检查站担负口岸查验任务。

2. 国门与界碑的历史沿革

战国至西汉期间，嘉荫境内即有人类居住，隋唐、辽金时期为女真居住地。明朝开始在境内各满族部落设“卫”“所”，17世纪后主要为鄂伦春游猎之地。清初，嘉荫地面归黑龙江将军管辖，光绪三十二年（1906年）为兴东道管辖。1912年乌云、佛山地面为萝北县辖地，1916年设乌云设治局，隶属黑河道尹公署，1927年劈乌云、萝北二县局，设佛山设治局，两年后乌云、佛山设治局同时升为三等县，隶属于黑河市政筹备处。东北沦陷时期隶属于黑河省、三江省管辖。1945年乌云、佛山两县先后光复，1947年成立佛山县工委和佛山县人民政府，撤销乌云县建置，先后隶属合江省、松江省管辖，1952年划归黑龙江省黑河地区。因佛山县与广东省佛山市重名，取境内较大河流——嘉荫河之名，1955年更名为嘉荫县。1970年划属伊春市，至今未变。

嘉荫口岸是国务院1989年批准的一类口岸，于1993年5月对外开放，正式开通使用。1994年2月，嘉荫–巴斯克沃口岸正式开通通货。嘉荫口岸——嘉荫县对应的俄罗斯巴斯克沃口岸属俄罗斯犹太自治州奥布卢奇耶区。嘉荫口岸所辖国境线长249.5千米。

图4-39 嘉荫口岸界碑

嘉荫口岸是1989年4月8日经国务院国函发〔1989〕25号文件正式批准的国家一类口岸。1992年9月2日，对外经济贸易部批准嘉荫县边境经济贸易公司对俄边境贸易经营权（嘉荫县第一家）。1992年10月4日中国人民解放军沈阳军区〔1992〕沈军字第128号文件同意将嘉荫县列为外国人开放地区。1992年11月12日交通部黑龙江航运管理局黑航字〔1992〕384号文件批准嘉荫港为江海联运港。1992年12月12日中华人民共和国公安部公境外〔1992〕第1352号文件批准嘉荫县为对外国人开放地区。

3. 国门与界碑的地理特征

1）自然条件

嘉荫口岸位于嘉荫市朝阳镇，朝阳镇是中俄交界的重镇，坐落在黑龙江江畔，是国门口岸的所在地。

嘉荫县位于黑龙江省东北部美丽的黑龙江江畔，面积6 739平方千米，人口8.1万。县辖4镇5乡，73个行政村，是一座集农业、外经贸、生态旅游于一体的综合型边境口岸城市。

2）资源禀赋

自然资源：嘉荫县土地面积辽阔，生态环境优良，自然资源十分丰富。全县耕地面积131万亩，适宜开发的后备土地资源126万亩，境内有大小河流56条，泡塘湖泊星罗棋布，可养殖水面1.8万亩。林业施业区面积550亩，有林地面积366万亩，森林覆盖达62%，有红松、落叶松、黄菠萝、胡桃楸等多种珍贵树种；人参、黄芪、五味子等中草药160余种；嘟柿、山葡萄、山梨等山野果；蕨菜、薇菜、刺嫩芽等山野菜近百种；木耳、猴头菇、蘑菇等著名山特产；还有黑熊、野猪、马鹿等野生动物30余种。盛产大豆、小麦，是黑龙江主要麦豆产区之一。草原面积36.5万亩，具有发展畜牧业的巨大潜力。黑龙江盛产“三花五罗”，有鲤鱼、鲫鱼、鲟鱼、鲑鱼等22种鱼类，98种冷水鱼。嘉荫境内已探明的矿产资源有20余种，其中黄金、褐煤、膨润土、麦饭石储量丰富，开发潜力巨大。

旅游资源：嘉荫恐龙国家地质公园是2001年12月经国家地质公园评审委员会审定，国家地质公园领导小组批准建立的，它坐落在中俄界河——黑龙江的右岸，面积38.44平方千米。1902年，俄罗斯地质学家在这里发现了恐龙骸骨化石，并把挖掘出的化石组装成一具高4.5米，长8米的完整恐龙化石骨架，定名为黑龙江满洲龙，陈列在圣彼得堡的原苏联地质博物馆内。这条龙是中国出土的第一条恐龙，也是中国流落到国外的第一具恐龙化石骨架，人称“神州第一龙”。总投资突破亿元的大型文化工程神州恐龙博物馆坐落在国家地质公园内。这是一座集科普、娱乐观光、休闲于一体，将自然科学和人文景观紧密结合的大型综合博物馆，占地面积5万平方米，建筑面积4 650平方米。是自四川自贡、云南禄丰、江苏常州、内蒙古二连浩特后，第五家恐龙博物馆，也是唯一的一座集保护区和展览馆于一体的园中馆。茅兰沟国家森林公园素有北方“九寨沟”之称，为地壳变迁的褶皱断裂而形成的构造深谷，河谷总长15千米。大自然的鬼斧神工塑造了这里丰富多样的地貌造型，如石老妪、观音峰、骆驼峰、马鞍峰等；发源于小兴安岭深处的茅兰河受地形影响，形成跌水并发育成众多瀑布和深潭，如茅兰瀑布、迷你瀑布、袖珍瀑布、黑龙潭、三阶潭、五阶潭、仙女池等，可谓集山奇、林茂、水秀、潭幽、景美于一体。这里沟深林茂、野趣浓厚，不仅分布有大面积的原始森林和天然次生林，而且林下又分布有种类繁多的奇花异草。鄂伦春民族在这里留下的渔猎遗迹也给风景区增光添色，成为小兴安岭一道独特的风景线。

4. 口岸相关商贸往来

2013年通过全国口岸核心能力验收，以口岸疫情防控工作为重点，以维护国门安全为目的，坚持把关与服务并重。

自2012年夏季，俄罗斯的巴斯科沃口岸闭关维修以来，嘉荫口岸的进出口业务受到较大的影响，虽然开辟了嘉荫—波亚尔科沃和嘉荫—阿穆尔捷特两条新航线，但由于运距长，成本高，影响了企业的进口，入境业务量下降。而出口占主要地位的实木地板和实木复合地板数量也呈减少趋势，这主要与俄罗斯的闭关导致企业原材料供应不足有关。当前，嘉荫口岸克服困难，正不断为恢复通关做出努力。

（八）萝北口岸（图4-40~图4-43）

1. 口岸简介

萝北县位于黑龙江省东北部，地处小兴安岭和三江平原的交会处，隶属于鹤岗市，以黑龙江为界，与俄罗斯犹太自治州隔江相望。萝北县总人口23万，其中县属人口9万；行政版图面积6 784平方千米，县属面积2 167平方千米。

1993年，萝北县被国务院批准为对外开放地区，同年，萝北口岸经国家验收正式对外开通使用。口岸为国际客货运输口岸，为国家一类口岸，隔黑龙江与俄罗斯犹太自治州阿穆尔捷特口岸对应，二者相距1.5千米，是黑龙江界江上最近的一对对应口岸，交通运输条件良好，明水期船舶航行只需10分钟，冰封期冰上汽车仅用5分钟，即可到达彼岸。萝北口岸到哈尔滨全部为水泥路面。1998年将原名山码头改造为煤炭装卸和散货装卸于一体的多功能码头，每小时可装煤炭400吨，成为黑龙江沿岸最大的煤炭输出港。2001年建成4 200平方米的滚装式轮渡码头。2002年扩建年吞吐量20万吨的木材专用码头一座。目前，整个口岸过货能力可以达到50万吨，年过客15万人次。

（a）

（b）

图4-40　萝北口岸

萝北县口岸办公室对萝北口岸实施管理，萝北出入境检验检疫局、萝北海关、萝北边防检查站担负口岸查验任务。

2. 国门与界碑的历史沿革

国门——在名山黑龙江畔有一处现代建筑风格的“H”形国门，国门上面有“中华人民共和国”七个大字和闪闪发光的国徽，它是我们国家尊严的象征。“H”是鹤字的拼音字头，寓意该国门在鹤岗境内，从旋转楼梯登上国门楼梯，可俯瞰滚滚的黑龙江和俄罗斯阿穆尔捷特十月区全貌。

界碑——此界碑为黑龙江段235号界碑。碑身高约1.2米，呈方柱型，上部镶嵌有中华人民共和国国徽，界碑材质为坚硬的黑灰色花岗岩，四周有铁艺围栏保护。

图4-41 萝北口岸界碑

3. 国门与界碑的地理特征

萝北口岸坐落于美丽的边陲小镇——萝北县偏东侧，萝北县边境线长达146.5千米，西北与嘉荫县相连；西以梧桐河为界，与鹤岗市、汤原县毗邻；东与绥滨县接壤。萝北县下辖5个镇，3个乡（其中有1个民族乡），63个行政村。县人民政府驻凤翔镇。

与萝北口岸隔江相对的阿穆尔捷特，隶属于比罗比詹犹太自治州管辖，资源丰富。中俄界江的一百多年中，萝北口岸与犹太自治州人民在互市贸易、婚姻缔结、技术传递、旅游观光等方面的交往中，使萝北的轻工产品、蔬菜种植技术等传入犹太自治州，犹太人的乐观性格、独特饮食、婚姻风俗等亦融入萝北大地。

4. 口岸相关商贸往来

2017年萝北中俄互市贸易区正式开通运营。萝北联检部门多项措施全力保障互市贸易区正常运营。一是坚持有效监管，以“信用管理”为核心，构建“清单管理+风险管理+分类管理+动态管理”监管体系，防止区域性质量安全问题。二是加快通关速率，实施“一站式”审批模式。将互市贸易区企业纳入诚信系统管理，实施动态监管。三是加大互市贸易区的宣传力度，开通运营的报道被《质检动态》、《龙检信息》、新华网、人民网、东北网、中国质量新闻网等40多家媒体采纳。

图4-42　萝北口岸名山港

图4-43 萝北口岸码头

（九）漠河口岸（图4-44~图4-48）

1. 口岸简介

1）设立时间

漠河口岸是黑龙江省境内1988年首批国务院批准的国家一类对外开放口岸。1991年开始建设，1993年9月1日口岸正式启动开关。根据1994年中俄两国政府签订的《中华人民共和国政府和俄罗斯联邦政府关于中俄边境口岸协定》，漠河–加林达口岸又进一步被确定为国际客货运输口岸，并具体规定该口岸明水期进行船舶运输，封冻期进行汽车运输。1997年国务院以国函〔1997〕81号文件批复同意漠河口岸对俄罗斯开展国际旅客运输业务，并允许第三国人员通行。

图4-44 漠河口岸

2）地理位置

漠河口岸位于黑龙江省西北部、大兴安岭山脉北麓的漠河县兴安镇连崟，距漠河县城203千米，与俄罗斯加林达口岸隔江相望。

3）接壤情况

漠河口岸与俄罗斯对应加林达口岸仅一江之隔，距对岸的加林达口岸斯克沃罗季诺市67千米，距阿穆尔州第二大城市腾达市242千米，距萨哈（雅库特）共和国涅留恩格里市470千米，距该共和国首府雅库茨克市1 600千米。

4）战略地位

漠河位于我国最北端，是黑龙江上游的重要江运码头，边境线长达242千米，具有“一县对两州”的地理优势，不仅可以辐射到阿穆尔和赤塔两个州，甚至可以影响到整个远东经济区。漠河口岸对面的俄罗斯阿穆尔州的斯克沃罗季诺市、腾达市以及萨哈（雅库特）共和国的可采森林资源和矿产资源丰富，重工业基础雄厚。但人民生活必需品，特别是新鲜蔬菜、水果等副食品特别匮乏，年预计需8 000吨以上。漠河口岸有明显地缘优势和资源互补优势。漠河作为对俄的贸易大通道，其战略地位已经越来越重要。

5）建设规模

漠河口岸是经国务院《国务院关于同意黑龙江省六个对苏边贸口

岸的批复》批准设立，1991~1993年由大兴安岭地区行署和林管局先后投资2 084万元建成，为国家一类开放口岸，设计年通过能力为10万吨以上。1993年9月1日，口岸正式开通过货。漠河口岸拥有进出境货物检验通道2条、出入境旅客查验通道2条，设有检验检疫、边检、海关等联检部门办公室、口岸管理办公室。

图4-45　漠河口岸货检通道

图4-46　漠河口岸旅检通道

6）设立机构

漠河县外事口岸办公室对漠河口岸实施管理，黑龙江出入境检验检疫局漠河办事处、漠河海关、漠河边防检查站担负口岸查验任务。

2. 国门与界碑的历史沿革

早在16世纪，中俄两国之间就有民间贸易往来。1883年，大批俄国人在官方的怂恿庇护下，偷越黑龙江，在漠河地区盗采黄金，建立秘密的黄金殖民地——“热尔图加共和国”。1884年清军派兵分三路到漠河，摧毁沙俄殖民主义在漠河地区的“采金事务所”。1949~1990年，中苏两国人民不断地进行友好往来，地方性直接交往活动十分频繁。1988~1990年，漠河县与斯科沃罗季诺市曾进行两次互访，达成了一些意向性边贸协议，中方主要向苏方提供劳务、轻纺电子产品以及蔬菜、水果等食品；苏方向中方提供木材、水泥、钢材、化肥等重工业产品。1990年双方同意在漠河建立商品出口基地。

图4-47 漠河口岸146号界碑

3. 国门与界碑的地理特征

1）自然条件

地理位置：漠河口岸位于漠河县兴安镇，兴安镇是中俄交界的重镇，位于黑龙江江畔，曾经是雅克萨战场。兴安镇与俄罗斯的加林达镇一江之隔，是国门口岸的所在地。兴安，原名额木尔，因额木尔河得名。1906年在此处设置卡伦，属黑龙江副部统管辖。中华人民共和国成立后，于1956年建立乡政府，1993年开始发展外贸，老连崟口岸是当时对俄贸易的重要口岸，鼎盛时期有各类商户十余家，人口千余人。

图4-48 与漠河口岸隔江相望的俄罗斯加林达镇

气候特征：漠河气候寒冷，年均气温-5℃，最低气温-52℃，无霜期90天左右，是祖国最北、纬度最高的县，素有“神州北极”美誉。

2）资源禀赋

自然资源：漠河县自然资源丰富，以森林、矿产、旅游、珍稀动植物资源闻名于世。全县林地面积16 281平方千米，木材总蓄积量14 647万立方米，主要树种有樟子松、落叶松、白桦、杨树、柳树、云杉等。矿产资源有黄金、煤炭、石灰石、石墨、膨润土、大理石、汞、黄铁、水晶等，其中黄金、煤炭开采已形成规模，特别是黄金开采已有百余年的历史，曾被慈禧定为“胭脂沟”村。近年又开通了对俄过境游，为漠河旅游事业插上了飞向世界的翅膀。野生动物资源种类繁多，有马鹿、驯鹿、梅花鹿、棕熊、紫貂、花尾榛鸡、野鸡、榧鸡、野猪、獐、狍子、雪兔等珍禽异兽四百余种。黑龙江冷水鱼更是享誉海内外。这里的绿色植物天然、名贵、无污染，牙格达（红豆）、嘟柿、草莓、山葡萄、山丁子是酿酒和调制纯绿色饮品的最佳原料；猴头菇、木耳、蘑菇、蕨菜、金针菜等遍布群山峻岭，另有名贵草药三百余种。因是中国最北端的县城，又被称为“中国的北极城”。

旅游资源：漠河内有“中国最北一家”、“北陲哨兵”碑、“神州北极”碑、望江楼等旅游景点。每年夏至，县政府都要在此举办盛大活动，因此吸引了大批国内外游客。中俄界河——黑龙江源于漠河，江水晶莹，曲折而下，两岸风光绚丽，景色秀美，境内原始森林繁茂葱郁，可探险、狩猎、篝火野宿。“胭脂沟”“古黄金之路”充满历史的神秘，雅克萨古战场等明、清、民国时期的古迹遗址景点众多，随处可见。漠河拥有“中国最北、神奇天象、龙江之源、圣诞世界、石林奇观”五大核心竞争力，北极洲、“神州北极”广场等旅游资源闻名于世，是全国唯一可观赏到北极光和体验“极昼、极夜”的地方。

3）发展环境

漠河交通便利。2008年漠河机场建成通航，开通了北京、天津、上海、哈尔滨等航线10余条。现正在着手实施机场改扩建工程，力争开辟萨哈（雅库特）、赤塔、伊尔库茨克国际旅游航线。铁路可直达沈阳、哈尔滨、齐齐哈尔、绥化等大中城市。漠河水路可通往哈尔滨、佳木斯及黑河等地，是黑龙江省为数不多的集水陆空立体交通网络于一体的县城。“十二五”期间，先后荣获全国首届县域旅游竞争力百强县、全国义务教育均衡发展县、全国双拥模范县、全省民生工作十强县、省级文化先进县、省级生态县等荣誉称号。

4. 口岸相关商贸往来

2003~2007年，五年累计完成进出口经贸总额2 518万美元。2007年3月，由于俄罗斯政策调整，单方面关闭口岸。2010年，国家重点能源安全项目——中俄原油管道的正常运营激活了漠河口岸，每年1 500万吨的通油量，使漠河口岸过货量跃居黑龙江省前列。2017年，中俄原油管道二线完成，自2018年起通油量将达到每年3 000万吨，这给漠河发展对俄贸易带来了前所未有的机遇。

（十）饶河口岸（图4-49~图4-53）

1. 口岸简介

饶河是黑龙江省双鸭山市下辖行政县，地处祖国东北边境、乌苏里江沿岸，与俄罗斯远东重镇比金市隔江相望。饶河口岸是1989年4月经国务院批准设立的国家一类客货运输口岸，1993年9月正式开放，是双鸭山地区唯一的对外开放口岸。与俄方比金市所设的波克洛夫卡口岸相距仅760米，是运输鲜活农副产品、机械设备、轻纺产品、家用电器、生活日用品和其他深加工产品的理想通道。饶河口岸夏季使用轮渡在口岸间运送客运和货运车辆。2010年开通了冬季浮箱固冰通道，缩短了闭关期，延长了通关时间。全年四季通关，大大提升了口岸通关能力，口岸设计通关年过货能力从100万吨提升到200万吨，过客从50万人次提升到100万人次。

（a）饶河口岸国门

（b）281号界碑

图4-49 饶河口岸国门与281号界碑

2. 国门与界碑的历史沿革

自1989年口岸批准开放以来，至1993年正式开通，饶河地方政府不断完善基础设施，拓展国际客货运输线路，持续提升口岸功能。饶河口岸1999年开通饶河—比金旅客定期国际运输线路。2010年建成乌苏里江首条浮箱固冰通道，并于当年开通了饶河至卢切果尔斯克定期国际运输线路。2014年又开通哈尔滨—饶河—比金—哈巴罗夫斯克（伯力）国际运输线路。

随着对俄贸易的持续发展，为不断满足中俄货物进出口种类的要求，全面优化完善口岸功能，打造黑龙江省东部地区对俄经贸大通道的重要枢纽，推动对俄经贸合作创新发展，2012年，饶河县委、县政府对饶河口岸重新进行了规划。规划后的口岸占地面积达30万平方米，分为八大功能区，即货检区、客检区、货物检疫处理区、基础设施区、边检工作生活区、口岸综合办公区、国门广场开放区、码头工作区，并于2013年陆续投资1.2亿元开工建设口岸国门广场、货检通道、边检综合楼、口岸东路、查验监管库房及其他附属工程。经过三年多的升级改造建设，饶河口岸实现了出入境客货查验分离、工作区与生活区分离，出入境通道功能设置更合理、更顺畅、环境更优越。

图4-50　货检通道

在不断加强口岸基础设施建设的同时，饶河县委、县政府出台多项优化口岸通关和促进旅游、外经贸发展优惠政策，开辟了口岸鲜活产品通关“绿色通道”，协调口岸联检、外汇、税务等相关部门，为企业提供优质服务。不断加强与俄方沟通联系、友好往来和文体、教育、经贸洽谈等交流合作，在哈巴罗夫斯克（伯力）建立驻俄联络处，对俄贸易环境不断优化，对俄交流合作由比金向卢切果尔斯克、共青城、博扎尔、符拉迪沃斯托克等拓展延伸。2013年以来，饶河口岸先后通过了国家口岸卫生核心能力建设考核，取得口岸落地签证、异地办证办理权、冰鲜水产品、粮食进口指定口岸资质，获得了对俄肉类出口资质，成为黑龙江省仅有的两家对俄肉类出口指定口岸之一，并于2015年6月首次对俄出口猪肉。不断拓宽的口岸准入资质将极大地发挥饶河运距短、环境优、功能完善的优势，促进果蔬、肉类出口和蜂蜜进口，粮食回运，铁精粉、深海鱼加工等实体项目的发展，加快构建对俄开放，开发新格局。

图4-51　旅检大厅

图4-52　浮箱通道

图4-53　摆渡船

3. 国门与界碑的地理特征

中俄双方以乌苏里江主航道为界，界碑立于乌苏里江岸边。饶河县位于乌苏里江中下游，与俄罗斯隔江相望，边境线长达128千米。饶河县区南部与完达山脉相环抱，北部与三江平原相依托，县域总面积6 765平方千米。县辖4镇5乡79个行政村，境内有5个农垦国有农场，11个森工林场。饶河县是国家级东北黑蜂自然保护核心区、国家珍贵毛皮动物良种繁育基地、欧盟有机食品组织认定的有机食品生产基地，绿色食品资源丰富。县域森林、湿地、草原和江河面积占县域总面积的80%以上。饶河天蓝水碧、空气清新、景色优美、资源富集，是国家级生态示范县、中国天然氧吧、中国十佳宜居县、中国十佳原生态旅游名县、全国湿地保护工作先进县、龙江最美区县。

1）自然条件

地形地貌：饶河县，那丹哈达拉岭绵亘其间。那丹哈达拉岭以东是平原，直至乌苏里江边；以北，直至挠力河两岸是丘陵、平原、低地、沼泽，挠力河湿地就在这里。丘陵与低地之间是丰茂的草原。有人这样概括饶河县地理形势：山衔平原阔，江流逐大荒，边陲一小县，祖国最东方。而饶河县位于中国最东部边疆完达山东北支脉那丹哈达拉岭山区，为三江平原、穆棱河流域、乌苏里江流域等中新生代断陷盆地所环抱之古生代岩层残留断块。

气候特征：饶河县地处北温带，西与松嫩平原、蒙古高原、西伯利亚相连，本属大陆，又因东距日本海仅400千米，夏秋受海洋季风影响，形成温带海洋性气候。其特点为冬季漫长、干燥（虽然降雪量很大）而严寒；夏季短促，加之境内广布森林草原，气候湿润而温热；春季多西北或西南大风；秋季降温急骤，山区常有过早（9月初旬）霜冻发生。

2）资源禀赋

水资源：乌苏里江是黑龙江南岸的一大支流，是中国东北部俄罗斯边境上的一条重要界河，也是饶河县境内最大的河流，发源于俄罗斯境内，由南向北于哈巴罗夫斯克（伯力）附近注入黑龙江，河流全长900多千米，总流域面积18.7万平方千米，在中国黑龙江省境内6.15万平方千米。乌苏里江南至外七里沁河流入饶河县境内，流经境内长度128千米。

饶河县江河纵横，水源充足。境内有1江28河，自然捕捞水面0.8万公顷，可利用养鱼水面0.11万公顷，盛产“三花五罗”等名贵品种。经济鱼类有16科69种，主要有大马哈、甲鱼、鲤鱼、鲫鱼、狗鱼、鲶鱼等，其中大马哈及鱼子驰名中外。

饶河县现有耕地20万公顷，土壤以黑土、草甸土、沼泽土为主，有机质含量为7%左右，适宜多种农作物生长。主产小麦、大豆、玉米、水稻等粮食作物和红小豆、甜菜、白瓜、西瓜、蔬菜等经济作物。县域森林资源面积35.1万公顷，森林覆盖率为51%。树种多、材质好，主要有红松、水曲柳、杨木、柞木、椴木、桦木等树木几十种。饶河既是黑龙江省天然林区之一，又是全省重要的木材集散地。县域现已探明的矿藏数十种。非金属类的有高岭土、石灰石、花岗岩、超基性岩、伊利石等；金属类的有铜、镍、金、铁、锌、锡、铝等。还有蕴藏量极大的草炭，为1亿立方米，位居黑龙江省之首。

动植物资源：饶河县域野生动物有东北虎、马鹿、黑熊、野猪、狍子、狐狸、獐子、獾子、灰鼠、麝鼠、貂、貉等几十种；野生药用植物有人参、黄檗、冬青、平贝、五味子、刺五加、龙胆草等140余种；野生食用真菌有猴头菇、木耳、亚侧耳、榛蘑等20余种；山野果有山葡萄、山丁子、猕猴桃、狗枣、松子、榛子、核桃等20余种；山野菜有薇菜、蕨菜、刺嫩芽、黄瓜香、黄花菜、四叶菜、猴腿菜等30余种，饶河是山野菜丰产区；蜜源植物极为丰富，均处在原始生长状态。1997年12月饶河县被批准为东北黑蜂国家级自然保护区，保护区内可载蜂群3万箱，蜂蜜年产量最低为1 200吨。

3）民族和文化

全县共有27个民族，有1个赫哲族乡和3个朝鲜族村。其中，四排乡是全国仅有的3个赫哲族乡之一。赫哲族鱼皮工艺、开江祭祀仪式成功申报省级非物质文化遗产。

4. 口岸相关商贸往来

2016年9月，国家质量监督检验检疫总局考核组对饶河口岸进行了现场考核，饶河县政府对饶河口岸指定口岸建设情况进行了汇报，最终获批进口冰鲜水产品指定口岸。饶河联检部门大力协助饶河县商务局，将在江苏从事多年的水产品养殖大户引入饶河，在饶河投资800万元开展水产养殖加工项目建设。

饶河中俄边民互市贸易区于2016年6月21日全面开通，这极大地提高了饶河口岸的辐射能力，有利于促进全县对俄经贸产业提档升级，推动双边在经济技术、商贸物流等领域进行深层次的合作。

（十一）逊克口岸（图4-54~图4-55）

1. 口岸简介

1）设立时间

逊克口岸是1989年12月经国务院批准对外开放的一类口岸。1990年3月，经中苏两国政府换文确认为国际客货运输口岸。同年5月，正式开通使用。该口岸港口位于黑龙江省北部边陲。黑龙江中游南岸逊克县城奇克镇，与俄罗斯阿穆尔州对应口岸波亚尔科沃隔江相距13千米。

图4-54 逊克口岸国门

2）地理位置

逊克口岸位于中俄界江黑龙江右岸，居逊克县城城东，地处东经128°28′，北纬49°36′。它是集国贸、地贸、民贸多功能于一体的国家一类口岸，1989年被省政府批准为临时过货点，同年12月17日正式被国家批准为一类口岸，1990年经国家验收后，正式对外开放。1992年6月1日逊克海关正式建关，同年国务院批准逊克口岸开通国际旅游，又第一个被省政府批为省级经济技术合作区。1992年7月国家批准逊克口岸为国际客运口岸。2004年7月省政府正式批复在逊克县批建中俄边民互市贸易区。

3）接壤情况

逊克与俄罗斯有135千米的边界线，县域面积17 344千米，人口11万。东邻嘉荫县，南接伊春市，西通黑河，与俄罗斯阿穆尔州的扎维京斯克市、白山市、赖奇欣斯克市和阿尔哈拉区、坦包夫卡区、罗娜纳区、米哈依洛夫区隔江相望。

4）战略地位

逊克口岸与波亚尔科沃镇相距13千米，波亚尔科沃港口是俄罗斯黑龙江沿线三大港口之一，口岸设施完备，交通发达，具备水陆空三位一体的交通体系，通过航空、铁路、公路与西伯利亚相连，可达俄罗斯内地各大中城市。

5）建设规模

逊克口岸发展前景极为广阔，面对俄罗斯远东地区中心地带，对应的波亚尔科沃口岸为俄罗斯在黑龙江沿岸的第二大河运港口，是俄罗斯远东地区最大的矿产品专业运输港口、最大的煤炭运输港口和远东地区煤炭集散地，也是阿穆尔州范围内唯一拥有办理木材出口报关手续资格的边境口岸。港口水深流缓，有多个千吨泊位，可停靠5 000吨位船舶。港口有铁路专用线与波亚尔科沃火车站相连，拥有大型现代化卸载设备，通过大型输送带可同时为2个千吨泊装煤，日卸载量达4 000吨，夏季明水期煤炭吞吐量达60万吨。口岸设施完备，查验部门齐全，绝大多数货物可直接在口岸报关放行。运输条件较为发达，公路与阿穆尔州首府布拉戈维申斯克（海兰泡）市相连，相距仅150千米；铁路与西伯利亚铁路主干线的扎维京斯克站相连接，距离仅65千米。经逊克口岸出口到俄罗斯的蔬菜、水果、家电、机械、汽车等产品可经公路、铁路向俄腹地转运。

图4-55 逊克口岸界碑

2. 国门与界碑的历史沿革

逊克县人文历史悠久，早在新石器晚期已有人类活动，金代女真部落一度在此繁盛。17世纪沙皇俄国东侵，夹精奇里江（今俄罗斯境结雅河）以居的鄂伦春族被迫南迁，其中一部分游猎进入逊克境内，成为逊克建置前的土著民族。1900年“庚子俄难”，遭沙俄洗劫的中国江东六十四屯幸存的部分难民，逃难来此定居，形成村落。清宣统元年（1909年），瑷珲兵备道于奇克设军政合一的地方政权——“奇克特卡伦”。辛亥革命后，1913年，瑷珲直隶厅改建为瑷珲县公署，奇克划为瑷珲县第四区。1915年，撤奇克特卡伦，设瑷珲县奇克特县佐。1916年经黑河道尹公署决定设逊河稽垦局。1928年，逊河稽垦局改升为逊河设治局。1929年，奇克特县佐改置为设治局，一个月后改升为奇克县。1932年，经国民政府行政院核准，改升为逊河县。1931年，“九一八”事变后，逊河、奇克两县属于坚持抗日的黑龙江省政府辖地，成为支援马占山部队抗击日本侵略者的后方。1933年，日本侵略者侵入逊克大地，分别建立逊河、奇克伪县公署。1943年，日伪当局将逊河、奇克两县合并，建伪逊克县公署，县治设于逊河村。1945年8月15日，日本投降后，在国民党的支持和策动下，匪患四起，横行肆虐，人民再次遭受蹂躏。1946年6月，东北民主联军进驻逊克，建立逊克县人民政府及公安部队。1947年2月，彻底肃清残匪。从此，逊克县的历史翻开了崭新的一页。中华人民共和国成立后，全县人民在党的领导下，历经60多年的艰苦奋斗，政治、经济、文化取得了前所未有的快速发展。

1989年国务院批准逊克口岸开通国际旅游，1992年又被交通运输部批准为江海联运国际航运口岸。

3. 国门与界碑的地理特征

逊克县是黑龙江省黑河市下辖的一个县，位于黑龙江省北部边疆，小兴安岭中段北麓，黑龙江中游右岸。

1）自然条件

逊克县位于黑龙江省东北部，小兴安岭中段北麓，黑龙江中游南岸，与俄罗斯阿穆尔州米哈伊洛夫区隔江相望。逊克县森林覆盖率70.03%，湖沼和草原湿地广布，自然生态环境完好，被国家七部委评为“全国生态综合评比第一县”。全县耕地面积241.63万亩，农业人口人均占有耕地43亩，是全国100个商品粮基地县之一。

2）资源禀赋

矿产资源：逊克县矿产资源丰富，已发现矿产32种，探明储量12种。其中，逊克的红玛瑙以“储量大、硬度高、色泽好”闻名中外，素有“红玛瑙之乡”之称。逊克东安岩金矿至伊春市汤旺河区域被列为黑龙江省地矿勘探重点开发带，已探明储量的国家级大型矿床4个、中型矿床4个，矿藏价值数千亿元。翠宏山铁矿、东安岩金矿、茅宝沟铁钼矿、高松山岩金矿、库南铅锌矿等一大批矿山开发项目有序推进，构建了强大的矿山产业集群。目前，部分企业已贡献税金。预测未探明的石油、煤炭、有色金属等矿产资源价值将远远大于已知价值。

旅游资源：逊克森林覆盖率70.03%，湖沼和草原湿地广布，自然生态环境完好，少数民族风情浓郁，除跨国边境旅游外，还拥有独特的沾河漂流、库尔滨河漂流、大平台雾凇、鄂伦春和俄罗斯民族风情游等特色品牌，旅游开发前景广阔。当前，逊克聘请知名专家，正在进行旅游重新定位和规划，策划开辟旅游精品线路。在加强漂流、雾凇、界江、鄂乡民族风情园等景区建设的基础上，逊克正着力推进东山森林公园建设，计划新建集滑雪、滑冰于一体的东山湖滑雪场。春看杜鹃花海、夏游激情漂流、秋望五花山色、冬赏雾凇美景，独具特色的旅游产业已形成规模。

3）经济发展

逊克县具备省级经济开发区政策优势。1992年，黑龙江省政府批准设立逊克经济开发区，属省级开发区，可享受相关上级扶持政策。2004年，设立了逊克互市贸易区。2006年，逊克经济开发区通过国土资源部审核，核定面积240公顷。目前，逊克经济开发区尚有未开发区域可建设面积120.72公顷，该区域总体规划、控详规划、基础设施项目均已编制完成，即将全面建设，最后将建成三个不同的功能区，分别为对俄国际贸易区、对俄机电产品组装及维修服务区、对俄进出口加工园区，重点发展进出口商品加工业和俄罗斯资源进口加工业。

4）民族和文化

逊克县境内有鄂伦春族、俄罗斯族、达斡尔族等23个少数民族，其中鄂伦春族和俄罗斯族人口较少，民族风情浓郁，极具特色。鄂伦春族原为游猎民族，1953年正式下山定居。“鄂伦春”是民族自称，意为“山岭上的人”，其传统节日“古伦木沓节”已成功申报国家级非物质文化遗产。目前逊克县的鄂伦春族人口占全国鄂伦春族总人口的八分之一，主要聚居于新鄂、新兴两个少数民族乡，乡土面积7 049平方千米，以从事农业生产为主，部分族人仍享受冬季从事猎业的待遇，兼有护林防火的职责。

4. 口岸相关商贸往来

2016年，逊克口岸通过考核，获批全国进境粮食指定口岸，成为黑龙江省对俄进境粮食指定口岸之一。逊克口岸旅检大厅现配有红外线自动体温检测仪和通道式核辐射监测仪。2013年的特大洪水使逊克码头受到重创，“逊克码头水毁修复工程”于2015年6月正式完工。修复后的码头拥有千货运吨泊位2个、客运码头1个、滚装码头1个，年过货量可达80万吨、出入境人数可达20万人次；25吨门座式起重机已安装完成。

五、广西壮族自治区

（一）龙邦口岸（图5-1~图5-4）

1. 口岸简介

1）设立时间

龙邦口岸是2003年1月10日国务院以国函〔2003〕6号文批准对外开放的国家一类口岸。2007年4月18日，口岸升格工作顺利通过国家验收，2007年10月25日，正式对外开放。

图5-1　龙邦口岸国门

2）地理位置

龙邦口岸国门位于广西壮族自治区靖西市南部的龙邦镇，东经106°19′，北纬22°52′，地处中越边境741号界碑附近，与越南茶岭口岸对应。口岸左右方的巴恩山、金鸡山都驻扎着解放军陆军边防哨所，这里地势险要，是重要的战略要地。

3）接壤情况

龙邦口岸与越南茶岭口岸对应，距靖西县城42千米，距百色市221千米，距广西首府南宁市302千米，距越南茶岭省、高平省、河内省分别为5千米、38千米、320千米，是桂西、滇东、黔南通往东南亚各国最便捷的陆路通道之一，也是我国中越边境中段一个重要的陆路口岸。

4）战略地位

随着中国-东盟自由贸易区的建设、中越“两廊一圈”的构建以及中国-东盟“一轴两翼”区域经济新格局的形成，龙邦口岸地缘优势更加明显，在发展对外贸易中的战略地位更加突出。龙邦口岸是中国西南连接东南亚国家联盟（简称东盟）陆路最便捷的通道之一，口岸交通便利，目前形成了以二级公路为主干、三级油路为支架的公路交通网络，国家云桂边海大通道（全程高速）与我国西南至东盟新陆路大通道交会于靖西，南宁至靖西铁路客运专线开通；靖西延伸到龙邦的铁路正在规划建设中，百色至靖西、靖西至那坡、崇左至靖西3条高速公路已经通车运营。初步形成以公路为主、铁路为辅的综合交通网络，从区位上承担联系桂西及滇黔川渝与越南乃至东盟国家陆路通道的作用。

5）建设规模

近几年来，在国家的大力扶持下，靖西市先后整合各级口岸建设资金3 000多万元，加快口岸基础设施建设，进一步完善口岸矿业货场、口岸监管区、联检部门生活楼、仓储、综合货场等设施建设。龙邦国际道路运输管理站于2009年12月建成运营，新联检楼于2010年8月建成使用，项目占地面积1 209.6平方米，总建筑面积4 776平方米。

6）设立机构

靖西市人民政府对龙邦口岸实施管理，龙邦出入境检验检疫局、龙邦海关、龙邦边防检查站等口岸查验部门，负责对进出口货物、人员、车辆进行监管。

图5-2　龙邦出入境检验检疫局挂牌庆典仪式

2. 国门与界碑的历史沿革

1）国门设立历史

龙邦口岸历史悠久，始建于清光绪二十二年（1896年）。中华人民共和国成立后，于1954年设立龙邦口岸委员会，由于有关原因，口岸一度关闭。1996年8月20日，龙邦口岸作为二类口岸恢复开通，成立龙邦边境工作站，海关、检验检疫、边检等口岸联检部门进驻龙邦口岸，并对进出口货物、人员、车辆进行有效监管。2003年1月，国务院以《关于同意广西龙邦口岸对外开放的批复》（国函〔2003〕6号）文件同意龙邦口岸升格为国家一类口岸。

靖西市历史悠久，据市区主山出土的旧石器时代的砍砸器，以及禄峒乡大金村等地出土的新石器时代的石锛、石斧、石铲等物推断，远在原始社会，靖西就有人类居住。地处归属和政区设置，最早见于《唐书》，建制已有1 200多年的历史。1913年6月废归顺府置靖西县，以旧城名靖城与位广西西部而名，初隶镇南道道治今龙州县，1926年6月废道为区。1949年12月13日，靖西县和平解放。1950年1月18日，靖西县人民政府成立，隶广西省龙州专区。2002年6月，划属百色市，至今未变。2015年8月1日，撤销靖西县，设立县级靖西市，以原靖西县的行政区域为靖西市的行政区域，靖西市人民政府驻新靖镇新华街339号。靖西市由广西壮族自治区直辖，百色市代管。有侬智高、曾植铨、刘永福、瓦氏夫人等历史名人和黄小林、张海洲、许胜南、岑日新等革命烈士，以及罗作霖、翟元臣、赵开瑞、朱祖线等一批优秀民间艺人。

龙邦口岸所在的靖西市龙邦镇，是我国南疆的边陲要地，历来为兵家必争之地。自清代至今，其经历多次战争洗礼，留下了许多防空洞、地道、碉堡、战壕等军事工程，主要集中在坡嘎拉山、巴恩山、卧虎岭、七星山及金龟岭山中。七星山顶上的“十二道门”是清光绪年间，广西提督苏元春临边勘察，令提督壮勇巴图鲁李极光督造，都司蔡仕祥主持建造。古堡设计考究，建造奇特，结构严整坚固，呈“米”字形，共十二道，十二门，道道相连，门门相通，置身其内，纵横交错，犹入八卦阵图之惑。山体中地道纵横交错，工程宏大，防卫坚固，为世界国防史所罕见，是军事工程观光游、军事体验游及开展爱国主义教育的理想之地。

2）界碑的建筑特点

龙邦口岸有两块界碑，一侧立的是“中越741号界碑”，为中国所立；另一侧立的是“中越742号界碑”，为越南所立。两块界碑的中心点划的一条红色直线，即国界。741号和742号界碑碑身高1.6米，基座高达0.4米，正面碑身镶有直径为0.3米的金属国徽。界碑所在的龙邦镇护龙村排干屯的排干新村，有着“南疆国门第一村”的美誉，被列为自治区和靖西市新农村建设示范点，新村内共有35栋融壮乡干栏建筑风格和现代建筑风格于一体的民居。

图5-3 龙邦口岸741号界碑

图5-4 龙邦口岸742号界碑

3. 国门与界碑的地理特征

1）自然条件

靖西市隶属广西壮族自治区，是百色市代管的县级市，位于东经105°56′~106°48′，北纬22°51′~23°34′。靖西市地处中越边境，西与那坡县毗邻，北与百色市右江区、云南省富宁县相连，东与崇左市天等、大新两县接壤，东北紧靠德保县，南与越南高平省茶岭县、重庆县山水相连，边境线长152.5千米，总面积3 322平方千米，辖11个镇、8个乡，总人口65万人（2015年数据），是百色市人口第一大县（市），也是全国典型的壮族人口聚居地。

气候特征：靖西市属亚热带季风气候，夏无酷热，冬无严寒，年平均气温19.1℃，年降水量1 400~1 700毫米，年平均日照时数1 501.3小时，无霜期336天，素有“小昆明”之称。

2）资源禀赋

植物资源：靖西市属南亚热带，气候温凉，雨量充沛，利于各种植物的生长和繁殖。靖西植物有256科1 408属4 503种，其中乔木树种1 907种。其中，常见天然阔叶树乔木主要有杉木、松树、桉树、任豆树、苦栋、香椿、桦木等53种；灌木树种有杨梅、盐肤木、羊蹄甲等22种；草本植物有望江南、金银花、天冬、桫椤等23种；竹类有吊丝竹、金竹、大头竹、黄竹、甜竹等9种；粮食作物有水稻、玉米、黄豆等；经济作物有烤烟、甘蔗、桑树、八角、油茶、油桐、玉桂、大果山楂、茶叶等22种。

动物资源：靖西市境内动物资源丰富，共有43科105种。国家保护的珍贵兽类有19种，蜂猴、金丝猴、黑叶猴、毛冠鹿等属世界珍稀动物。其他还有马熊、猪熊、狗熊、长臂猿、老虎、金丝猴、玉面猴等。历史上还有人熊（棕熊），现已绝迹。

矿产资源：靖西市矿产资源丰富，初步探明有铝土、锰、硫铁等18个矿种。铝土、锰、硫为靖西市主要矿种。铝土矿储量最多，分布在新圩、龙临、禄峒、南坡、安德等乡镇，据地质资料和成矿分析，已探明储量有4.06亿吨，远景储量达6亿吨；锰矿分布于湖润、岳圩、壬庄、龙邦、安宁等乡（镇），已探明氧化锰矿石储藏量622万吨，保有氧化锰矿石储藏量429.8万吨，探明并保有碳酸锰矿石储藏量2 040.6万吨；硫铁矿主要分布于禄峒弄华、武平雷隆等地，保有资源储量451.7万吨，且伴生褐铁矿，保有资源储量38万吨，共生重晶石，保有资源储量227.6万吨；铜锡矿主要分布于同德、湖润两乡（镇），铜矿品位0.091%~0.731%，储量1 257.35吨，锡矿品位0.182%~0.528%，储量1 210.08吨。

旅游资源：靖西市旅游资源丰富，素有“山水小桂林，气候小昆明”之美誉，主要旅游景点有古龙山峡谷群、通灵大峡谷、三叠岭瀑布、旧州绣球一条街、鹅泉、渠洋湖、爱布瀑布群、大兴山水、二郎自然风景区、龙邦口岸、十二道门等。其中通灵、古龙山两个景区是国家AAAA级景区，鹅泉是中国西南三大名泉之一。

4. 口岸相关商贸往来

龙邦口岸为中越双边口岸，过境旅客的主要来源是两国边民的来往以及一些旅游团体的境外游，人员交流日益频繁。口岸的开通不仅促进了两国旅游业的快速发展，还增进了两国间的互信互通和经济贸易合作的深度、广度。

中国龙邦圩日为农历逢三和八，越南茶岭圩日为农历逢四和九，这里每逢传统圩日尤为热闹，来往进出边民每日可达200人次。

根据相关政策，在距陆路边境20千米以内的边民，可持边民证在互市贸易区内与越南边民进行商品交换活动，并享受每人每日价值在人民币8 000元以下商品免征进口关税和进口环节税的优惠政策。龙邦口岸互市贸易活跃，入境成交以干坚果为主，有腰果、开心果、碧根果、核桃、杏仁、冷冻海捕水产品、干香菇等，出境成交有硫酸钠、布匹、扬声器零件、电极糊等。龙邦口岸的日常一般贸易种类有出境的干姜、蜜金橘、硫酸亚铁、木架、桐油、啤酒等，入境的有矿产品、原木、单板、大米、设备仪器等。2016年进口贸易总额为1.62亿美元。

（二）平孟口岸（图5-5~图5-10）

1. 口岸简介

1）设立时间

平孟口岸于2011年10月9日经国务院正式批复对外开放，口岸性质为中国和越南双边公路客货运输口岸。2015年9月10日通过国家验收，根据我国外交部和越南外交部照会达成的共识，同意正式开通平孟-朔江口岸，并以2015年10月23日作为口岸正式开通时间。2016年3月30日，平孟口岸正式升格为国家一类口岸，并举行开通仪式。

2）地理位置

平孟口岸位于广西壮族自治区百色市平孟镇，位于中越边界647号界碑处，与越南高平省河广县朔江口岸相对应。距平孟镇人民政府所在地不到200米，距那坡县城76千米。

图5-5　平孟口岸647号界碑

3）接壤情况

平孟口岸与越南朔江口岸相依，距越南河广县4千米，距越南河内市280千米。距百色市240千米，距首府南宁320千米，是广西最西端的口岸。

4）战略地位

平孟口岸西北毗邻云南省富宁县，东连靖西市，南接壤越南，北上那坡县城。口岸以二级公路和延边路连通越南河广县和中国的靖西市、那坡县，是桂西、滇东地区联通东南亚的重要口岸。2011年10月9日，国务院正式批复平孟公路口岸对外开放，口岸性质为中国和越南双边公路客货运输口岸，它是广西在“十一五”期间上报4个升格口岸中唯一得到批复升格的口岸。

5）建设规模

近年来，那坡县主要抓好口岸的规划、立项、用地审批、可研、环评工作和建设工作，口岸区域总规划为“一带两轴四区”（一带即以平孟河为带，两轴即以客运通道和货运通道为轴，四区即国门区、货检区、互市区、服务区四个功能区），规划用地面积7.85公顷。目前，平孟口岸基础设施建设基本达到国家一类边境口岸功能运转要求。

图5-6 龙邦出入境检验检疫局平孟办事处办公楼（旧）

图5-7　龙邦出入境检验检疫局平孟办事处办公楼（新）

图5-8　平孟口岸联检楼

图5-9　平孟边民互市区越南商品专卖店

6）设立机构

平孟口岸由那坡县人民政府口岸办公室实施规划管理，龙邦出入境检验检疫局平孟办事处、平孟海关、平孟边防检查站等联检部门，负责对进出口货物，以及进出境人员、车辆实施相关监管。

2. 国门和界碑的历史沿革

平孟口岸位于那坡县南部的平孟隘口，平孟镇的平孟街南端，口岸距那坡县城76千米，距越南河广县仅4千米，距越南高平省40千米。

平孟壮语名为巷隘，意思是关隘边的圩场。原为平孟隘，清初设平孟千总署，派兵防守。中越两国边民历来互市，1885年正式开埠，定每旬两圩，农历每月逢三、八为圩期。中法战争后，广西提督苏元春在此筑镇边炮台，遗址尚存。1896年苏元春在平孟圩上设立平孟对汛分署，总部在龙州，分署负责边境贸易和维持边境治安，至此平孟就成了边防重地。1934年，越方公路从高平修到朔江，方便边民，互市点更加活跃。1933~1943年，该口岸成为中越两国边民的主要贸易互市点，市场繁荣、活跃，素有“小香港”之称。那时，边民以交换农产品和日用品为主，出口货物有桐油、茴油、黄糖片等，年出口额为国币6万元。进口货物以食盐、煤油、火柴、棉纱、布匹为大宗，年进口额为10万元国币，入大于出，入的多是法国货。

平孟口岸于1952年10月对外开放。1953年2月，县贸易公司在平孟设贸易购销组，后改边境小额贸易购销组，加大对越贸易量。中越关系恶化期间，贸易额锐减，边贸互市一度停滞。1987年边境形势缓和，平孟街的私营工商业开始复苏。1991年中越关系正常化以后，重建平孟口岸，1996年8月28日恢复开通平孟口岸，民间互市呈现生机。20世纪90年代，国营、集体、个体经营的商场、店铺共24家，旅馆6家，餐馆12家。公路四通八达，商旅辏至。1992年，越南的河内、太原、高平、河广、河安、通农、保乐等地商贩常到平孟进行贸易，国内的滇、桂、川、粤、闽、浙、鄂、湘客商也来洽谈生意，推销商品。进口货物以矿产品为主，有锰、铁、锑、锡等，矿石通过边贸渠道运往南宁、柳州、广州、上海等地加工。平孟口岸以锰矿成交额最大，单1992年第一季度矿产品贸易额就达200多万元，日过境量最多时为200多吨。从平孟出口的货物有机电产品、生产资料、日用商品、食品、饮料、药品等。2011年10月9日国务院正式批复对外开放，口岸性质为中国和越南双边公路客货运输口岸。2015年9月10日通过国家验收，2015年10月23日正式开通，2016年3月30日正式升格为国家一类口岸。

1992年8月，南宁卫生检疫局派业务人员进驻平孟口岸开展卫检业务。1996年4月，国家动植物检疫局批准成立北海动植物检疫局靖西办事处，辖管龙邦、岳圩、平孟口岸动植物检疫业务。1996年8月28日恢复开通平孟口岸，同时动植检、商检进驻平孟口岸，并在平孟口岸设立商检办事处。1999年11月，成立水口检验检疫局平孟办事处（三检合一），平孟口岸的卫生检疫、进口商品检验、动植物检疫业务由水口检验检疫局管理。2008年10月13日，龙邦出入境检验检疫局正式挂牌成立，同时将平孟办事处划为龙邦出入境检验检疫局内设机构，将平孟口岸的卫生检疫、进口商品检验、动植物检疫业务划归龙邦出入境检验检疫局管理。

图5-10 平孟口岸国门

3. 国门与界碑的地理特征

1）自然条件

平孟口岸位于那坡县，那坡县地处广西壮族自治区西南部，东及东北部与靖西市相连，南及西南部与越南高平、河江接界，西及西北与云南省富宁县接壤。那坡县国界线长206.5千米，是广西陆上国界线最长的县份之一，辖区内有9个乡镇130个村（社区），居住着壮族、汉族、苗族、瑶族、彝族等民族。

2）资源禀赋

动植物资源：那坡县自然资源丰富，已被列为国家保护的珍贵动物有熊猴、猕猴、短尾猴、麝香、林麝、水獭、穿山甲、山瑞、果子狸、大灵猫、苏门羚、南蛇、蛤蚧、猫头鹰、鹧鸪、鹌鹑、原鸡、寒鸡等。粮食作物主要有水稻、玉米、小麦、红薯、木薯、黄豆等。优质林木有杉木、松木、桦木、楠木、栎木、樟木等。此外有珍稀树种敬天树、砚木、黄松、广西青梅等。主要经济林有玉桂、八角、油茶、油桐、梨、板栗、李、竹、荔枝、桃等。全县森林覆盖率近50%。境内中草药资源独具特色，中药材品种有460多种，现生长着山豆根、草果、杜仲、葛根、黄芪、板蓝根、青蒿、大黄等50多味野生常用中药材。那坡县是广西壮族自治区八角重点生产基地县，2004年被国家质量监督检验检疫总局确定为“八角农业标准化示范区”，被国家林业局授予“中国八角之乡”荣誉称号。其八角色泽好、香味浓、无污染、品质优。八角花及深加工产品是食品、化妆、医药行业的重要原料，发展前景十分广阔。

矿产资源：那坡县矿产资源非常丰富，现已探明的矿产资源有铝矿、金矿、铜矿、锰矿、铁矿和辉绿岩等20多种。矿产种类多、分布集中，含量高，可露天开采，是那坡县矿产资源的最大特点。那坡县矿产开发前景十分广阔，目前正在开发利用的矿种有黄金、钛铁矿、黏土和石灰岩，还有铝矿、铜矿、锰矿和辉绿岩等多种矿产尚未得到开发。百都那全辉绿岩质量好，可生产出翡翠绿色辉绿岩石材饰面板，是楼台、亭阁的上等装饰品，出口日本、东南亚及中东等国家和地区。

旅游资源：那坡县自然资源丰富，旅游景点众多，比较著名的有玄武岩群、燕子洞、感驮岩、金龙岩、牛郎坡田园风光、邑熊山自然林区、弄陇原始森林、弄平炮台以及近年兴起的黑衣壮文化旅游等。感驮岩位于县城东北面的后龙山下，是该县古迹遗址，1963年出土新石器时代文物，广西壮族自治区将其列为洞穴遗址。感驮岩也是古镇安官署重地，史书有载："镇安以洞为城"，世俗尊为圣地。依山临水，幽雅开阔，自然的钟乳石造型、盘托连坐，构成自然浮雕，洞口石壁、风雨渲染而成的彩画，如花似锦，甚为壮观。弄平炮台，在边境上的平孟镇平孟村东北约2千米的弄平山，三面陡峭，仅有一条小路相通，地势险要。清广西提督苏元春督办边防时，于清光绪十八年（1892年）在山顶上修建炮台，面积约150平方米，原配有大铜炮2门、小铜炮1门。1994年，弄平炮台被列为自治区级文物保护单位。

3）人文历史

那坡县是壮族聚居地，黑衣壮是壮族的一个支系，主要聚居在广西那坡县境内。由于历史上战争和民族迁徙等原因，许多人躲入深山老林，过着几乎与世隔绝的生活，从而保留了古老的文化。黑衣壮奇特的礼仪节日、饮食居所、服饰装束、山歌舞蹈、宗教信仰，展示了那坡古朴的风土人情。黑衣壮妇女佩戴的银项圈，两边都制成鱼形状，有如双鱼对吻。双鱼对吻银项圈是壮族妇女婚嫁时的必备之物，说明黑衣壮有鱼图腾崇拜的信仰。现代黑衣壮居住的环境是缺水的石山干旱区，连人畜饮水都困难，何以有水养鱼。原来，在壮族传统稻作区，人们相信人死后会变成鱼。黑衣壮佩戴的双鱼对吻银项圈，是崇拜鱼文化的遗风。黑衣壮的衣裤套裙别具一格，为广西其他壮族地区所少见。这种着装显示出立体层次感，人也显得活泼秀雅。赶圩或走访亲友时，将围裙向上翻卷可作口袋使用，劳动时又可装少量的菜豆和零星杂粮。黑衣壮妇女所戴的双角形头巾，也是外地壮族服饰中所罕见的。以崇尚黑色为主题的审美意识，构成了黑衣壮独特的区域服饰文化（妇女的穿戴全靠自己巧手一针一线缝制而成）。

4. 口岸相关商贸往来

平孟口岸进口货物主要包括坚果、中药材、干制蔬菜和冻海产品等。近年来口岸完成了口岸核心能力建设并在积极推进口岸动植检规范化建设，完善各项功能，旨在以更强的业务承载能力全面服务社会，助力国家提出的“兴边富民”，实现新的跨越。

（三）岳圩口岸（图5-11~图5-18）

1. 口岸简介

1）设立时间

岳圩口岸是广西壮族自治区人民政府在靖西市设立的两个口岸之一，该口岸于1952年10月对越开放，1979年一度关闭，1991年恢复贸易往来。2009年中越两国政府在签订的《中华人民共和国政府和越南社会主义共和国政府关于中越陆地边境口岸及其管理制度的协定》中同意岳圩-坡标口岸在条件具备时开放。

图5-11　岳圩口岸旧办公场地

资料来源：岳圩边防检查站（2005年）

图5-12 岳圩口岸边检、海关办公场地（2015年）

2）地理位置

岳圩口岸位于广西靖西市岳圩镇，中越边境790~791号界碑处，距岳圩镇政府所在地仅1.5千米，位于靖西市城东南23千米处。口岸附近有一难滩河，自镇西北方入境，流经岳圩乡大兴村，至斗伦隘74号界碑流入越南境内，境内河长约7千米。岳圩口岸所在市靖西市西与云南相接，北与贵州毗邻，东与首府南宁紧连，南与越南接壤，边境线长达152.5千米，是滇、黔、桂三省交界处的中心城市。

3）接壤情况

岳圩口岸南与越南高平省茶岭县、重庆县山水相连，西与那坡县毗邻，北与百色市区和云南省富宁县交界，东与天等县、大新县接壤，东北紧靠德保县。靖西市距首府南宁市256千米，距百色市右江区181千米，距崇左市江州区152千米，距越南对应口岸坡标口岸1千米，距坡标口岸所在城市重庆县17千米，距高平省37千米，距越南首都河内市319千米。

4）战略地位

靖西市地处中越边境，地势平坦宽阔、交通便利，是桂西、滇东、黔南通往东南亚各国最便捷的陆路通道之一，岳圩口岸也是我国中越边境中段一个重要的陆路口岸。有四条省道二级公路在境内交汇。百色至靖西、靖西至那坡、靖西至崇左高速公路已建成通车，靖西至龙邦高速公路已经开工建设，预计2018年竣工。2016年1月靖西至南宁城际快速铁路已开通客运列车。距靖西132千米处有一百色机场，位于百色市田阳县东南方向5.5千米，距百色市38千米。百色机场前身为空军田阳机场，空军田阳机场1965年建成，2003年6月25日，经国务院、中央军事委员会批准实行军民合用，民用部分命名为百色机场，有抵达广州、桂林、重庆、上海、深圳、天津的航班。

5）建设规模

2001年，根据《国务院关于清理整顿二类口岸的通知》（国函〔1998〕74号）和海关总署《关于在云南等六省（区）清理整顿二类口岸的函》（署岸〔1999〕730号）文件精神，经海关总署同意，岳圩口岸作为在建口岸予以保留。当时，由于靖西县财政极其困难，资金多用于当时靖西唯一的一类口岸——龙邦口岸的建设上。岳圩口岸建设发展缓慢，基础设施非常落后。2008年，当时的靖西县已对岳圩口岸基础设施建设进行规划并完成修建性规划图，但因建设资金缺乏，一直未能开工建设。口岸目前仅有一栋2008年8月建成使用的边检执勤用房。2014年12月，所属岳圩口岸的岳圩口岸互市点正式开市，进驻的办公单位有边检、海关、检验检疫局。2016年6月，岳圩口岸互市点进行改造扩建，项目于9月底完工。12月2日，通过现场验收。2017年，根据南宁海关《关于启动平而、科甲、硕龙、岳圩4个科级海关复关筹备工作的通知》（南关人〔2016〕212号），按照百色市人民政府的工作部署，尽快恢复岳圩二类口岸通关运营。百色市商务局出台推进岳圩二类口岸复关运营工作方案，以改善岳圩口岸现场监管查验设施。

6）设立机构

岳圩口岸互市点由靖西市人民政府实施管理，龙邦出入境检验检疫局、龙邦海关、岳圩边防检查站派驻人员负责对进出口货物、人员、车辆进行监管。

图5-13 岳圩口岸联检楼

图5-14 过境交通工具

2. 国门与界碑的历史沿革

岳圩古称频峒，互市圩场叫频峒圩，壮语名叫“巷压”。中越关系源远流长，边民往来从不间断。中法战争后，广西提督苏元春在岳圩关隘建炮台一座，遗址尚存。后来又设对汛办事处，处理边务。1933年增设岳圩口岸。1939年冬，日本侵占龙州，设在龙州的对汛督办署取道越南高平经重庆府迁到岳圩办公。法国统治越南期间，外国商品充斥越南重庆市场，也向岳圩推销。中国边民亦到重庆县赶圩，边境商贩常到重庆做小买卖，购回食盐、煤油、香烟、洋纱等到境内销售，主要销往云南、广西百色等地。越南边民也大量来到岳圩赶街，每街100多人。当时从越南进口的大宗商品有法国产的工业品、布匹、食盐、卷烟、火油等，我国出口的大宗商品有茴油、桐油、樟脑油等，远销东南亚国家。

1949年以后，岳圩边贸点照常开放，国家加强了对边境贸易的管理。岳圩口岸于1952年10月对越开放，1953年设立岳圩边境检查站。1954年成立口岸工作委员会。靖西县也相应建立边境贸易机构，1953年下半年建立岳圩贸易购销组，1955年7月成立边境小额贸易办事处。政府加强领导管理，边民正常互市，互利互惠，货畅其流。据统计，1956~1968年，岳圩口岸边境小额贸易进出口总值约为66.66万元，其中进口额为26.83万元，出口额为39.83万元。当时物价偏低，农民的工分收入大概每天两三角钱，边境小额贸易达到这个数值是相当高的。

1979年岳圩边贸点中止活动，1991年恢复贸易往来，进口的货物有禽畜、药材、矿石、山货等，出口的有日用工业品、成衣、布匹、成药等。岳圩每旬两圩，逢四、九为圩日，二月初四为歌圩。圩日越南边民来做买卖的少则200人，多则700人，歌圩日上千人。每街来我方交易的人数少则2 000人，多则5 000人。在歌圩日，人们做了买卖就唱山歌，开展各种文娱活动，歌圩日是边贸点的盛大节日。

岳圩口岸交界处竖立着中越791号界碑。1999年12月30日，中越两国政府签订《中华人民共和国和越南社会主义共和国陆地边界条约》，开始在边境进行勘界立碑。2014年12月，所属岳圩口岸的岳圩口岸互市点正式开市。2016年6月，岳圩口岸互市点进行改造扩建，12月2日通过现场验收，检验检疫机构正式进驻。从此，岳圩口岸进入崭新的阶段，为中越经贸文化交流增加了一条快速通道。

图5-15 岳圩口岸交界处

3. 国门与界碑的地理特征

1）自然条件

岳圩口岸由于历史原因，至今仅有一简陋大门，位于靖西市岳圩镇。中国791号界碑设立于2001年。界碑面向中国一面用中文标注“中国，785，2001”，面向越南一面用越文标注“VIET NAM，790，2001”，长0.35米，宽0.2米，高1米，材质为实心花岗岩，顶端平，这是与越南界碑顶端尖的明显区别。岳圩镇是中越交接的重镇，位于难滩河旁，与越南的重庆县水陆相连。靖西市隶属于广西壮族自治区，是百色市代管的县级市，总面积3 325平方千米，辖11个镇8个乡。2015年，总人口67万，壮族人口占总人口的90%以上，是全国典型的壮族人口聚居地。靖西市是一座集工业、农业、外经贸、生态旅游于一体的综合型边境口岸城市。

图5-16　中越双边界碑中方侧

图5-17　中越双边界碑越方侧

地形地貌：靖西市属岩溶山原地貌，地势由西北向东南倾斜，略呈阶梯形态，属亚热带季风气候，年均气温19.1℃，素有“小昆明”之称。境内以溶蚀高原地貌为主，山明、水秀，以奇峰异洞、四季如春的自然风光闻名遐迩，是旅游、度假和避暑的理想胜地。

2）资源禀赋

动植物资源：靖西植物有256科1 408属4 503种，其中乔木树种1 907

种；草本植物23种；竹类9种；粮食作物有水稻、玉米、黄豆等；经济作物有烤烟、甘蔗、桑树、八角、油茶、油桐、玉桂、大果山楂、茶叶等22种。境内动物资源丰富，共有43科105种。国家保护的珍贵兽类有19种，蜂猴、金丝猴、黑叶猴、毛冠鹿等属世界珍稀动物。

矿产资源：靖西矿产资源丰富，2010年，初步探明有铝土、锰、硫铁等18个矿种。铝土、锰、硫为主要矿种。铝土矿储量最多。

水能资源：根据历年的资料，靖西市水资源总量为37.36亿立方米，其中地表径流量为25.45亿立方米，地下水储量7.36亿立方米，外县流入水量4.55亿立方米。靖西市地处亚热带，近海洋，距北部湾约200千米，全年多吹东南风，上空水气比较丰富，雨量充沛。河流都有一定流量，且为山区，河川纵横交错，落差大而集中，水能蕴蓄量相当丰富，水能年发电量可达2.67亿千瓦时。

图5-18　口岸附近的难滩河（河旁有当地著名景点岳圩水文站）

旅游资源：靖西独有的奇特的喀斯特地形地貌，峰丛林立，峡谷众多，洞穴广布，暗河纵横，生态盎然。靖西自然风光、民族风情和人文景观闻名遐迩，集自然生态游、边境跨国游、边关风情游、田园风光游、民族风情游、军事遗迹游、名胜古迹游于一体，是旅游观光、休闲、避暑的理想胜地，素有“山水小桂林”之美誉。主要有通灵大峡谷、旧州山水、古龙山峡谷、古龙山峡谷暗河漂流、鹅泉、渠洋湖、三叠岭瀑布、爱布瀑布、二郎自然风景区、龙邦口岸、十二道门、壮族博物馆等名胜。

4. 口岸相关商贸往来

中越边境贸易交流由来已久，我国岳圩边民和越南边民将自家种养的蔬菜和禽畜等剩余农副产品在圩日集市上售卖。买卖双方货币流动很快，作为卖家的村民，出售了自己的农副产品后，很快就将手中的货币换成必需的日用品、化肥农药，卖家就变成了买家。1979年，中越边境局势紧张，边境贸易一度停止。自1991年中越正式恢复友好关系以来，边境贸易经济日益繁荣，岳圩口岸中越边民互市开始活跃，农副产品、钢材、饮料、日用品等交易量大增，中草药交易也越来越旺。由于岳圩口岸中草药材十分旺销，越南众多边民把金不换、何首乌、三豆根等中草药材带进岳圩口岸进行销售，每年中药材销售量增长很快。

2014年12月，岳圩口岸互市点正式开市，进驻的办公单位有边检、海关、检验检疫局。2016年岳圩口岸互市点完成改造扩建，以更新的业务环境、更强的业务承载能力全面服务社会，促进地方经济繁荣。

2016年，开通中越岳圩互市贸易区，贸易区采取政府主导、市场化运作。根据相关政策，在互市贸易区，岳圩镇距陆路边境20千米以内的边民，可持边民证在互市贸易区内与越南边民进行商品交换活动，并享受每人每日价值在人民币8 000元以下商品免征进口关税和进口环节税的优惠政策。互市产品主要是开心果、核桃等干果产品和冷冻水产品，开市以来贸易活动不断呈现跨越式发展。同时，岳圩边民互市点开市以来，积极对外招商，引进了多家外经贸企业，促进外经贸发展。

（四）凭祥口岸（图5-19~图5-23）

1. 口岸简介

1）设立时间

凭祥口岸（铁路）于1952年开通，是国家一类口岸，也是广西唯一的边境铁路口岸，是中国通往东盟最便捷的铁路大通道，是连接欧亚大陆与东盟的铁路大陆桥的桥头堡。

图5-19 凭祥口岸（一）

2）战略地位

凭祥口岸位于凭祥市区的南区凭祥火车站内，距国境线15千米。

凭祥市域面积650平方千米，东西宽约35千米，南北长约55千米。市区距离越南谅山省首府32千米，距离越南首都176千米，与广西首府南宁距离160千米。凭祥市地处中国南部，与越南谅山接壤，素有“中国南大门”之称，是中国最靠近东盟国家的国际化城市，西南两面与越南谅山省交界，边境线长97千米，境内有友谊关口岸（公路）和凭祥口岸（铁路）2个国家一类口岸，1个二类口岸，4个边民互市点，是广西口岸数量最多、种类最全、规模最大的边境口岸城市，是中国通往越南乃至东盟最大和最便捷的陆路通道。1992年6月被国务院批准为沿边对外开放城市。

图5-20 凭祥口岸（二）

3）建设模型

凭祥站是湘桂铁路的终点站，与越南北部铁路线相连接。

凭祥铁路口岸站区内设立40股道标准轨，窄轨铺轨总长13.2千米，站线铺轨21.61千米，占地1.8平方千米，货物站台3 500平方米，旅客站台3 840平方米，候车室280平方米，货仓420平方米，准轨客车1 397辆，窄轨客车142辆，换装能力111.8万吨。

4）检验检疫机构沿革

商品检验机构：1930年，广州商品检验局设立，管辖广东、广西、福建3个省商检业务。广州商品检验局遂于1931年2月设立梧州商品检验分处，负责检验广西进出口商品。中华人民共和国成立后，1955年12月，对外经济贸易部商品检验总局批准在凭祥设立工作组。1973年，成立凭祥商检处。1978年中越商检业务中断，除1人留守外，其他人员调往有关口岸。1991年11月，广西商品检验局派人进驻凭祥商检处，负责恢复凭祥商检机构工作。1992年3月，国家进出口商品检验局批准恢复凭祥进出口商品检验局。

动植物检疫机构：1931年2月，广州商品检验局在梧州设立广州商品检验局梧州商检分处，有部分工作人员从事整个广西的病虫害检验业务。1946年9月，梧州商检分处被撤销，动植物检疫业务停止。中华人民共和国成立后，1952年广西邕宁专署镇南关牲畜检疫站成立，1955年更名为宁明县睦南关牲畜检疫站。1956年增设凭祥牲畜检疫站、凭祥植物检疫站。1957年宁明县睦南关牲畜检疫站与凭祥牲畜检疫站合并，成立凭祥牲畜检疫站。1965年4月，凭祥牲畜检疫站与凭祥植物检疫站合并，成立凭祥动植物检疫所。1978年，检疫业务中断。1990年12月16日，动植物检疫总所批准成立北海动植物检疫所凭祥边贸动植物检疫办事处。1992年9月，国家动植物检疫局批准成立凭祥动植物检疫局，为北海动植物检疫局分支机构。

卫生检疫机构：1917年，广西卫生检疫工作始于北海港。中华人民共和国成立前，卫生检疫工作一直由海关兼管。1952年4月25日，成立镇南关交通检疫所。1953年1月，政务院将镇南关改为睦南关，同年3月12日，根据卫生部通令，镇南关交通检疫所改称睦南关交通检疫所。1955年12月，睦南关检疫所迁到凭祥，机构名称改为凭祥检疫所。1958年5月10日，卫生部决定将凭祥检疫所改称为凭祥卫生检疫所。1978年底，关口封闭。1991年7月1日，凭祥卫生检疫所恢复。1992年3月26日，该所更名为凭祥卫生检疫局。

检验检疫机构：1998年5月，广西“三检”临时协调小组成立。1999年10月，“三检”机构改革，国家出入境检验检疫局批准设立凭祥出入境检验检疫局。

2. 国门的历史沿革

秦属象郡地；汉初属南越国地，汉元鼎六年（公元前111年）后，属郁林郡雍鸡县地；三国属吴郁林郡临尘县地；晋属晋兴郡地；隋改属郁林郡宣化县地；唐属岭南西道邕州都督府。

宋皇祐五年（1053年）置凭祥峒，从此才有凭祥之名，属邕州都督府左江道永平寨；元属思明路。明太祖洪武十八年（1385年）改为凭祥镇，属太平府。成祖永乐二年（1404年）改为凭祥土县，属思明府，宪宗成化十八年（1482年）升为凭祥土州，直隶广西布政司。清光绪二十八年（1902年），凭祥改为弹压，归明江厅兼理，宣统二年（1910年）改土归流升设凭祥厅，兼弹压下石土州，属太平府。

1912年1月，依照广西军政府厘定的《广西地方官暂行章程》规定，撤厅改为县，凭祥厅改为凭祥县。

中华人民共和国成立后，仍称凭祥县。1951年5月，奉广西省令凭祥、明江、宁明3个县合并置镇南县，县治宁明。1981年1月21日，经国务院批准，宁明县夏石公社划归凭祥市。2002年11月，国务院批准凭祥市为广西壮族自治区直辖市。2003年1月，自治区批准崇左市代管凭祥市。

国际铁路货物运输是通过铁路运输形式的国际货物流转，主要是通过国际相接的铁路运输网络和接轨车站完成货物运送，要求在国际形成相互连接的铁路网络。我国的国际铁路网络形成已有百年历史，早期的国际铁路通道也是随着铁路在中国开始建设同时出现。清朝末年，外国利用中国当朝政权弱势时期，为了抢夺中国市场和资源，强掠筑路权，建设了大量国际铁路通道。而凭祥国际铁路口岸及其后部通道——湘桂铁路，是中国人自己策划、设计、修建的国际铁路。湘桂铁路北起中国湖南省衡阳市，南至广西壮族自治区凭祥市友谊关，与越南铁路相接。这条铁路的建设始议于1896年（光绪二十二年）6月5日，清政府总理衙门与法国费务林公司签订《龙州至镇南关铁路合同》。合同规定：中国政府允许法商费务林公司承建并经营广西龙州至镇南关（1953年改称睦南关，1965年改称友谊关）的铁路，中国政府也设立龙州铁路官局。法国计划修建的越南境内由谅山经同登抵达中越交界处的铁路相衔接。1899年清政府开始分段修筑铁路，翌年因八国联军侵入北京经费中断而停建，前功尽弃，耗费白银30万两。

1936年，国民政府认为中日战争不可避免，大西南又亟待开发，为利于抗战的后勤供给运输，正式决定铺设。后抗日战争进入最艰苦的时期，随着战局的吃紧，国际反法西斯同盟援助中国抗战的物资运输问题越显突出。1937年，衡阳到既有铁路柳州至黎塘段桂林段最先动工，其中黄土井至桂林段由广西征工建筑。先后征调全县、兴安、临桂等11县30余万民工，于1937年9月动工兴筑。次年10月修到桂林。1939年12月桂林至柳州段完工。计划柳州至南宁段1941年建成，后因南宁失陷，在1939年11月停工。只修通衡阳至来宾段608千米。

湘桂铁路自京广铁路的衡阳至睦南关（今友谊关），全长1 043千米，来宾经南宁至凭祥还有417千米。中华人民共和国成立后，毛泽东主席应胡志明主席的请求，指示全力开通中越铁路“黄金通道”，支援越南，沟通广西首府南宁与外地的联系，1950年10月至1951年11月，建成湘桂铁路来宾—凭祥403.5千米新线。1954年12月又把凭祥至国境12.9千米路段建成。

1951年4月，中越两国政府签订了关于中国帮助越南修建铁路和提供运输设备器材的议定书和补充协议。主持总参谋部日常工作的杨成武副总长和铁道部副部长兼军委铁道兵第一政委吕正操，安排铁道兵部队3 200人成立中国援越部队一支队。6月23日，从镇南关、河口进入越南，重点部署在北线、中线，在河内以北的各铁路干线、桥梁、渡口上进行抢建、抢修。

1954年12月28日，中越发表《中越关于交通和水利问题会谈公报》，越南政府决定修复河内到同登的铁路，并接通到我国睦南关的铁路。全部工程由中国交通工程公司铁路工程总队修建，全部越南所需机车、车辆和有关器材由中国供应。1955年3月，铁路修通。中越两国铁路接轨通车。中、越两国铁路这时都加入了《国际铁路货物联运协定》，1955年5月25日，中越铁路联运协定和中越国境铁路协定在北京签订，1955年8月1日，中越正式开办国际铁路联运。

1972年春，为了抢运抗美援越人员和物资，从凭祥至河内的联运铁路由我国投资，改由米、准轨并存混合轨“三轨式”铁道。所以出口越南的货物在河内以北的，可不用换装，直接用中国车辆发至“安员”站（此站距河内市10千米，为河内市的货运站）。1978~1996

年，因中越关系紧张，中越铁路联运通道完全中断。

河內——睦南關鐵路和我國憑祥站通車

越南河內——睦南關鐵路和我國湘桂鐵路憑祥站之間已在三月一日正式通車。由河內開來的越南列車到達我國憑祥站時，受到我國人民熱烈歡迎。

新華社稿

图5-21　1955年3月1日凭祥口岸（铁路）正式开通

图5-22　凭祥口岸（铁路）开通仪式

2010年12月6日，国家发展和改革委员会以发改基础〔2010〕2863号文批复了湘桂铁路南宁至凭祥段扩能改造工程项目建议书。根据批复，湘桂铁路南宁至凭祥段扩能改造工程项目线路起自南宁，经南宁吴圩国际机场、扶绥、崇左、龙州至凭祥，正线全长194千米。[①]

① 中铁快运哈尔滨分公司. 中国国际铁路口岸巡礼之七：凭祥车站. http://www.crehrb.com/news/show.asp?Page=2&id=486，2017-03-04.

3. 国门与界碑的地理特征

1）自然条件

凭祥市介于东经106°41′~106°59′和北纬21°57′~22°16′，市域面积650平方千米，东西宽约35千米，南北长约55千米。市区距离越南谅山省首府32千米，距离越南首都176千米，与我国广西首府南宁距离160千米。凭祥市处于北回归线以南的低纬度地区，受太阳辐射热能多；距北部湾较近，受海洋季风影响颇大；同时仍受大陆季风的明显影响，形成凭祥市高温多雨的亚热带季风气候。市地形自西而东，可概分为数带，即西部山脉、中部山脉、东南部山脉、东北部山脉和自东而西再向南的中部峰丛盆谷地带，地势自西向东倾斜。

图5-23 凭祥口岸（三）

凭祥市热量、水分资源均丰富，且雨热同期，对于农作物、喜温林木、亚热带果树、蔬菜等农、林、牧、副、渔各业来说，都具有得天独厚的气候条件。

2）资源禀赋

凭祥是中越边关旅游胜地，凭祥市名胜古迹众多，境内有气势雄伟的中国九大名关之一——友谊关；有神奇秀美白玉洞；有中法战争古战场遗址平岗岭地下长城、金鸡山古炮台、大连城和大清国万人坟；有孙中山唯一亲自领导和指挥并亲手拉响反清第一炮的镇南关起义古炮台等历史人文景观；有世界第二大亚热带珍稀植物园。

4. 口岸相关商贸往来

凭祥圩日为农历逢三、六、九，此外，每年正月初十举办越南同登庙会，在中越两国边境地区民众影响甚广。2017年2月6日为越南同登庙会，据统计，凭祥市当日接待赴越参加庙会游客31 465人，同比增长87.9%，其中办理“边境旅游通行证”出入境人数、持边民证出入境人数及持护照出入境人数均有大幅增长。

（五）友谊关口岸（图5-24~图5-29）

1. 口岸简介

1）设立时间

1992年，经国务院批准，友谊关口岸被设立为国家一类边境陆路口岸。2008年12月19日经国务院批准，广西凭祥综合保税区设立，是全国获批的第四家综合保税区，是全国第一个在陆路边境线上设立的综合保税区，总规划面积8.5平方千米，2011年9月30日正式封关运营。

2）地理位置

友谊关口岸坐落在凭祥市西南边陲，凭祥市区西南18千米处，距南宁市区180千米，距越南首都河内160千米，口岸得名于友谊关。友谊关最早可追溯到汉朝，历史上曾数更其名，为雍鸡关、鸡陵关、界首关、大南关、镇夷关、镇南关、睦南关，至今已有2 000多年的历史，是中国九大名关中唯一的边关。

图5-24 凭祥国检试验区

图5-25 凭祥市边境贸易货物监管中心

3）接壤情况

友谊关口岸与越南友谊口岸对应，距越南谅山市13千米。

4）建设规模

近年来，国家和广西壮族自治区人民政府不断加大对友谊关口岸基础设施的建设力度，友谊关口岸联检大楼、口岸旅客服务中心、口岸广场及口岸旅客廊道、口岸货物前置检验设施等相继投入使用，并于2006年建成了广西首个电子口岸。由保税物流加工、管理服务、口岸作业三大功能区组成，保税物流加工区与口岸作业区之间以封闭的专用通道相连，在友谊关口岸与越南的友谊口岸实现直接互通。

图5-26　友谊关口岸联检大楼

图5-27　凭祥综合保税区大楼

5）检验检疫机构沿革

1965年1月，国务院将睦南关改为友谊关，同年3月15日，卫生部决定，将睦南关检疫站更名为友谊关检疫站。1992年，凭祥卫生检疫局中层机构进行调整，其中内设机构检疫查验科负责友谊关、火车站国际口岸的卫生检疫工作。1991年11月，广西商品检验局派人进驻凭祥商检处，负责恢复凭祥商检机构工作，友谊关口岸商检机构开始筹建。1997年10月，国家动植物检疫局批准成立友谊关动植物检疫办事处，归凭祥动植物检疫局领导。1999年，“三检”机构改革，国家出入境检验检疫局批准设立凭祥出入境检验检疫局，友谊关动植物检疫办事处为其下属。

2. 国门与界碑的历史沿革

1）对汛

中华人民共和国成立前，两国于边境地带互以兵力维持治安所设驻防机关称“对汛”。1883年，法国入侵越南，进犯中国，爆发了中法甲申之战。战后，法国与清政府于光绪二十二年（1896年）签订《边界会巡章程》，在边界设立对汛机关，共同巡查边界。

2）南关对汛

南关，为镇南关（今友谊关）的简称。是中越交通的要冲，为广西边境商旅往来最频繁之处。清光绪二十二年（1896年），南关对汛就设在这里。此汛所辖范围从东路11号界碑起至35号界碑止，即凭祥所属隘口乡、上石乡和当时属于宁明县的哨平乡。南关对汛民国初有一个边防营防守，民国10年（1921年）后改由一个汛警连防守。

3）国界

清光绪九年至十一年（1883~1885年），法国侵略者武装进犯我国。抗法名将冯子材、刘永福所率领的中国军队，在越南北部和边境一带，奋起抗击，屡获胜利。但腐败无能的清政府，在取得威震中外的镇南关大捷之后，反而于光绪十一年四月二十七日（1885年6月9日）在天津签订屈辱的《中法越南条约》。条约第三款承认法国占领越南，限定在签订条约6个月内，中法双方派员勘定中越国界。

图5-28 清代镇南关

4）勘界

光绪十一年十二月初八日（1885年1月12日）至十二年正月十九日（1886年2月22日），清政府派人与法国代表轮番会谈，双方议定，先从镇南关至隘店隘，和镇南关到水口段旧界进行勘测。所有勘过的地段，均书约绘图，签押互存。

5）立碑

原本勘界之后，即可依照勘界图树立界碑，但清政府勘界大臣仅与法方代表亲勘广西东路隘店隘至平而关一段，其余据图立约，所绘勘界图只是山川概貌，而且错误较多，地名亦有不符，难以辨认。因此，立碑时，原所绘勘图一概不用，两国另派地方官，重勘重绘。其中广西东路从光绪十六年十一月初五日（1890年12月16日）至光绪十八年三月十八日（1892年4月4日）全部立完，共立界石67处（凭祥境内1号至29号）。广西西路从光绪十九年十二月（1894年1月）开始，全界自平而关至各达村共编140号（凭祥境内西路1至4号），立碑142块。

3. 国门与界碑概况

友谊关位于广西凭祥市西南端，322国道终端穿过友谊关拱城门，与越南公路相接，是我国通往越南的重要陆路通道。友谊关关楼在帝国主义的侵略炮火中曾两次被毁。1957年基本按原貌重建。整座关楼由底座和回廊式楼阁两部分组成，通高22米。底座建筑面积为365.7平方米，长23米，底宽15.9米，平均高度为10米。公路从隧道形单拱城门通过，拱门上方用汉白玉雕刻的“友谊关”三个刚劲有力的大字，是当年任国务院副总理兼外交部部长的陈毅元帅题写的关名。关楼底座上原来只建有一层木结构回廊，重建时改用钢混结构，并加了两层回廊，每层回廊平均为80平方米。回廊的四周是拱形大窗，窗棂装饰了各式图案，外墙为墨绿色石米贴面，显得庄严、古朴。

图5-29 驻守在友谊关口岸的检验检疫人员

4. 国门与界碑的地理特征

友谊关景区占地面积46.5公顷，由友谊关关楼、左弼山古炮台、右辅山古炮台群、左右辅山古城墙及登山古道、大清国万人坟、广西全边对汛署（法式楼）等主要景点组成。

友谊关关楼是景区的核心景点，友谊关设于汉代，历史悠久，素有“中国南大门”之称，整座关雄伟壮丽。1995年2月，友谊关被命名为广西壮族自治区爱国主义教育基地。每逢周六、重大节假日和举行重要活动时，友谊关边检站官兵组成的国旗护卫队和军乐队会在关楼举行隆重的升国旗仪式，数以万计的游客在这里接受爱国主义熏陶。

万人坟位于友谊关北200米处，为中法战争遗址。1885年，中法战争期间，冯子材等率清军抗击法国侵略军，抗法战争期间为国捐躯的清军将士遗体大多被收集后埋葬于此。由于人数众多，故称“万人坟”。该坟为广西壮族自治区重点文物保护单位之一。人们为了纪念勇士为国捐躯的精神，于清光绪二十四年（1898年）清明节，在山坡上起墓立碑，碑上题：大清国万人坟。1942年，国民党陆军第188师师长海竞强补刻了碑文。

（六）爱店口岸（图5-30~图5-32）

1. 口岸简介

1）设立时间

爱店口岸始设于清光绪二十二年（1896年），原称峙马汛，是广西最早对汛口岸之一，中华人民共和国成立前国民党政府设有“对汛署”负责口岸管理工作。1957年爱店口岸晋升为边境陆路二类口岸。2015年1月12日，国务院以国函〔2015〕7号文批复广西壮族自治区人民政府，同意爱店公路口岸对外开放，口岸性质为双边性常年开放公路客货运输口岸。爱店公路口岸遂由公路二类口岸升格为一类口岸。

图5-30　爱店口岸货场

2）地理位置

爱店口岸地属广西宁明县爱店镇，距凭祥市友谊关92千米，距宁明县城50千米，距南宁市185千米。爱店口岸有沿边三级柏油公路与区内三条公路连接，目前宁明至爱店的高速公路正在规划建设之中。

3）接壤情况

爱店口岸位于中越边境广西东路1223~1224号界碑处，与越南峙马口岸相对，往南距越南禄平县17千米，距谅山市34千米，距海防市200千米，距越南首都河内180千米。

4）战略地位

爱店镇附近地势开阔，为起伏重叠的土山。宁明有公路通爱店，出境后至越南禄平与4B号公路相接。爱店北30千米之饭包岭，山势连迭，横亘于明江以南，扼守爱店及其以东边界通往内地的大小道路，对保障凭祥、友谊关东侧安全具有重要作用。

5）建设规模

目前，爱店口岸按照一类口岸标准设计的基础设施建设项目基本完成，口岸高等级公路、隧道工程、联检部门非现场业务办公用房等项目正在推进。

图5-31 爱店口岸联检大楼

6）检验检疫机构沿革

1992年2月，国家卫生检疫局批复同意设立爱店卫生检疫局。1993年1月，正式开展卫生检疫业务工作。1994年6月，正式挂牌。1991年11月，广西商品检验局派人进驻凭祥商检处，负责恢复凭祥商检机构工作，宁明县爱店口岸商检机构开始筹建。1993年8月，凭祥进出口商品检验局在宁明县爱店口岸设立商检办事处，国家动植物检疫局批准成立爱店动植物检疫办事处，归凭祥动植物检疫局领导。1999年，“三检”机构改革，国家出入境检验检疫局批准设立凭祥出入境检验检疫局，爱店动植物检疫办事处为其下属。2017年10月，国家质量监督检验检疫总局根据国务院批复，批准撤销凭祥出入境检验检疫局爱店办事处，设立爱店出入境检验检疫局。

图5-32 建设改造中的爱店口岸出入境通道

2. 国门与界碑的历史沿革

宁明县，秦始皇三十三年（公元前214年）属象郡。汉武帝元鼎六年（公元前111年）为临尘、雍鸡县地，属郁林郡。三国属吴国之交州郁林郡。西晋属广州郁林郡。东晋属广州晋兴郡。南北朝属南朝宋广州晋兴郡。隋属岭南郁林郡。唐属岭南西道邕州。五代十国属南汉邕州。宋属广南西路邕州左江道永平寨。元属广西两江道宣慰司思明路。明属左江道思明府。清属广西布政司太平思顺道太平府。民国属广西省龙州专区。中华人民共和国成立后，1950年属广西省龙州专区，1951年属崇左专区，1952年属邕宁专区，1953年属广西省桂西壮族自治州，1958年至今属广西壮族自治区南宁专区（后改称南宁地区、南宁市）至今。2003年起，宁明县属崇左市辖县。

3. 国门与界碑的地理特征

1）自然条件

宁明县地处北回归线以南，纬度较低，且距北部湾较近，受海洋季风调剂，所以形成终年温度较高，雨量较多，夏半年多雨，冬半年少雨，雨季、旱季分明的亚热带季风气候。

2）资源禀赋

动植物资源：宁明县资源比较丰富。在东南部的连绵群山中，生长着中国优良马尾松松种桐棉松，它株直，生长速度快，适应性强，每亩最高年增长材积2.37立方米，等于普通松树生长率的10倍。在西北边峰峦错落的岩溶山区里，有天然的绿色宝库陇瑞国家级自然保护区，区内有2.6万亩常绿季雨林，有1 280多种植物。其中优良速生树种50多种，名贵树种10多种。包括世界珍稀的药景两用树金花茶等。区内动物资源种类繁多，包括濒临灭绝的珍贵白头叶猴等。

矿产资源：宁明县已发现有膨润土、煤、铁、磷、金、银、铅、锌、铜、铝、汞、水晶、钛铁、金红石、石膏等矿，矿产资源丰富，有世界上最大的膨润土矿床。

旅游资源：花山位于宁明县城西北25千米的明江畔，以其古老神奇的岩画而闻名中外。花山岩画是左江流域岩画中的代表，也是世界同类岩画中单位面积最大、画面最集中、内容最丰富、保存最完好的一处岩画，被誉为壮族文化的瑰宝。据专家考证，花山岩画创作始于春秋时期，延至后汉，距今已有2 500多年的历史。整幅岩画画面长达172米，高约50米，面积8 000多平方米。现存各种图像111组，约1 900多个，画面以人物造型为主，也有铜鼓、刀、剑、羊角钮钟和野兽之类。人像最大的有3.58米高，最小的也有0.2米高。1988年，花山岩画被国务院列为中国重点文物保护单位。1998年，以花山岩画为中心的花山风景区被定为国家级风景旅游名胜区，成为与桂林漓江、桂平西山齐名的广西三大国家级风景旅游名胜区之一。2000年开始，国家文物局实施花山岩画保护计划，对保护岩画进行深入研究。2003年6月，广西启动花山岩画世界文化和自然“双遗产”的申报工作。2004年11月，花山岩画以国内罕见的“双遗产”形式，被国家列入申报世界文化遗产预备清单。2006年12月，花山岩画进入《中国世界文化遗产预备名单》重设目录。

4. 口岸相关商贸往来

我国广西与越南素有边民互市的传统，两国边民在边境两侧的习惯商品集贸地，常年或定期进行非官方的小额商品交换，结算以易货为主，价格随行就市。随着改革开放的深入和市场经济的建立及发展，目前中越边境边民互市较之传统意义，无论在内容还是在形式上都有了很大发展和变化。首先，方式和目的发生了变化。现行的边民互市已发展成为以货币交换、经商营利为目的的边境贸易形式。其次，市场和品种发生了变化。现行的互市贸易进出商品的品类、产地、消费市场已突破了双方边境地区自产自销自用的格局，扩展到了相邻两国的腹地。最后，数额发生了变化。边民互市进境物品免税限额已从过去的几十元直至现行的8 000元。

（七）东兴口岸（图5-33~图5-39）

1. 口岸简介

东兴口岸位于广西防城港市东兴市区，是1958年建立的国家一类口岸，其对应口岸是越南芒街口岸，是中国与越南唯一海陆相连的国家一类口岸，是我国边境线上的重要口岸之一。距南宁188千米，距越南广宁省下龙市180千米，距越南首都河内308千米。

图5-33 东兴口岸

东兴口岸，历史悠久。清光绪二年七月二十六日（1876年9月13日），中英两国签订《烟台条约》，东兴随北海辟为通商口岸。清光绪二十一年（1895年），清政府设东兴常关（即海关），开始征收货物关税。光绪二十二年（1896年）设对汛所，开始对边民进行过境管理。民国时期，东兴口岸设海关、警察和税务机构。抗日战争时期，东兴口岸为西南沿海主要对外口岸，国内外商品主要经东兴口岸进出。1949年12月8日，东兴军事管制委员会接管东兴口岸后，设海关、税务、边防检查、市管会等机构。1954年，地方政府成立东兴口岸工作委员会，管理口岸事务。1958年，国务院把东兴口岸列为国家一类口岸后，设立海关、卫生检疫、边防检查和动植物检疫等机构，对进出口货物、人员、车辆进行监管。1964~1968年，东兴口岸为援越抗美物资主要通道。1978年，东兴口岸关闭。1994年4月17日，中越北仑河友谊大桥恢复通车，东兴口岸恢复对外开放。口岸恢复通关后，海关、卫生检疫、边防检查、动植物检疫和商品检验机构相继设立开展业务，防城各族自治县人民政府成立东兴市口岸管理办公室，加强口岸管理、协调和服务。1995年，东兴口岸出入境人数达300万人次，约占中越边境出入境总人数的70%。1996年后，东兴市人民政府加大投入，完善口岸设施，提升口岸功能，东兴口岸被授予“全国文明口岸”称号。1999年11月，商检、动植检、卫检合并后，推行与国际接轨的检验检疫监管模式和通关机制，合并组成东兴出入境检验检疫局，确保进出境货物畅通。随着中国—东盟自由贸易区的建立和中越“两廊一圈”构建以及中国—东盟“一轴两翼”区域经济新格局的形成，东兴口岸地缘优势更加明显，在发展对外贸易中的战略地位更加突出。2016年，东兴口岸出入境人员达715万人次。

北仑河为国际界河。北仑河属桂南沿海诸河，主河长112千米，境域内河长28.67千米。清光绪十九年（1893年），《中法粤越界约》规定：“倘遇水大，水涸将所定界河线变移，或河中、沟中将来新成有沙洲，则仍以水深为界，沙洲在中国者归中国，在越南者归越南。”即以主航道中心线为界。北仑河发源于广西宁明县十万大山山脉的捕龙山，其上游称八庄河，由西向东流经板蒙村，至北仑村与支流黄关河汇合后称北仑河。北仑河经防城区那良镇进入东兴市东兴镇西南分作两支：右支向南流，经尖山脚至越南芒街的岳山出海；左支绕着东兴镇往东流，至罗浮村与支流罗浮江汇合至竹山口进入北部湾。北仑河河面宽，水量充足，水能蕴藏量丰富，是东兴市重要的水上通道。

2. 国门与界碑的历史沿革

民国时期，连接东兴与芒街的北仑河国际铁桥设桥门。中华人民共和国成立初期，在铁桥旁建两排平房，为东兴口岸海关、边检、税务等办公场所。1957年，中越双方联合建北仑河友谊大桥，1958年建成。1978年2月20日和8月19日，越军两次炸毁中越友谊大桥。1978~1994年东兴口岸关闭，1994年4月恢复对外开放。1993年9月重建国门大楼，1994年4月建成，总建筑面积为1 387平方米。同时建成接桥道路120米、管区隔离带500米。1996年建设环口岸道路240米及配套设施、口岸广场1 806平方米及配套设施、口岸区服务性用房1 450平方米。1996~1998年扩建货场，货场面积10 500平方米，比原货场增加1倍多。1997~2001年，建罗浮货场，占地面积23 400平方米，建有仓储1 000平方米，查验用房1 200平方米，停车场1.5万平方米，可供300辆车停放的大型验货场。2002年扩建口岸查验大厅，查验通道由8条增至16条，最大通过能力由5 000人次/天增至1万人次/天。2005年，东兴口岸占地12 010.5平方米，有综合大楼1幢，3 800平方米，口岸查验大厅面积1 400平方米，口岸接桥道路长200米、宽20米，人员查验通道16条，口岸验货场1个，23 400平方米，仓储1 000平方米，口岸查验辅助用房1 200平方米。

中越陆地边界线长1 449.566千米，广西段为696.125千米，东兴段的边界线自彭祖岭1356号界碑起至北部湾海界1号界点止，总长39.064千米。东兴段新立的界碑从1357号到1378号，共有22个碑位、44块界碑（东兴境内20块、芒街境内19块、双方边界单立碑5块）。其中，东兴市新立的界碑有同号双立碑14个碑位14块、同号三立碑3个碑位6块，同号单立碑5个碑位5块，共25块界碑。

图5-34 1958年2月25日，由中越共同投资建筑的中越友谊大桥建成通车

图5-35　1975年东兴口岸国门

图5-36　1994年4月，重新修建的北仑河大桥举行通车庆典

图5-37　大清国钦州界碑

图5-38 2001年中越陆地边界勘界立碑仪式

东兴口岸1369（1）号界碑于2001年12月27日树立，时任外交部副部长王毅亲临揭幕，这是中越勘界立碑工作所树立的第一块界碑，该界碑的树立标志着中越两国勘界立碑工作正式启动。根据中越两国政府商定，《中越陆地边界勘界议定书》《中华人民共和国政府和越南社会主义共和国政府关于中越陆地边界管理制度的协定》《中华人民共和国政府和越南社会主义共和国政府关于中越陆地边境口岸及其管理制度的协定》三份法律文件于2010年7月14日正式生效，两国按新勘定边界线管理边界。

图5-39 东兴口岸1369（1）号界碑

3. 国门与界碑的地理特征

1）自然条件

东兴市位于广西壮族自治区西南部，十万大山南麓，地处南华板块华南活动带钦州残余海槽中的钦州拗陷带，历经加里东、华力西—印支、燕山、喜马拉雅等多期构造运动，区域地质构造线以东西向为主。境内地势西北高，东南低。气候属热带季风气候，雨量充沛，气候温和，土壤肥沃。雨量主要集中于5~9月，是广西乃至全国著名的多雨中心之一。

2）资源禀赋

植物资源：东兴市植被属北热带常绿季雨林区域，林木种类较多，维管束植物有570多种，隶属100多科200多属。原生植物多属大戟科、山榄科、桃金娘科、漆树科和豆科等种群，如桃金娘、野牡丹、盐肤木、白背桐、山杨梅、余甘子等。国家一类保护植物有金花茶、膝柄木、坡垒（万年木）；国家二类保护植物有格木、紫荆木、香花木、酸枝木、楠木。

旅游资源：清光绪二年（1876年），东兴成为中国最早的通商口岸之一，官吏宦臣、买卖商人增多。清末民初，东兴建有大东旅社、二品楼、振邦旅社、新成客栈等。英国、法国和越南、柬埔寨、老挝、缅甸、泰国等国商人到东兴商游、观光。民国年间，著名国画大师齐白石到东兴和越南芒街观光数日。1958年，东兴各族自治县人民政府驻东兴镇开始抓县城建设，改善旅游设施，这是东兴旅游业一个发展时期。兴建中越人民友谊公园、中越革命烈士纪念碑，修复黄国越纪念馆和大校场，建筑河堤、整顿市容、美化环境，吸引不少游客专程到东兴观光旅游。1992年东兴被列为全国对外开放城镇后，海内外投资者、游人纷至沓来。1994年4月，中越北仑河大桥重建开通后，游人有序往来。1996年东兴建市后，市政府确定“旅游旺市”的战略。

3）人口

“社山新石器”遗址证实，5 000多年前东兴先民就开始在这里生活、生息和繁衍。清代以前，境域人口数据无资料可考。民国时期，尤其是抗日战争时期，国内外商贾云集东兴、江平，人口有所增长。中华人民共和国成立后，国民经济逐步恢复和发展，人民生活和医疗条件逐步改善，境域人口进入新的发展时期。受社会经济不断发展、城市化进程加快，以及人们的物质文化生活不断提高等多种因素的影响，东兴市人口总量和非农业户口均呈逐年上升的趋势；城镇人口增长迅速。同时长寿文化厚重，2010年10月，中国老年学学会决定授予东兴市“中国长寿之乡”称号，东兴市成为全国第16个“中国长寿之乡”。当时统计东兴市80岁以上老人占总人口2.19%。

4. 口岸相关商贸往来

2013年6月9日，东兴进境种苗（景观树）指定口岸获得国家质量监督检验检疫总局批准，东兴口岸成为国内首个种苗（景观树）指定口岸。2016年9月，东兴口岸通过了国家质量监督检验检疫总局进口冰鲜水产品口岸能力现场考核。

（八）峒中口岸（图5-40~图5-43）

1. 口岸简介

峒中口岸是国家一类口岸。峒中口岸位于防城港市防城区峒中镇旧街，东经107°30′，北纬21°38′，处于防城区最西端，距离防城区政府所在地124千米，北靠十万大山，西南与越南广宁省辽县横模关口接壤，仅一河之隔。峒中口岸占地156亩，驻口岸单位有东兴检验检疫局峒中办事处、东兴海关办事处、东兴边贸所、东兴边防工作站以及财税部门。隔河相望的越南横模口岸，现已建成一批现代化的商店、宾馆和其他服务设施，横模连接越南北方腹地的柏油公路，成为越南首都河内通向我国最短的交通线。峒中口岸是防城区经国家批准开放的最大的边境小额贸易、边境互市贸易口岸。

图5-40　峒中口岸

图5-41　峒中口岸1317（1）号界碑

2. 国门与界碑的历史沿革

1979年前峒中口岸是国家二类口岸。1979年，峒中口岸因中越关系恶化关闭。1991年10月，广西壮族自治区人民政府与越南广宁省政府会谈，确定在我国峒中的旧街至越南横模建立双方边民互市贸易点。

2017年6月16日，国务院正式批复峒中口岸（含里火通道）升格为国家一类口岸。口岸性质为双边性常年开放公路客货运输口岸。

图5-42　峒中口岸漫水桥（2001年）

图5-43　峒中口岸联检大楼（2002年）

3. 国门与界碑的地理特征

1）自然条件

峒中口岸位于防城区峒中镇旧街，峒中镇区域西南与越南山水相连，与越南广宁省辽县横模关口隔河相望，是越南广宁省平辽县与我国广西宁明县、上思县、防城区即两国四县（区）的交界处。峒中镇辖区总面积235.6平方千米，截至2017年，总人口30 277人，主要聚居着壮族和瑶族，其中少数民族占85%，汉族仅占全镇人口的15%，是一个汉族、壮族、瑶族、侗族、京族等民族聚居的少数民族乡镇。边境线长43.8千米。沿边公路经过峒中镇为35.5千米。

峒中镇境内山地面积广阔，气候适宜，年内无霜期360天以上。

2）资源禀赋

植物资源：峒中镇居民主要从事农林业生产，特色资源主要有玉桂、八角和松脂产品等。峒中镇盛产菠萝、龙眼、荔枝、杧果、三华李、芭蕉等水果，以及砂仁、益志等药材。

旅游资源：峒中温泉旅游度假区位于峒中镇板典街，占地18亩。该温泉发现于150多年前，温泉共3口泉眼，每口直径约5厘米，泉水日夜喷射，温泉池面积约400平方米，泉口处达70℃。泉水水质清澈，每升温泉水含硫量高达4%，并含多种有益人体皮肤的天然元素，对治疗感冒、皮肤病、关节炎等有显著疗效，泡浴后全身润滑、柔软，有美容健身之功效。峒中温泉旅游度假区是集旅游、疗养、娱乐于一体的风景旅游胜地。

4. 口岸相关商贸往来

峒中口岸目前开展的贸易形式主要是边境贸易，包括边民互市贸易、边境小额贸易和边境对外经济技术合作。近年来，越南的大量农副产品，广西以至华南地区的日用五金百货产品、轻工机械产品都经峒中口岸汇集和进出境。峒中进口品种主要为海产品、药材和农副土特产；出口主要有日用百货、五金、交电、家用电器零配件、小型机械设备、家具、副食品、建筑用材料等。

（九）水口口岸（图5-44~图5-50）

1. 口岸简介

1）设立时间

水口口岸是广西最早的通商口岸，在清朝乾隆五十七年（1792年）就开始对外开放，在中国与越南交往史上占有重要的地位。1978年曾一度关闭，1993年12月1日，水口口岸正式恢复开通。

2）地理位置

水口口岸是国家一类口岸，位于广西西南部，龙州县西端，水口镇境内，距龙州县城34千米，与越南高平省复和县驮隆口岸仅一河之隔，是广西对外开放的四大公路口岸之一，是进入越南等东南亚国家的重要通道。

3）接壤情况

水口口岸属于沿边公路口岸，东邻崇左市，东南接宁明县，南靠凭祥市，西及西北与越南相邻，东北连大新县，距首府南宁市239千米，与毗邻的越南高平省省会距离仅70千米。

图5-44 水口口岸

图5-45 水口口岸旧貌（2013年以前）

4）战略地位

水口口岸是广西对外开放的四大公路口岸之一，也是我国向东盟国家出口货物的一条重要国际通道，交通十分便利，有二级公路直达口岸，距南宁—友谊关高速公路仅60千米，与毗邻的越南高平省省会距离仅70千米，距崇左市中心102千米，与水口口岸对开的是越南驮隆口岸，开通水口—驮隆口岸，不仅促进了中越两国经贸交往，而且增强了中越之间的文化交流，为中越关系发展提供了良好的信息平台。2016年，国务院批复同意水口口岸升格为向第三国开放的国际性口岸并扩大开放至水口界河二桥。同年，国家质量监督检验检疫总局批准《中国—东盟边境贸易国检试验区建设工作方案》，龙州县水口口岸纳入其中立项建设；同时，批复水口口岸为坚果、冰鲜水产品、粮食、水果进境指定口岸。

图5-46　水口口岸远景

5）建设规模

水口口岸联检大楼1997年建成，总建筑面积约2 040平方米；2013年，实施了联检大楼改扩建工程，改扩建后，水口口岸联检大楼新增建筑面积9 220平方米，扩建后建筑面积为11 260平方米。

2. 国门与界碑的历史沿革

水口口岸于清初建关，乾隆五十七年（1792年）对外开关，与越南牧马互通贸易，是广西最早的通关口岸之一。1885年中法战争和议后，中法两国签订《中法界务专案》，确定了中越边界线。1894年边境界线碑告竣后，中国政府在龙州设立了对汛督办公署，负责管理中越外交事务。1953年1月，水口监管站改为办事处由凭祥支关领导。1954年4月，水口办事处改为水口支关，直至1994年1月，仍归凭祥分关领导。1955年，水口建立了口岸委员会，专门办理口岸涉外事务。此后相继建立了海关、边防检查站、检验站、外贸转运站、边境贸易购销组等部门。同年7月，中越两国政府在北京商定开放边境小额贸易议定书，龙州县即开放了水口等几个边境市场。1988~1989年，边境贸易达到一个高峰期。

图5-47　水口铁桥旧照

水口口岸于1978年因中越关系紧张而一度关闭，1979年水口铁桥被炸毁。水口支关业务工作暂被停止。直至20世纪80年代末，中越关系好转，民间贸易才逐渐恢复。1992年，两国关系恢复正常化。1993年12月1日，水口口岸正式恢复开通。2001年11月，中越陆地边界联合勘界委员会第一次首席代表会晤，双方商定同时在中国水口–越南驮隆口岸举行943（1）、943（2）号界碑立碑仪式。

3. 国门与界碑的地理特征

1）自然条件

龙州县地处广西西南边陲，是一座具有一千多年历史的边关商贸历史文化名城。1889年，龙州被辟为对外陆路通商口岸，是广西最早对外开放的通商口岸，也是我国与东南亚各国进行文化、贸易交往的重要门户，素有“边陲重镇”“小香港”之称。境内自然风光秀丽，地质景观独特，名胜古迹众多，文化底蕴深厚。

地理位置：水口口岸属于沿边公路口岸，位于广西西南部，龙州县西端，水口镇境内，地处东经106°34′，北纬22°28′，新划定的界碑具体位置是：中越水口-驮隆大桥我方一侧河岸桥头右侧处，界碑编号为943（1），属于大型界碑。

图5-48　水口口岸界碑

图5-49　水口口岸界河桥

气候特征：龙州地处北回归线以南，有明显的南亚热带季风气候，热量丰富，雨量充沛，日照充足。

2）资源禀赋

动植物资源：龙州县石灰岩山地占多，山峰林立，常绿阔叶林分布及植被覆盖面较广，为动物提供较好的生存条件，县内属国家一类保护动物的有白头叶猴、华南虎、黑叶猴；属国家二类保护动物的有红腹角雉、林麝、穿山甲、冠斑犀鸟，属国家三类保护动物的有猫头鹰、灰鹊、红腹锦鸡、猕猴、蟒（南蛇）、白鹇、大灵猫、小灵猫、苏门羚等。县内有用材植物500多种，药用植物690种，占广西此类植物种数的25%，其中，属国家一类保护植物的有凹脉金花茶、擎天树，属国家二类保护植物的有蚬木、金丝李、叉叶苏铁、格木、紫荆木等21种，属国家三类保护植物的有香梓楠、云南苏铁、见血封喉、肥牛树等。被列为珍稀濒危保护植物的有51种。

水资源：水口河，珠江流域西江上游支流左江的支流。发源于广西壮族自治区那坡县平孟镇，以及越南北达，经越南的克都、高平县后在广西龙州段水口河入境。在越南境内叫平江，流域面积4 241平方千米，水口河全流域面积为5 221平方千米。向东南流经下灶、八角山、孔西、下冻、七里滩、楞巧、小连城、公母山、黄家村、娄角，在龙州城西南洗马滩与平而河汇合，注入左江，县境内长53千米。

旅游资源：龙州县境内的弄岗国家级自然保护区，总面积15 163亩，保护区内有植物1 282种之多，其中陇呼枧木高48.5米、胸径2.99米，单株材积达106.7立方米，堪称枧木王，为世界之最。动物资源达281种，珍稀动物有白头叶猴、黑叶猴、猕猴、大灵猫、果子狸、冠斑犀鸟等。

此外，古朴神秘的左江风光、中山公园、响水瀑布、紫霞洞、跑马洞、双龙戏珠、水陇龙泉等自然景观，均能让人大饱眼福、流连忘返。在人文名胜方面，有被誉为“南疆长城”的中法战争古战场遗址——小连城、当年邓小平领导龙州起义建立了中国红军第八军的军部旧址、记载着龙州昔日沧桑的法国驻龙州领事馆、大青山起义旧址、陈勇烈祠、武建军纪念塔、乐寿亭、文昌阁、文笔塔、伏波将军庙，还有壮族祖先的文化遗产棉江花山壁画、神秘的崖悬棺等。

3）经济发展

龙州县抢抓国家实施新一轮西部大开发、沿边开发开放等重大机遇，发挥北部湾经济区、珠江–西江经济带、左右江革命老区的“三区叠加”优势，强化口岸基础设施建设，大力发展边境贸易，强力推进再开放，努力将自身打造成为口岸经济发展大县。

龙州县对水口口岸建设的总体设想是：把水口口岸建设成为国际性大口岸，并对第三国人开放，使其成为我国对越政治、经济、文化、旅游交流的一个重要窗口，以及西南货物出口东南亚的一条重要通道，带动并努力把口岸所在地水口镇建设成为自由贸易区。

4. 口岸相关商贸往来

近年来，龙州不断加大对口岸基础设施的投入，先后建成了水口口岸物流园、龙州至水口二级路、水口互市码头等，完成了水口口岸大道扩建及亮化工程。同时加大招商引资力度，引进建设了昆仑验货场、水口鸿基商贸城、水口东盟商贸城等一批项目，口岸服务功能进一步提高。水口口岸已成为我国与越南等东南亚国家进行政治、经济、文化、旅游交流的一个重要窗口。

图5-50　水口口岸边民货物排队入境

（十）科甲口岸（图5-51~图5-53）

1. 口岸简介

1）设立时间

科甲口岸属边境二类公路口岸。科甲口岸在中华人民共和国成立后曾开辟为通商口岸。

2）地理位置

科甲口岸位于广西西南部，龙州县的西边，地处东经106°43′，北纬22°35′，与越南高平省下琅县山水相连，距龙州县城39千米。

图5-51　科甲口岸（互市点）旧照（2011年以前）

3）接壤情况

科甲口岸与越南高平省下琅县瑞华口岸相连，科甲口岸距离下琅县城17千米。

4）战略地位

科甲口岸是中国大西南省区与东南亚国家进行经贸交往的一条主要通道，有三级公路直达科甲口岸。

5）建设规模

2010年以前，科甲口岸仅有一栋占地面积105平方米的联检楼（平房），其他设施均没有建设，但由于建筑陈旧无法进驻办公，科甲边防检查站只能在路边临时修建岗亭进行查验。近年来，科甲口岸完成了中卡、越卡、联检楼、查验平台等基础设施的建设，联检部门监控系统、申报系统、卡口、地磅、车辆核辐射检测仪等也完成安装。

2. 国门与界碑的历史沿革

1952年2月，在科甲设有口岸工作办事处，后改为口岸委员会。同年，设立科甲边防工作站。1953年成立南宁海关科甲支关。1956年卫生检疫部门、动植物检疫站也相应设立。受地理位置和地理环境等因素限制，口岸出口货物量少。1973年后除边防工作保持设立外，其他联检部门先后撤销。1979年中越关系紧张，口岸人员来往中断。1989年中越双边关系逐步恢复正常化后，双方边民贸易往来逐渐增多。中越双方贸易以边民互市贸易、小额贸易的方式进行。

3. 国门与界碑的地理特征

1）地理位置

科甲口岸位于广西崇左市龙州县武德乡中越边境912号界碑处。

2）经济发展

科甲口岸地理位置明显，与其相对的越南下琅县土地资源丰富。2007年起，龙州县为做强做大甘蔗产业，充分利用越南下琅县土地资源丰富的特点，与其合作种植甘蔗，取得明显成效。2007年龙州县开始与越南高平省下琅县在越方境内合作种植甘蔗5 000亩，由中方提供蔗种、化肥、农药、农膜、农业机械等生产物资，并派专家指导当地边民的蔗田种植，收获的原料蔗返销中国境内加工。至2017年，龙州县已利用越方土地种植甘蔗约5 700亩，这些甘蔗除部分留种滚动扩大种植外，约1.6万吨的甘蔗收获运回中国境内加工，确保了龙州县糖厂的原料供应，取得了很大的经济效益。未来将积极推进中越跨国农业合作区建设，做大做强中越农业合作，造富中越两国边民。

图5-52 科甲口岸（2012~2016年）

4. 口岸相关商贸往来

2015年1月，水口检验检疫局与海关同步进驻科甲口岸（互市点）开展检验检疫工作。进口货物主要产品为原料甘蔗入境返销。2017年，由于进行口岸基础设施建设，暂停了甘蔗返销业务，但两国边民仍进行基本的互市贸易活动，两国边民互市的进出口货物主要有生活用品、干果、木薯、淀粉等。进出口商品主要有玉米、黄豆、桄榔树、甘蔗、饲料、日用杂货等。

为创建良好的贸易环境，保持边境贸易迅速增长，龙州县着力加强口岸基础设施建设。龙州—科甲二级公路已经于2015年竣工通车。

图5-53 建设中的科甲口岸（互市点）

（十一）硕龙口岸（图5-54~图5-57）

1. 口岸简介

1）设立时间

硕龙口岸于1954年经国务院批准设立，是当时批准在中越边境设立的21个边境陆路口岸之一，2006年转为新开的陆路口岸。2016年10月，中越陆地边境口岸管理合作委员会第四次会议上，中越双方同意硕龙-里板口岸升格为一类双边性口岸并扩大开放到岩应-板空通道（硕龙-里板通道允许人员和客车通行，岩应-板空通道允许货物通过）。2017年10月，国务院批复同意硕龙公路口岸升格（开放），口岸性质为双边性常年开放公路客货运输口岸，现属一类口岸。

图5-54 硕龙口岸全景

2）地理位置

与越南高平省下琅县的里板口岸相对应，口岸距广西壮族自治区首府南宁市190千米，距崇左市76千米，距水口口岸130千米，距龙邦口岸140千米，距硕龙镇境内的国家AAAA级景区“德天跨国大瀑布”14千米。

3）接壤情况

硕龙口岸西面与越南高平省下琅县接壤，相对应的口岸是越南里板口岸，距高平省会105千米，距高平省下琅县城30千米，距高平省重庆县城38千米。

图5-55 硕龙口岸远景

4）战略地位

硕龙口岸隶属于广西崇左市大新县，大新县与越南毗邻，境内有硕龙口岸和德天、岩应两个边民互市贸易点，是我国通往越南等东南亚国家最便捷的陆路大通道之一。硕龙口岸有县道X532线、S316省道、“东兴—那坡”沿边三级公路共三条公路连接，崇左至靖西高速公路德天出口延长线已开通，口岸交通更加便利，区位优势日益凸显。

5）建设规模

硕龙口岸联检大楼建筑面积2 000多平方米，为广西壮族自治区人民政府拨款240万元建设，项目于2004年7月开工，2005年投入使用。

图5-56　硕龙口岸近照

6）设立机构

硕龙口岸由大新县人民政府口岸办公室实施管理，硕龙口岸设立的同时设有硕龙边防检查站（副团级）和硕龙海关（正科级，隶属于水口海关）。硕龙口岸自设立以来，一直未设立检验检疫机构和人员编制。边境通道和边贸互市点的管理，1999年后由凭祥检验检疫局管理，2003年划归水口检验检疫局管理，管理的方式主要是按非设关管理，必要时进行边境巡查。

2. 国门与界碑的历史沿革

大新县较著名的文物有新石器时代巨猿化石、肩石斧、双肩石铲、单肩石铲、三足陶罐、陶釜、大石铲等。1953年在榄圩乡正隆村那隆屯牛睡山黑洞中发现了 3 颗巨猿牙齿化石，这是世界上第一次从原生堆积中发现巨猿化石和共生动物群。还在榄圩乡新球村逐标屯歌寿岩发现了三足陶罐，现存广西博物馆内。古代遗址有桃城古迹、恩城画廊、云门紫洞、全茗画岩和会仙岩等。省级文物保护单位有歌寿岩（古文化遗址）、穷斗山摩崖造像（明）、靖边城炮台（清）、庙山岩洞葬（宋~明）、正隆巨猿化石等。

硕龙口岸于1954年经国务院批准设立，1978年底，由于中越边境局势紧张，硕龙口岸暂停开展业务。1980年停止办理海关监管业务。1991年11月7日，中越两国政府签订的《中华人民共和国政府和越南社会主义共和国政府关于处理两国边境事务的临时协定》明确开辟21个边境陆地口岸，硕龙口岸重新开通。1992年6月8日，大新县人民政府口岸办公室成立，履行硕龙口岸管理工作职能。2006年转为新开的陆路口岸。2013年8月，经南宁海关批复，硕龙互市点重新获准恢复业务。2013年8月7日，大新县人民政府与水口海关签订委托管理协议，正式恢复互市业务。2015年1月1日，水口海关、水口检验检疫局进驻硕龙镇岩应边民互市点开展监管工作，至此岩应边民互市点与越南恢复正常的边贸活动。

3. 国门与界碑的地理特征

1）自然条件

地理位置：硕龙口岸位于大新县硕龙镇中越西路陆地边界846（越）~847（中）号界碑处，在硕龙镇西北的归春河边，其对面是越南的里板口岸。

地形地貌：硕龙地处云贵高原南缘，境内地形北高南略低，山岭间形成许多小盆地。出露地层有寒武系、泥盆系、石炭系、二迭系和第四系。寒武系和下泥盆系以及下石炭系为硅质、砂质、泥质夹灰质岩相，构成土山和丘陵地，是林业发展区。上泥盆系和上石炭系及二迭系为灰质岩相，构成峰丛、峰林和孤峰地形。第四系由黏土、亚黏土、亚砂土或碎屑岩组成，发育于溶蚀小平原和圆洼地、槽谷地中，是主要耕作区，面积较大的有雷平、桃城和全茗溶蚀小平原。

2）资源禀赋

大新县旅游资源丰富，风景秀丽，境内有德天瀑布、明仕田园、龙宫仙境等高品位旅游景点40多处，素有“百里山水画廊”的美誉。硕龙镇有丰富的旅游和水利自然资源，境内的德天跨国大瀑布是中国最美的六大瀑布之一，为国家级AAAA景区；其他的主要景点还有沙屯叠瀑、黑水河风光、大阳幽谷、千年蚬木王、靖边城炮台等10多处。

3）经济发展

近年来，随着中国—东盟自由贸易区建设发展，泛北部湾经济合作和大湄公河次区域经济合作的升温，“一轴两翼”区域经济合作新格局的提出及实施，硕龙口岸成为中国—东盟国际大通道的重要组成部分。根据崇左市口岸总体规划，硕龙口岸总体规划为以国际出入境旅游业、矿产品进出口为主，兼具边境小额贸易和边民互市贸易的口岸。口岸发展总体设想：结合德天跨国大瀑布景区的开发，将硕龙口岸建设成集跨国旅游、边境贸易、人文交流于一体的口岸。

4. 口岸相关商贸往来

硕龙口岸主要商品为碧根果、腰果、开心果、杏仁、核桃、夏威夷果等坚果类和香菇、木耳等。当前，硕龙口岸业务尚未正常开展，尚无货物和车辆通行，仅作为人员出入通道。2016年，硕龙口岸出入境人数为3.840 7万人次。

大新县积极对硕龙口岸发展规划进行调整，制订了“一口岸、三通道”的发展计划，使口岸布局更加合理。一是把现有的硕龙口岸规划为主通道，作为出入境人员和客车的出入通道；二是把硕龙口岸扩大开放到岩应通道，作为硕龙口岸的物流通道；三是把硕龙口岸扩大开放到德天通道，作为国际旅游合作的出入境游客通道。

图5-57 硕龙口岸规划图

六、云　南　省

（一）沧源永和口岸（图6-1~图6-4）

1. 口岸简介

沧源佤族自治县地处临沧市西南部，位于东经98°52′~99°43′，北纬23°04′~23°40′。东部和东南部与澜沧拉祜族自治县相连，东北部接双江拉祜族佤族布朗族傣族自治县，北部邻耿马傣族佤族自治县，西部和南部与缅甸接壤，国境线长约150千米，有大小通道30多条，主要通道有永和口岸（原为沧源口岸）、芒卡通道、班老通道、刀董通道。

图6-1　沧源永和口岸国门

永和口岸位于沧源佤族自治县县城东南方向，耿马至沧源（永和）二级路旁，国境167号界碑中方一侧143米处。1996年9月被云南省人民政府批准为二类开发口岸。口岸距县城14千米，距临沧市人民政府驻地202千米，距昆明666千米，与缅甸掸邦第二特区（佤邦）勐冒县班歪区相邻，距临沧出入境检验检疫局沧源办事处15千米，距缅甸勐冒县60千米，距邦康市180千米。永和口岸连接缅甸的班歪—龙潭—中国西盟、班歪—营盘—邦康—大其力（瓦城）、班歪—勐冒—腊戌等境外公路干线，是云南省通往缅甸和印度洋的重要通道之一。

图6-2 从中国远望的缅甸国门全景

2008年，通过对沧源口岸永和、芒卡两条主要通道的地理位置、资源条件、发展潜力等诸多因素进行综合分析对比，报云南省人民政府批准，沧源口岸改为永和口岸。2009年，沧源永和口岸联检楼及查验货场建设选址意见获云南省人民政府口岸办公室批准。同年12月项目建设正式启动，后于2012年9月通过县验收。当前，口岸已成为集观光、购物、物流等为一体的多功能沿边开发开放窗口平台。

2. 国门与界碑的历史沿革

1949年沧源县临时人民政府成立，1951年3月成立沧源县人民政府，1964年2月，经党中央、国务院批准，沧源佤族自治县正式成立，成为云南省20世纪60年代初期实行民族区域自治政策的第一个佤族自治县。1999年被云南省委、省政府命名为“革命老区县”。几十年来，佤山各族人民在中国共产党的领导下，抓建设、谋发展，佤山地区发生了翻天覆地的变化，取得了令人瞩目的成就。

图6-3　永和口岸167号界碑

3. 国门与界碑的地理特征

1）自然条件

沧源佤族自治县总面积2 446.43平方千米，其中山区面积占99.2%，坝区仅占0.8%。全县属横断山脉南部帚形扩大部位，群山起伏、岭脉绵亘、层峦叠翠，在纵横交错的山岭之间，被茂密的自然植被覆盖，森林覆盖率达73.34%，“山青、水绿、竹翠、景美”是沧源的“生态名片”。截至2017年，已探明的矿产资源有铅、锌、铁、锰、锡、萤石、花岗岩、金等。窝坎、芒告等大山孕育了雄伟奇峻的司岗里溶洞、国画长廊、天坑、勐来大峡谷和面积达276.45平方千米的南滚河国家级自然保护区（南滚河国家公园），亚洲象、金钱豹、白掌长臂猿、印支虎、野生豚鹿和桫椤、中华双扇蕨、董棕等100多种国家一、二类保护动、植物在这里繁衍生息。

2）民族和人口

沧源佤族自治县是全国最大的佤族聚居地，境内有佤族人口14.48万人，占全县总人口的85.2%。佤族是一个能歌善舞、奔放豪迈的民族，被誉为“会说话就会唱歌，会走路就会跳舞”的民族。在漫长的历史长河中，佤族人民创造积淀了极具影响力的阿佤文化，《月亮升起来》《司岗里之恋》等一首首脍炙人口的佤族歌曲唱响大江南北，享誉全国，把佤山沧源推出了国门，使其走向世界。

3）经济发展

2015年以来，沧源佤族自治县全面打响脱贫攻坚战，力争三年全面完成16 856户农村危房改造。当前，全县上下正在全力以赴补齐以“五网”基础设施为重点的各项短板，沧源佤山机场于2016年12月8日通航，佤山各族群众的“飞天梦”得以实现。国家惠民政策的实施，使沧源从发展的末梢变为改革开放的前沿，佤山大地发生了翻天覆地的变化，各项设施从无到有，推动了佤山经济社会发展。

4. 口岸相关商贸往来

永和口岸的矿石、木材、建材、百货、石油贸易等边境贸易发展迅速，给中缅两国居民带来了实惠。临沧出入境检验检疫局沧源办事处，隶属于临沧出入境检验检疫局，成立于1999年11月，位于沧源佤族自治县勐董镇。

截至2017年5月，共有10户缅甸佤邦地区企业到沧源佤族自治县投资开发，项目以房地产、医疗卫生、食品加工、酒店建设和信息服务为主。沧源佤族自治县在缅甸佤邦地区投资的企业主要涉及供电、互联网、橡胶替代种植、乌龙茶替代种植、加油站建设等。

图6-4 临沧出入境检验检疫局沧源办事处全貌图

（二）南伞口岸（图6-5~图6-12）

1. 口岸简介

南伞口岸位于云南省临沧市镇康县南伞镇，地处镇康县南部偏西，与缅甸掸邦第一特区（果敢）接壤，位于中缅边境线122号界碑处，是我国通往东南亚的重要陆路通道之一。2005年，镇康县县城搬迁至中缅边境线上的南伞镇，距缅甸果敢自治区首府老街9千米，距缅北重镇腊戌157千米，距缅甸第二大城市曼德勒439千米，距缅甸首都内比都756千米，距皎漂港991千米。

1990年，南伞口岸被列为省级重点口岸，同年12月，举行口岸奠基仪式。1991年7月，云南省人民政府批准南伞口岸为陆运（公路）口岸（国家二类口岸），规划面积2.3平方千米。

南伞口岸是中国面向东南亚的“黄金枢纽”之一。以南伞为交汇点，向东通达临沧、昆明；向南通达孟定、思茅、景洪；向北通达保山、德宏，交通便利，沿边区位优势明显。2001年，经民政部批准，镇康县县城由凤尾镇迁到南伞镇，县委、县政府将口岸建设纳入新县城建设的统筹规划。目前南伞已建设成为全县政治、经济、文化活动中心。

图6-5 南伞口岸全景

（a）南伞口岸122号界碑（正面）

（b）南伞口岸122号界碑（反面）

图6-6 南伞口岸122号界碑

近年来，南伞镇先后实施了南伞口岸新形象工程（含口岸联检楼、国门建设）、南伞国门广场建设项目、南伞口岸查验货场、南伞口岸国门周边环境整治工程（一期、二期）、南伞口岸限定区（国门）道路改造工程等多个项目，使口岸设施不断完善，管理进一步规范，秩序更加井然，国门形象大幅提升，通关速度进一步加快。南伞口岸正逐年呈现出欣欣向荣的景象。

图6-7 南伞口岸国门

图6-8 南伞口岸联检楼

1991年，南伞获批为国家二类口岸后，镇康县人民政府设立了南伞口岸办公室，为副处级机构，对口岸履行管理、建设、协调职能，1996年成立镇康县南伞边境经济开放试验区管理委员会，与口岸办公室合署办公。1998年由口岸办公室和管委会牵头，由海关、检验检疫、外经贸、武警组成联检办公室，开展联检工作。

2. 国门与界碑的历史沿革

1）边界条约线

中缅两国于1960年10月1日签订的《中华人民共和国和缅甸联邦边界条约》第一条、第二条、第三条、第六条和《中华人民共和国政府和缅甸联邦政府关于两国边界问题的议定书》规定，中缅边界镇康段界线从怒江和地界沟相遇处起，向南沿地界沟而行，然后沿以勐棒河（南朋河上游）为一方、怒江的支流为另一方的分水岭向西南转南到炮楼山。从炮楼山起，界线向东南沿瓦窑沟、麦地河南面的坡岭、板桥河和小鹿场河（新寨沟）而行，直到小鹿场河的源头。从该河的源头向东北沿小水井山包、长岭岗山脊、仁头椿山包、高石头独立石、虎滚滕沟、南伞大沟痕迹（水平距离16米）、黄纳布恰沟、广火回弄山脊、南墩过沟、广汗南墩过山、杨龙寨水井垭口、石花瓶山山顶直到龙塘坝。

2）界线走向

中缅两国的边界线，北段从尖高山到47号界碑点，长度为755.05千米，南段从尖高山到中老缅三国交界点，长度为1 455.22千米。镇康段位于中缅边界南段，全长96.36千米。

3）界碑（桩）

镇康县境内共有中缅边界中小型界碑20个号，30块碑。小型单立界碑14个号，17块碑（附桩3棵）；小型双立界碑4个号，8块界碑；小型三立界碑1个号，3块界碑；中型双立界碑1个号，2块界碑。

3. 口岸相关商贸往来

1）边境小额贸易

1980年，南伞口岸允许化纤产品及一般小工业品互市，关税50%。

小额贸易由南伞外贸办事处、35449部队一大队、南伞中心商店等3个单位经营，接受南伞海关监管站监管征税。同时开始对出入境人员、邮件、印刷品实施监管。1981年，经临沧地区行政公署批准，设立镇康县第一家边境贸易商号，即茂疆号。1983年，由云南省进出口公司成立的临沧分公司（南伞一号点）采取地方贸易与边境贸易相结合的办法，开展小额贸易。此后相继成立了多所商号、商行，各商行除国家禁止进出口物品外，可以进出口各类商品。1996年初，按照国务院要求，云南省统一清理授权边贸企业，原有企业必须重新申报，并报对外经济贸易部备案。1999年，通过南伞口岸开展进出口销售业务企业13户，其中3户为昆明、德宏、保山的边贸企业，通过南伞开展转口贸易，以出口水泥、钢材、石油成品油为主。南伞出口商品达到80个大类180个品种。出口额在100万元以上的商品有水泥、钢材、汽油、柴油等；其次为药品及器械、化工产品、机械设备、家用电器、日用百货、床上用品等；其余大部分为零星商品和材料。2003年，国家外汇管理局下发《边境贸易外汇管理办法》，对边境小额贸易实施监管。边境小额贸易企业通过指定边境口岸进口原产于中国毗邻国家的商品，除烟、酒、化妆品以及国家规定必须照章征税的其他商品外，在2000年底前，继续实行进口关税和进口环节增值税按法定税率减半征收的政策。

2）边民互市贸易

1978年，镇康边民互市点主要有距国界3千米的南伞街和距国界5千米的岔沟街两处。边民在市场上出售的有粮食、肉类、禽蛋、茶叶、蔬菜、竹木制品等农副产品，国内商贩经营的有针织品、小百货、小五金、副食品、土杂货、雨具等商品；缅商携来的有洋锄、洋斧、煤油、海盐等产品；少数坐商中外商品兼营，以洋货为主。边民互市多以自产、自销、自购、自用为主，互市额不得超过人民币5元。1979年后，对边民互市逐渐放宽，每人每街交易额为20元，后增至100元，但不准开展小额贸易和场外交易。1980年，云南省人民政府《关于中缅、中老边民互市管理办法》规定，允许化纤产品及一般小

图6-9　临沧出入境检验检疫局南伞办事处办公区

工业品入境参加互市，税率50%。1982年后，农村经济发展，粮食、农副产品增多，变向境外买粮为向境外售粮。1984年，边境贸易区扩大到凤尾，南伞、勐捧、勐堆、凤尾、岔沟等5处被批准为边民互市市场。1995年，通过南伞口岸开展边境经济贸易业务的边贸企业有31家，其中，国内的商号有14家。

图6-10　南伞口岸消毒通道

1996年，根据海关总署、对外贸易经济合作部下发的《边民互市贸易管理办法》，边境地区边民在我国陆路边境20千米以内经省（自治区）政府批准的开放点或指定的集市上可进行互市贸易。边民互市贸易进口生活用品，每人每日人民币1 000元以下的（一件不可分割的物品除外），免征进口关税和进口环节税；边民互市贸易申报进口生活用品超过人民币1 000元不足5 000元的，超出部分按海关的规定征收进口税；边民互市贸易申报进口物品超出5 000元的按相关条例征收进口关税和进口环节税，并按进口货物办理有关手续。2000年，全县经对外经济贸易部核准具有边境贸易进出口经营权的企业9家。2005年，进口商品以木材、茶叶、矿石为主；出口商品以建材、石油、石油成品油、机械配件、机电产品、啤酒等为主，共11个类别50多个品种。取得外经贸经营权的企业14家。外地企业通过南伞开展转口转关贸易的企业有25家。

图6-11 南伞口岸免税店

3）南伞边境经济开放试验区

1996年，为贯彻云南省政府临沧扶贫现场办公会议精神，充分发挥口岸沿边区位优势，在通过考察论证的基础上，镇康县人大十二届五次会议审议并通过了《关于建立和加快建设南伞边境经济开放试验区的议案》，在南伞建立边境经济开放试验区。同年8月，中共镇康县委、镇康县人民政府出台《关于开展南伞边境经济开放试验区建设有关事项的决定》，同时成立中共南伞边境经济开放试验区工作委员会和镇康县南伞边境经济开放试验区管理委员会，负责对试验区的领导和管理，将口岸办事处机构、人员、职能合署试验区管委会。试验区范围包括南伞镇6个办事处、36个自然村、50个生产合作社，总面积271.51平方千米。总体规划是制定规划、分区建设、连成一片。新区规划分为五个区域：一是商业贸易区，以办商号为主，积极开展商贸业务；二是加工区，建立和创办一批外贸加工型企业，引进技术项目，利用国内外资源优势，根据市场调整经济结构，参与市场竞争；三是生活区，以建设商品房为主，搞好房地产开发；四是娱乐区，重点搞好文化、体育、娱乐设施建设；五是旅游区，建立绿化带，建设具有民族特色的亚热带风景园林。

1996年9月，南伞边境经济开放试验区正式启动。至1997年冬，有56户工商户到试验区经商办企业，南伞口岸有580余户工商户办理了工商登记手续。试验区设有商贸区、娱乐区、住宅区、高级宾馆等。新区建设中，除对娱乐场所收取管理费外，其余餐厅、旅社、日杂百货店等只收取土地使用费，其他一切税费减免。此后，新区从事生产经营活动的企业和个人不断增加，经营范围包括工业、手工业、饮食服务业、房地产开发、运输、修理、医疗、建材、文化娱乐、边境贸易及商业零售等行业，口岸优势得到进一步发挥，综合功能逐步加强和完善，试验区建设取得了阶段性进展。

当前，南伞口岸以云南大力建设西南“桥头堡”战略思路为契机，以“促进贸易便利化、推动进出口稳定增长”为准则，充分发挥口岸的功能与效益，不断促进对外经贸发展。

图6-12 南伞口岸国门全貌

（三）清水河口岸（图6-13~图6-16）

1. 口岸简介

孟定清水河口岸位于中国云南省临沧市耿马傣族佤族自治县孟定镇，与缅甸掸邦第一特区（果敢）清水河市清水河口岸相对接，与缅甸掸邦第二特区（佤邦）南登隔河相望。清水河口岸距耿马傣族佤族自治县县城83千米，地处东经99°04′，北纬23°33′，平均海拔510米。孟定清水河口岸处于云南省对缅口岸中部，对其他口岸具有辐射作用，是昆明通往缅甸皎漂港和仰光港最近的陆上通道，是连接南亚、东南亚和走向印度洋的重要战略节点。从孟定清水河口岸到缅北重镇户板、滚弄分别为15千米和24千米，到缅北重要商品集散地腊戌157千米，到缅甸仰光1 138千米，是我国大西南通往缅甸仰光、内比都的陆上捷径。随着边境的不断稳定，缅甸政府逐步放宽对外贸易限制，允许私人经营外贸业务，开放了与邻国的边境贸易。清水河口岸为陆路口岸，口岸于1991年8月被云南省人民政府批准为二类口岸。2004年10月14日，被国务院批准为一类口岸。口岸验收情况：口岸查验功能于2006年5月25日通过省级验收；联检楼主体工程及部分附属配套建设项目于2006年6月9日通过云南省发展和改革委员会验收。

图6-13　清水河口岸国门

2. 国门与界碑的历史沿革

一百多年前，孙中山先生在其《建国方略》中把孟定作为通往印度洋的最佳出境口，提出了修建滇缅铁路的伟大构想。1939年9月，民国政府开始实施这一构想，从昆明经孟定连接缅甸腊戌、连接仰光的滇缅铁路开始规划，第一次彰显了临沧的区位优势，也反映出临沧在国家战略中的特殊地位。1985年，中缅双方边民在清水河村开展民间的边民互市贸易，为清水河口岸建立奠定了民意基础。1989年，检验检疫机关在清水河口岸设立派驻机构。1993年11月，临沧地区边境贸易管理工作会议在孟定召开，会议决定在清水河、南伞口岸设立联检机构。同年12月12日，孟定清水河口岸联检办公室正式挂牌成立。12月21日，孟定清水河口岸联检楼正式启用，各联检单位正式入驻联检楼。

图6-14　清水河口岸联检中心

2006年5月25日，云南省商务厅检查验收工作组对孟定清水河口岸进行了省级初验，一致通过。2007年1月，清水河口岸过境道路顺利通过验收。2007年11月，清水河口岸通过国家一类口岸验收。

图6-15　清水河口岸消毒通道

3. 国门与界碑的地理特征

口岸国门位于145号界碑旁，并以清水河界桥为界。孟定清水河国门修建于1991年，清水河界桥于1997年建立，是中缅两国的友谊之桥，145号界碑竖立在界河（南帕河）与内河（南汀河）交叉处的三处河岸上，因此使用三块界碑确定，其碑号为145（1）、145（2）、145（3）。

（a）145号界碑（正面）

（b）145号界碑（反面）

图6-16 清水河口岸145号界碑

近几年来，耿马傣族佤族自治县紧紧抓住我国实施新一轮西部大开发和云南省实施“两强一堡”战略的重大历史机遇，把加强口岸建设作为改善投资环境的措施来抓，累计投入4 500余万元完成联检大楼及其部分配套设施建设。为进一步适应沿边开放的需求，满足临沧边境经济合作区建设的需要，不断做强做大口岸经济区，2012年耿马傣族佤族自治县政府引资开发建设孟定清水河中缅国际商贸城（后更名为临沧边境经济合作区清水河口岸中缅经贸城），对清水河口岸经济区进行整体连片开发，项目总规划建设用地约3 200亩，项目总投资77.3亿元，该项目于2013年12月28日正式开工建设。

随着临沧边境经济合作区启动建设，尤其是清（中国清水河）登（缅甸登尼）二级公路建成通车以来，清水河口岸贸易更加繁荣、跨境人员交往日益增多，现有口岸的基础设施、通行能力已远远不能满足当前及今后双边贸易发展和旅游通行等需要。进一步加强孟定清水河口岸功能，加快孟定清水河口岸开发建设，打造中缅经济合作发展平台已刻不容缓。鉴于原来的口岸通道及联检设施已无法满足“大开放、大通道、大物流”的需求，临沧市举全市之力，在离现通道960米远的地方规划新建一个占地440亩的查检区及货场。该查检区规划设计通关能力为进出口货运量1亿吨、出入境人员3 000万人次、出入境车辆800万辆次。经初步测算，孟定清水河口岸迁址新建项目估算总投资58 779.5万元。当前，基础设施项目已启动建设。

4. 口岸相关商贸往来

清水河双边口岸常年开放，出境货物以酒类、饮料、味精、水泥、茶叶、铁丝、钢钉、复合肥等为主，进境货物以农副产品、水产品、矿产品、木材等资源性商品为主。

2011年5月，国务院出台了《国务院关于支持云南省加快建设面向西南开放重要桥头堡的意见》（国发〔2011〕11号），将建设临沧边境经济合作区上升为国家沿边开放战略。2012年5月16日，云南省人民政府出台了《云南省人民政府关于加快推进边境经济合作区建设的若干意见》，将临沧边境经济合作区批准为省级边境经济合作区。2013年9月，国务院正式批准设立临沧边境经济合作区，其成为全国1992年以来第16个边境经济合作区，是21年来国家批准设立的第二个国家级边境经济合作区（2011年特批新疆吉木乃边境经济合作区），也是云南省1992年以后获批的第一个国家级边境经济合作区。临沧边境经济合作区原名耿马（孟定）边境经济合作区，于2011年12月20日正式启动建设，规划面积3.47平方千米。

（四）打洛口岸（图6-17~图6-19）

1. 口岸简介

打洛，系傣语地名。打：渡口；洛：混合，此处指不同民族的人混合居住。打洛，意为不同民族共居的渡口。打洛镇辖打洛、曼夕、曼山、勐板、曼轰5个行政村，56个村民小组。镇人民政府驻打洛正街，在县境西南部，东和东南接布朗山乡，西南和西部与缅甸接壤，西北接西定乡，北邻勐遮镇，东北与勐混镇毗邻。

打洛口岸位于云南省南部西双版纳州勐海县打洛镇，S320线（昆洛公路）的终端，与缅甸掸邦东部第四特区勐拉接壤，国境线长36.5千米。打洛口岸距缅甸掸邦东部首府景栋80千米，距泰缅边界重镇大其力240千米，距仰光1 270千米，距曼谷1 250余千米，是我国通向东南亚各国最便捷的陆路通道之一，从这里出境到缅甸后，东可抵达老挝、越南，南可到达泰国、新加坡、马来西亚，西可到印度。1991年8月，经云南省人民政府批准为省级二类口岸；1992年，被国务院列为首批对外开放口岸；2007年11月13日，经国务院批准为国家级一类口岸，口岸性质为国际公路客货运输口岸。

图6-17　打洛口岸国门

图6-18　缅甸东部第四特区口岸国门

中华人民共和国打洛卫生检疫局于1993年7月29日正式挂牌成立。1993年4月20日，西双版纳动植物检疫局挂牌成立，同时设立下属机构西双版纳动植物检疫局打洛办事处。1992年9月8日，西双版纳进出口商品检验局筹建处挂牌成立，同月设立西双版纳进出口商品检验局打洛办事处。1999年11月30日，西双版纳出入境检验检疫局挂牌成立，同月西双版纳出入境检验检疫局打洛办事处成立，负责打洛口岸辖区及对缅口岸的出入境检验检疫工作。

2. 国门与界碑的历史沿革

宋淳熙七年（1180年），傣族首领帕雅真入主勐泐建立“景陇金殿国”后，打洛为一土司地。明隆庆四年（1570年）设十二版纳时，景洛（打洛）、勐满、勐昂、朗妄、勐康为一版纳，称“康洛满”。1950年设区，称板洛区。1963年从勐混划出设镇，称打洛镇。境内聚居着傣、哈尼、布朗、拉祜、彝、汉等民族，以傣族、哈尼族、布朗族为主。南北最大纵距18.7千米，东西最大横距27.5千米，辖区总面积400.16平方千米。

自唐代以来，打洛口岸就是云南通向东南亚各国的重要商埠驿站和通道，是明清时期滇南“茶叶商道”和云南通向东南亚“边贸之路”的驿站和出口。18~19世纪，驰名中外的普洱茶就是通过打洛口岸销往缅甸、泰国等东南亚国家，并转销中国香港等地。中华人民共和国成立后，1950年11月，成立了海关打洛支关，赋予打洛口岸对外开放权，1956年打洛口岸正式对外开展小额贸易进出口业务，1991年8月，经云南省人民政府批准为二类口岸。1997年3月我国与缅甸联邦政府在仰光签订《中华人民共和国政府和缅甸联邦政府关于中缅边境管理与合作的协定》，中国打洛-缅甸勐拉口岸被列为双方共同开放的口岸之一。2007年11月，打洛口岸经国务院批准为国际公路客货运输一类口岸，是我国通向东南亚各国较便捷的陆路通道之一。

图6-19 打洛口岸218（1）号界碑

3. 国门与界碑的地理特征

打洛口岸国门位于勐海县打洛镇中缅互市贸易区西部，距打洛镇镇区3千米，距勐海县城84千米，镇政府驻地景洛路。打洛镇位于勐海县境西南部，东经99°57′~100°18′，北纬21°38′~21°51′，东南为布朗山，西南和西部与缅甸接壤，国境线长36.5千米，西北与西定乡毗邻，东北为勐混镇。打洛镇境内最高点在北部的邦南后山，海拔2 175米，最低点在东南部的抚盐河与南览河交汇处，海拔598米。镇内年平均气温21.9℃，最高气温39.7℃，最低气温3.4℃，年平均降水量1 220毫米，年降雨日长达115天，相对湿度82%，属北热带气候，具有夏无酷暑、冬无严寒、干湿季节分明、垂直变化明显的特点，气温高，雨量充沛，光照充足。

打洛镇地处群山环抱的低中山陵地带，中间为宽谷盆地，地势西北高东南低，境内山坝相连，群山绵亘环绕。境内河流均属澜沧江水系，主要河流有南览河（中缅边界河，其中一段称“打洛河”）、南兰河、南撇河、南板河、南庄竜河。盛产水稻、玉米、甘蔗、茶叶、菠萝、香蕉、杧果、西瓜等农作物。各种资源丰富：一是水资源丰富。镇内河流河面较窄，河谷低，水流湍急，便于建立小型水电站。目前，镇内已建有640千瓦电站2座，小型水库2座，总库容54万立方米。二是矿产资源丰富。有铁矿、铅锌矿、铜、煤、石灰石、帕良灰岩等，主要分布在勐板村委会一带。三是动植物资源丰富。有红椿、桂花、三尖杉、柚木等珍贵树种。夏季雨量充沛，气候温暖湿润，因而腐生资源丰富，有木耳、鸡棕菌、白生菌、干巴菌、牛肝菌、红菌、奶浆菌、谷堆菌等20多种。有珍稀动物野牛、虎、豹、熊、鹿、猴等20多种。四是旅游资源丰富。有中缅旅游第一寨——勐景来国家级AAAA旅游景区、独树成林公园和打洛森林公园。2016年共接待国内外游客135.39万人次。

4. 国门与界碑概况

打洛口岸联检大楼始建于2004年6月，于2006年4月竣工；2006年5月通过工程质量验收，隶属于打洛口岸管理委员会。其位于打洛开发区S320线最末端，即勐海至打洛69.7千米处，距离国境线30米，占地面积18亩（含联检大楼及其周边环境），建筑面积4 442.82平方米，主体层数2层，主体高度23.7米。其是中缅边境进出通道，也是国内外游客到西双版纳、打洛旅游观光的必到之处和拍照留影佳地。

5. 口岸相关商贸往来

打洛镇，历史上是边民互市、开展边境贸易的重要市场，具有边境口岸要地的特殊地理位置。中华人民共和国成立后，打洛镇人民政府坚持开展边境贸易，发展边民互市市场。近年来，随着打洛口岸升格为国家级一类口岸，口岸通关环境明显改善，通关效率不断提高，对缅边境贸易快速发展。2015年，从打洛出入境的人员达102.2万人次，打洛口岸成为云南省继瑞丽、河口、磨憨口岸之后第4个出入境人员突破100万人次的国家级陆路口岸。

（五）都龙口岸（图6-20~图6-28）

1. 口岸简介

都龙口岸位于马关县东南部，地处马关县都龙镇茅坪村委会东南面、中越边境线197号界碑老国门处，距茅坪村委会近2千米，距都龙镇政府所在地23千米，距县城47千米，距州府文山97千米，距省会昆明443千米。距越南箐门县城40千米，距其河江省省府河江市200余千米，距其首都河内500余千米，是马关县通往越南的重要陆路通道。同时，也是我国通往东南亚、南亚的重要门户。

图6-20　都龙口岸国门全景图

马关县地处云南省东南部、文山壮族苗族自治州南部，东与麻栗坡县相连，与西畴县隔盘龙河相望，南与越南接壤，西南与红河哈尼族彝族自治州的河口、屏边两县毗邻，北与文山市交界。县政府所在地马白镇距省会昆明442千米，距州府所在地文山市72千米，距中越边境线最短距离约20千米；距昆河铁路和等级公路102千米，距衡昆高速公路106千米，距麻栗坡县天保口岸130千米，国境线长138千米。马关县与越南的老街、河江两省的箐门、新马街、黄树皮、猛康四县接壤，目前已有公路与越南对接。

2005年8月，都龙口岸启动建设，在国家和省、州及各部门的支持下，多渠道累计投入资金1.7亿元，完成了口岸联检查验设施及水、电、路、通信、“一关两检”生活用房等配套设施建设。

图6-21 都龙口岸中方国门

图6-22 都龙口岸越方国门

图6-23　都龙口岸中越国门远景

联检查验设施。投资1 687万元建成了口岸联检大楼、查验货场项目。其中，联检大楼总用地面积10 760平方米，总建筑面积2 840平方米；查验货场总用地面积10 453平方米，总建筑面积1 921平方米，查验场地面积7 630平方米。完善联检区域隔离室、筛查室和入境车道消毒室、消毒池、消毒门、查验大棚、查验台等设施，满足了口岸联检部门开展业务工作的要求。

联检部门生活用房。投资1 000余万元在都龙口岸建成“一关两检”业务和生活用房3幢。其中，检验检疫局建筑面积963平方米，海关建筑面积963平方米，边防检查站建筑面积1 455平方米。同时，积极争取并安排给予海关25万元、检验检疫局25万元、边防检查站60万元用于购置各自生活区所需的各项生活设施设备。联检部门在县城行政设施规划情况：马关边防检查站城区生活区规划建设用地30余亩，投资3 600万元，资金为县政府自筹，马关边防检查站新站部已通过招标，2017年7月底开工建设；都龙海关在县城建有行政工作用房；检验检疫局决定不在县城建行政用房，要求在口岸建检验检疫业务技术用房。

信息化设施设备建设。根据“一关两检”部门的要求，开展口岸信息核心能力建设各项工作，共完成投资861.48万元。其中，完成检验检疫核心能力设备设施采购210.51万元；边防检查站的生活设施和

图6-24 都龙口岸国门、联检大楼、界碑

口岸检查设备设施277.37万元；口岸监控系统信息化建设160.7万元；查验货场智能卡口系统项目建设195.1万元。2016年12月15日，货场智能卡口系统所有设备完成安装并通过海关验收。按海关和检验检疫局的要求，新建成口岸货场大棚300平方米，完成项目投资17.8万元；积极争取专项资金250万元用于统筹都龙口岸“一关两检”办公设备、机房专用空调、后备电源、防雷设施购置。在广电、电信、联通等公司的支持配合下，架通了口岸联检查验部门开展工作所需的广电、电信、联通网络，确保网络通畅。

图6-25 都龙口岸检验检疫局大楼

2. 国门与界碑的历史沿革

马关历史悠久，早在旧石器时代就有古人类在此生息。西汉元鼎六年（公元前111年）至民国年间，均有行政建制。1958年4月，建立文山壮族苗族自治州后，马关划属该州，至今未变。

1953年8月25日，中越两国政府在北京签订了《关于开放两国边境小额贸易的议定书》，双方同意开放中国都龙-越南箐门和漫美边境通商口岸，并于1954年3月正式开通该口岸。1974年，由于中越关系紧张，都龙口岸被关闭。中越关系正常后，两国政府决定在条件具备时逐步开放21对陆地出入境口岸，中国都龙-越南箐门口岸就是其中之一。2006年7月13日，中华人民共和国海关总署关于转发《国家"十一五"口岸发展规划》的函（署岸函〔2006〕213号），将都龙口岸作为新开放一类口岸，列入国家"十一五"口岸发展规划，并顺延转入"十二五"和"十三五"口岸发展规划。2015年1月12日，国务院正式批准都龙口岸作为国际性常年开放公路客运货运口岸对外开放。2017年2月28日，都龙口岸通过省级预验收，4月通过国家质量监督检验检疫总局的开放前预验收，于2017年8月9日通过国家级验收，通关能力建设也达到开放要求。

在马关县都龙镇茅坪村，有一座城墙坐落于山间的中越边境线上，因城墙中间有一道石拱门，当地人称它为"国门"。城墙呈弧形状，长18米，高4.8米，墙厚2~3米；石拱门长6.5米，宽2.78米，高2.5米。顶部沿南面墙脚设一过道，顶部中端部分为一长方形隐身凹坑。国门南面为越南，北面为中国。墙上有12个大小不等的瞭望、射击孔。它看似一堵城墙，实际上门头上方有一由三块錾磨的青石块镶拼组成的长方形的石条，石条上从右至左横书阴刻着醒目的"大中华民国"五个大字。国门建于民国三十一年（公元1942年），是抗战时期边境军事防御城堡。如今面对残破的城墙，已难以看出它当年的威严，但它见证了边陲抗日战争前后的一段历史，是边关军民抗击日本侵略者的力证，也是云南边境线上唯一的国门城墙。

（a）都龙口岸老国门远景

（b）都龙口岸老国门近景

图6-26 都龙口岸老国门

1937年7月7日“卢沟桥事变”后，中国的抗日战争全面爆发。1940年日本侵入越南，以嘉林等机场为基地，大肆袭扰我国西南大后方。原来处于抗日后方的马关，变成了前线。1941年，滇军第六十军回师云南布防于滇越铁路以西进行防御。中国军队第九集团军由关麟征率领五十二、五十四两军驻防于开广一带。五十二军下属3个师驻防文山、西畴、马关、麻栗坡4市县，马关县城及坡脚、都龙、八寨各驻1个团。1942年，日本侵占了越南靠近茅坪边境一带。为防日军入侵我国边境，国民党驻茅坪守军长官黄远唐指挥部队和当地工匠一起修筑了这一防御城堡，抵御随时可能入侵我国领土的日本侵略军。

图6-27 都龙口岸国门处197号界碑

由于中国军队的布防和日军兵力的不足，日军没有踏入我边境领土，但也没有放弃对马关的轰炸。战争期间，当时几乎每天都有日本飞机飞越马关上空轰炸昆明、蒙自等城市，少则几架，多则数十架，人们也习以为常。1941年农历正月二十六日，日本飞机途经马关上空时，突然对马关县城进行了一个多小时猛烈扫射轰炸，投下了十多枚炸弹，城内一片狼藉，人们乱作一团，熊熊大火烧了整整两天，炸死7人，烧毁民房百余间；同年6月24日，日本飞机又对都龙进行了轰炸。这些都是日本帝国主义在马关犯下的罪行。

风雨沧桑的国门，虽然只是一个城墙式的建筑，今天人们已看不出它的全貌，但据说当时的设计蕴意传神，寓有多层的含义：在地面上看，它似一把中国老式的将军锁，寓有“南疆锁钥”之意；亦像一块铜铸的盾牌，抵御外敌入侵我国疆域。从空中俯视，城墙建筑布局呈现中国的“中”字，寓为这是中国的领土；又如一把拉开的弩箭，随时准备射向敢于来犯之敌。这些寓意，反映了当时中国军民保卫边疆的坚强意志。

3. 国门与界碑的地理特征

1）自然条件

马关县地形地势西北高，东南低。境内最高海拔2 579米，最低海拔123米。由于海拔高差很大，气候类型跨北热带、南亚热带、中亚热带和北亚热带。低坝河谷炎热，中山浅丘温暖，高山温凉，形成了“一山有四季，十里不同天”的立体气候，具有冬无严寒、夏无酷热、干雨季分明等气候特点。年平均气温16.9℃，总积温6 169℃，年平均降水量1 286.3毫米，历年平均相对湿度都大于或等于80%；年日照时数为1 803.5小时，全年无霜期达327天。

2）资源禀赋

河流属红河流域泸江水系。境内大小河流42条，主要河流有盘龙河、那么果河、响水河、小白河、南浦河、南北河、南江河、大南溪河，河网密度平均每平方千米0.55千米，河川径流量为25.1亿立方米，地下水天然资源流量为63 570万立方米。境内河流水能理论蕴藏量为65万千瓦，现已开发利用22万千瓦。

森林资源：全县林业用地面积160.3万亩，占全县土地面积的39.9%，森林覆盖率33.6%。活立木总蓄积394万立方米，其中，商品林蓄积151.1万立方米，生态公益林蓄积242.9万立方米。

农特产品：农产品主要有稻谷、玉米、麦类、薯类、油菜、甘蔗、三七、茶叶、烤烟、草果、亚麻、石蔛、黄檗等。马关境内草果栽培历史长远，面积广泛，被农业部命名为“中国草果之乡”。境内生物资源得天独厚，中草药植物近600种，经查实的药材植物428种。林木种类繁多，有木属35类，果属44类，竹属17类，被列为国家类保护的珍稀树种达28种。现有杉木林30多万亩，素有“杉木县”称誉。

矿产资源：马关县境内矿产资源丰富，品种多、储量大。位于县城东南部的都龙锡矿是一个超大型多金属矿床，铟储量居全国第一位，锡储量居全国第三位、云南省第二位。都龙锡锌多金属矿被列为云南省的第二锡锌工业基地。全县累计探明的固体矿产种类47种，矿床（点）及矿化（点）达200余处，矿产地质储量1 000多万吨，潜在经济价值1 000亿元以上。全县保有储量及资源量（333级以上）为：铁364.1万吨、锡40万吨、锌460万吨、铜16.4万吨、铅3.0万吨、钨1.5万吨、硫493.5万吨、砷15.3万吨、煤268万吨、硅石40万吨；另有铝、金、银、石英、水晶、冰洲石、金晶石、滑石、石灰石、黏土等多种矿产资源。

3）风土人情

马关县总面积2 676平方千米，辖4乡9镇及1个农场管理会124个村居民委员会1 995个村民小组，境内居住着汉族、壮族、苗族、彝族、傣族、瑶族等11个民族。各民族大杂居、小聚居，民族间相互交往、通婚，民族风俗相差不明显，但在传统节日庆典上略有不同、各具特色。苗族主要有花山节，壮族有二月节和六月节等，彝族主要有火把节，傣族有二月节（也称“过大年”）和六月节，布依族有离娘节和牛王节等，瑶族有盘王节，拉基人有跳掌节等。

4）经济发展

马关县总人口38万人，少数民族人口占总人口的49.8%；具有丰富的热区生物、水能、矿藏、民族文化等资源优势。马关县位于中国—东盟自由贸易区云南区域范围内的前沿，有都龙、金厂、小坝子3个镇与越南直接对接，具有建成云南省面向东南亚开放前沿的区位优势。改革开放以来，尤其是在国家和云南省先后实施西部大开发建设以来，全县国民经济和社会事业持续、快速、健康发展。

4. 口岸相关商贸往来

都龙口岸占据较好的地理优势和区位优势，横向方面可联合已开通的河口及天保口岸形成三点一线的边贸营销网络，纵向方面可从昆明、文山组织大量越南所需商品销往国外，全方位拓展边贸市场。

图6-28　都龙口岸国门全景图

目前，马关县与越南贸易往来不断扩大。从越南进入的商品主要有农林产品，包括中药材、木材、牲畜、皮毛、热带水果等。我方出口的商品主要有小铁农具、日用百货、纺织品、西药、酒类等，多属于轻工业产品类。近年，越方已开始需求摩托车、缝纫机、收录机、柴油机等中档商品及建材、化肥等产品。

（六）河口口岸（图6-29~图6-48）

1. 口岸简介

历史上，河口是我国与越南及其他东南亚国家进行经济文化交流的重要门户和窗口，是“南方丝绸之路”的第二条通道，是昆明—河内—海防经济走廊的“咽喉”。在历史发展的进程中，河口曾几经兴盛衰落、历尽沧桑。河口县城距云南省省会昆明市406千米，距越南首都河内市260千米，距最近的出海口越南北方最大港口海防市360千米，是我国西南进入东南亚、南太平洋地区出海口最便捷的通道之一。

图6-29 河口中越南溪河公路大桥、中越铁路大桥俯瞰图

河口县有铁路口岸、公路口岸2个国家一类开放口岸，3条省级通道和多条民间便道，有滇越铁路、昆河公路、蒙河高速、红河航道与越南相连，距县城不到5平方千米的范围内有3座大桥与越南老街市相

连，有着“县城即口岸，口岸即县城”的特点。河口口岸是云南省中越边境段规模最大、设施最完善、通关最便利的陆路口岸，是云南建设面向南亚、东南亚辐射中心的前沿和窗口。

河口口岸于1897年7月1日开埠通商。1951年春，由公安边防部队和海关抽调人员组成联合检查站对口岸出入境业务进行管理。1952年2月河口边防检查站成立，河口口岸经国务院批准正式定为国家口岸对外开放。1979年1月口岸关闭，1993年6月30日恢复开通。口岸联检机构健全。2016年，河口口岸全年出入境旅客已达377万人次，出入境车辆20.2万人次。

检验检疫机构沿革：1931年5月，芷村、河口铁路沿线伤寒、痢疾、疟疾流行，云南省民政厅令滇越铁路军督局查报，并在河口车站对旅客进行检疫。1939年5月18日，蒙自检疫所河口分所成立，对进出口岸的车辆旅客进行检疫，签发接种证书。1956年7月6日中华人民共和国河口卫生检疫所（前河口卫生检疫局）成立。此后国际风云变幻，中越两国关系中断，人员出入境、贸易、运输停止。随着两国关系正常化的发展和对外开放的扩大，中越河口–老街口岸复通时，河口国境卫生检疫局正式挂牌成立。1965年经批准，全国设立了28个口岸动植物检疫所，中华人民共和国河口动植物检疫所是其中之一，但由于国内外种种原因，没有开展工作。直到1992年1月1日，中华人民共和国河口动植物检疫所恢复成立，并正式挂牌对外办公，属昆明动植物检疫所的分支机构，由昆明动植物检疫所直接管理。1992年1月8日，中华人民共和国河口进出口商品检验局筹建处挂牌成立。1999年，河口进出口商品检验局、河口动植物检疫局、河口国境卫生检疫局合并组建成立了中华人民共和国河口出入境检验检疫局，于当年11月30日正式挂牌对外办公。

图6-30　河口中越边民贸易景象

20世纪80年代末，边境上居民已经开始了往来。越南边民划竹筏、乘木船渡过红河、南溪河进入河口探亲访友，并携带一定数量的农副产品和土特产到集市上交易，又购买中国的日用百货出境。每天入境的越南边民多时达三千多人

图6-31　20世纪90年代初河口码头上的渡船

图6-32 2017年河口口岸监管查验

2. 国门与界碑的历史沿革

河口的两个国家一类开放口岸，有3座大桥与越南相连，分别是中越铁路大桥、中越南溪河公路大桥、中越红河公路大桥。两座公路大桥上兀立着庄严肃穆的国门。

中越铁路大桥位于河口县南溪河与红河交接处西北端，与越南老街市相连，始建于1903年，1910年建成通车；为混凝土、钢架结构的铁路、公路两用桥。桥长140米，大桥以中轴线为界，越段长69米，中段长71米。由于历史原因，先后于1940年9月10日、1947年7月12日、1979年2月17日三次被毁，三次修复通车。

图6-33 与越南相连的滇越铁路

河口中越南溪河公路大桥位于滇越铁路河口段中越铁路大桥旁，横跨中越南溪河界河，1999年9月开工建设，2000年7月16日竣工，2001年1月8日投入使用。大桥为四孔3组双墩台钢筋混凝土梁式桥，引道工程全长640米。中国河口–越南老街南溪河公路大桥正式通车后，20世纪初建成的中越铁路大桥也从此告别铁路、公路混用的历史，所有的人员出入境和相当部分的物资运输都通过这座公路大桥进行，减轻了中越铁路大桥的压力，缓解了中越两国出入境交通拥挤状况，促进了两国经贸、旅游等事业的进一步发展。矗立在该桥上的国门呈上窄下宽的“H”形，取自河口拼音中“河”字的声母，通体白色，线条流畅，国门上悬挂有国徽，国徽下标有“中国河口”四个红字，简洁大方。

图6-34 南溪河公路大桥国门

中越红河公路大桥南连越南老街市金城商贸区、北接云南省河口瑶族自治县北山开发区东端，与云南昆明至河口高速公路相连接，从云南昆明至越南首都河内，车辆正常行驶时间约为13个小时。这是中越两国继共建中越铁路大桥、中越南溪河公路大桥后的再一次交通合作，它与中越铁路大桥、中越南溪河公路大桥共同构成连接中越两国的重要贸易通道。2006年破土动工，全长295米，总宽度21.5米，中越双方境内桥长各147.5米，引道线长607米，路基宽30米，桥面为双向四车道，大桥为五跨一联的单体双室预应力连续刚构桥，以河中线为界双方各自修建一半，大桥总投资为6 440万元，2009年9月1日竣工通车。国门与大桥同时修建完工，国徽镶嵌其中，国门上方立有“中国河口口岸”六个红色大字，经河口口岸8吨以上的货车由此通行。

图6-35　建设中的中越红河公路大桥

中越联合勘界列碑工作启于2000年，历经十载始完成全部任务。中越陆地边境西起云南江城县十层大山中国-越南-老挝三国交界点，东至广西北仑河入海口。界碑由0号起自西向东依次编号，陆界单立碑，河界同号双立碑，河流交汇处同号三立碑。

图6-36　中越红河公路大桥国门

河口口岸界碑主要有以下几个。

102（1）号界碑立于2002年7月13日，为南溪河同号双立（1）

号碑，位于南溪河中方河岸上，在中国河口口岸至越南老街口岸公路桥西南侧，距离中越南溪河公路大桥不足百米，界碑为镶嵌国徽的大型花岗岩界碑，高88.65厘米，地理坐标为东经103° 57′49″，北纬22°30′26″。

图6-37 102（1）号界碑

92（3）号界碑位于龙博河与红河交汇处的中方河岸上，界碑为中型花岗岩界碑，高120.48厘米，地理坐标为东经103°38′46″，北纬22° 47′45″。

图6-38 92（3）号界碑

93（1）号界碑位于红河中方河岸上，界碑为中型花岗岩界碑，高126.29厘米，地理坐标为东经103°40′15″，北纬22°46′0″。

图6-39　93（1）号界碑

96（1）号界碑位于红河中方河岸上，界碑为中型花岗岩界碑，高95.94厘米，地理坐标为东经103°48′48″，北纬22°38′25″。

图6-40　96（1）号界碑

99（1）号界碑位于红河中方河岸上，界碑为中型花岗岩界碑，高88.81厘米，地理坐标为东经103°55′57″，北纬22°31′43″。

100（1）号界碑位于红河中方河岸上，界碑为中型花岗岩界碑，高88.31厘米，地理坐标为东经103°57′0″，北纬22°30′58″。

图6-41　100（1）号界碑

101（1）号界碑位于红河与南溪河交汇处的中方河岸上，界碑为小型花岗岩界碑，高88.02厘米，地理坐标为东经103°57′48″，北纬22°30′25″。

图6-42 101（1）号界碑

105（1）号界碑位于南溪河中方河岸上，界碑为中型花岗岩界碑，高86.63厘米，地理坐标为东经104°0′24″，北纬22°31′0″。

图6-43 105（1）号界碑

107（1）号界碑位于坝吉河中方河岸上，界碑为中型花岗岩界碑，高114.43厘米，地理坐标为东经104°0′53″，北纬22°34′0″。

图6-44 107（1）号界碑

108（1）号界碑位于坝吉河中方河岸上，界碑为中型花岗岩界碑，高134.80厘米，地理坐标为东经104°0′50″，北纬22°35′35″。

图6-45 108（1）号界碑

110（1）号界碑位于坝吉河中方河岸上，界碑为中型花岗岩界碑，高135.41厘米，地理坐标为东经104°01′13″，北纬22°36′11″。

图6-46 110（1）号界碑

111（1）号界碑位于坝吉河与无名河交汇处的中方河岸上，界碑为中型花岗岩界碑，高144.99厘米，地理坐标为东经104°01′29″，北纬22°37′03″。

图6-47 111（1）号界碑

145（1）号界碑位于中国老卡至越南猛康公路东侧小山顶上，界碑为单立中型花岗岩界碑，高120.41厘米，地理坐标为东经104°07′52″，北纬22°48′41″。

图6-48 145（1）号界碑

3. 国门与界碑的地理特征

1）自然条件

国门位于河口县城内，河口县城海拔100米，南端红河与南溪河交汇处海拔仅76.4米，是云南省地形的最低点。南溪河两岸为原始热带沟谷雨林景观，由于海拔低、气候炎热、雨量充沛，森林资源得天独厚，动植物资源和物产丰富、种类繁多，尤以江河、溶洞景观、瑶族风情著称。现辟建南溪河省级风景区，因其地处红河与南溪河交汇口，故此得名。河口瑶族自治县位于红河哈尼族彝族自治州东南端，东经103°23′~104°17′，北纬22°30′~23°02′。南北纵距57.5千米，东西横距90.75千米。东北与文山壮族苗族自治州马关县接壤，西隔红河与金平苗族瑶族傣族自治县相望，北靠屏边苗族自治县，南与越南老街市相邻，国境线长193千米。河口瑶族自治县地势呈阶梯状，北高南低，渐向东南倾斜，以县城河口镇为中心，沿红河、南溪河向东北、西北方向作扇形扩散。河口县城与越南的老街市隔河相望。它是云南的南大门，也是我国的边陲重镇之一。

气候特征：河口瑶族自治县最低海拔76.4米，最高海拔2 354.1米，属热带季风雨林温热型气候。由于自然地理原因，境内气候迥异。最高气温达46℃，夏日长，湿度大，雨量充沛。

2）资源禀赋

动植物资源：河口瑶族自治县森林资源得天独厚，南溪河两岸都是热带原始沟谷雨林景观，动植物资源种类繁多，截至2010年，河口瑶族自治县有国家珍稀濒危植物金花茶、树蕨、东京木、长蕊木兰、小叶船板树等，有珍稀濒危动物懒猴、巨蟒、蜥蜴等。鳖和黄鱼是红河的特产。在县内高山地区，森林密布，生长着云杉、柚木、美丽木等名贵木材和虎、豹、熊、鹿、白鹇、金丝猴等珍禽异兽。在河谷地带，既有一年两熟的水稻和玉米、黄豆、花生等农作物，又有橡胶、胡椒、肉桂、香蕉、菠萝等经济林木和水果。以盛产橡胶闻名全国的国有农场即建于此。

矿产资源：河口瑶族自治县矿产资源有金、铜、铁、锡、铝、锑、钛、汉白玉石、大理石、矽线石、石墨、云母、土石等。经初步探明非金属矿大理石储量达1.8亿多吨，矽线石为我国江南地区储量最大、品位最高。

4. 口岸相关商贸往来

随着140千米的昆明—河口高速公路的贯通，国道GZ40呼和浩特—成都—昆明—河口公路这一国家动脉线也实现高等级化，成为云南南部主要经济干线，我国通往越南及其他东南亚国家的重要国际通道越来越通畅。特别是随着越南第一条国内高速公路——老街至河内的高速公路建成通车，中越两国致力建设的“昆明—老街—河内—海防—广宁”经济走廊便捷通道进一步打通，双方边贸往来越来越旺盛，旅游发展与人文交往日渐频繁。作为滇越铁路、昆河高速和红河航道的重要枢纽，河口口岸不仅有便捷的陆运通道，还是中越铁路的重要连接点。泛亚铁路东线自昆明经河内至新加坡全长5 450千米，中国境内自昆明向南经玉溪、蒙自至河口段全长377千米。目前泛亚铁路东线国内段已全线贯通，蒙河铁路河口火车北站已开通，中越边境口岸河口接入了全国准轨铁路网，形成云南第一条沟通联系东南亚的国际铁路大通道。

（七）猴桥口岸（图6-49~图6-50）

1. 口岸简介

猴桥口岸位于云南省腾冲市猴桥镇猴桥村，东邻滇滩、固东、马站三乡镇，西与盈江县盏西镇、支那乡毗邻，西北与缅甸联邦山水相连。猴桥口岸是国家一类对外开放口岸，是著名的史迪威公路通往中印半岛的要冲，是西南丝绸之路的必经之地，是云南桥头堡战略的前沿阵地之一。随着保山市猴桥边境经济合作区的入驻，腾冲至猴桥高速公路、铁路及境外密班公路（印度班哨至缅甸密支那）和滇西边境物流中心规划项目的建设，猴桥正逐步成为中国通向南亚、东南亚最便捷的国际大通道的重要节点，在国家“一带一路”建设中的条件和优势逐步凸显。猴桥口岸为陆路口岸，腾密（腾冲—密支那）公路从这里通往缅甸，有大量的人员、车辆和货物从这里出入境，且每年客货流量都在不断增加。近年来，口岸年均出入境人员流量达38.7万人次，出入境交通工具达10.5万辆，货运总量达50.9万吨，货运总值达6.1亿元。

（a）猴桥口岸远景

（b）猴桥口岸近景

图6-49 猴桥口岸

2. 国门与界碑的历史沿革

猴桥原称古永，原名“古勇”，有“古道勇行”之意。《永昌府文征》和《腾越厅志》记载，猴桥早在西汉即有古道，由此西通缅甸至天竺（今印度）；南诏时，曾设“古勇关”，为腾冲市四古关之一；元时曾立古勇县制，明万历年间设古勇隘，并相继设立29卡，由杨姓任世袭土把总，率兵防守；清时继设古勇隘，并立古勇练。猴桥是西南古丝绸之路的必经之地，是著名的史迪威公路从中国通往印度的最后驿站和“咽喉”，抗日战争时期，这里是国际援助的重要入口，是支撑中华民族保家卫国的运输“生命线”。

1985年4月，腾冲按云南省人民政府的规定，开始进行边境贸易。1990年9月，国务院批准腾冲为对外开放边境县。1991年7月，猴桥被批准为国家二类（省级）口岸。1997年9月，《中华人民共和国政府和缅甸联邦政府关于中缅边境管理与合作的协定》正式生效，明确中方猴桥与缅方甘拜地设置对等口岸。2000年4月，国务院下发国函〔2000〕30号《国务院关于同意云南腾冲猴桥口岸对外开放的批复》，正式批准猴桥为国家一类口岸。同年5月，腾冲县成立了腾冲县猴桥口岸检查设施建设与管理领导小组，选定了口岸联检设施建设地点。2002年1月，口岸海关、检验检疫部门、边防检查等联检部门正式驻点办公。2003年1月，通过国家验收，并正式宣布对外开放。随着口岸的发展，为完善基础设施建设，推进通关便利化，依据《海关总署办公厅关于云南猴桥口岸迁建问题的复函》（署办函〔2009〕600号）文件精神，选址迁建口岸联检楼和查验货场。2011年5月开工，2013年2月顺利竣工验收，腾冲猴桥口岸顺利转场至黑泥塘联检楼。

中华人民共和国成立后，中共中央、国务院对中缅边界问题十分重视，1954~1960年，中缅两国政府就解决边界问题进行了多次磋商。1960年1月24~29日，缅甸总理吴努来中国访问期间，与周恩来总理签订了《中华人民共和国政府和缅甸联邦政府关于两国边界问题的协定》。1960年6月27日~7月5日，中缅边界联合委员会在缅都仰光举行第一次会议，中、缅首席代表分别是姚仲明和昂季。会议就联合委员会的工作程序、具体任务及联合勘察队、调查小组组织等问题达成了协议，并决定勘察队和调查小组从1960年7月开始野外工作。中缅边界腾冲段的勘察队为第一队第一、二组，第三队第一组。第一队的一、二组中缅双方人员，于1960年7月26日分别在指定地点会合上界工作，于1961年2月底完成全部勘察、竖桩工作；第三队第一组中缅双方人员，于1960年11月24日会合上界工作，至1961年4月2日结束下界勘划、竖桩工作。经过划定国界，腾冲段国境线148.075 1千米。其中，属猴桥地段国境线长72.8千米，南4号界碑位于黑泥塘山口，距南3号界碑4.32千米。1993年4月，随着腾冲至密支那公路的重新开通，中共保山地委、保山地区行政公署在这里建了一座中缅友谊碑。自中缅两国定界竖碑以来，中国人民解放军地方驻军每年检查界碑两次，有力地保障了我国国防安全，维护了边疆的安全和稳定。

图6-50 猴桥口岸界碑

3. 国门与界碑的地理特征

1）自然条件

国门位于猴桥镇黑泥塘村，离腾冲市区72千米，距猴桥集镇20千米，距缅甸甘拜地8千米，距国境线5.1千米。与缅甸山水相连，国境线长72.8千米，是西南丝绸之路的必经之地和国家“一带一路”倡议的重要节点，也是著名的史迪威公路通往中印半岛的要冲和最后一站，从猴桥经缅甸密支那南下可进入八莫、腊戌、曼德勒、仰光，北上可至欣贝洋、邦哨、抵达印度雷多。猴桥属亚热带气候，但也具有明显的温带特征，年平均气温13.7℃，最高气温30.8℃，最低气温-7.3℃；多雨多雾是猴桥的一大特点，年降水量1 800~2 000毫米，全年仅6~9月雾日较少；年日照总时数较腾冲县中部地区少700~800小时，仅1 400~1 500小时；有霜期130~170天；气象灾害有洪涝、冷害、倒春寒、晚霜冻和冰雹。

2）民族文化

2016年末，猴桥镇共有傈僳族1 182户5 084人，占总人口的17.6%；占腾冲市傈僳族人口的1/3。猴桥镇傈僳族主要从怒江流域南迁而来，在长期的发展中，既承续了怒江傈僳族的传统文化，又形成了自己的文化特点，成为傈僳族的一个分支。

3）资源禀赋

水能资源：猴桥特殊的自然地理特征和地质条件，是影响这一地区降水、蒸发、渗漏、地表和地下径流变异的主导因素，使这里拥有丰富的水资源、水能资源和地热资源。按照水文地质分区，猴桥属于花岗岩、变质岩富水区［补给量为25.0~28.4升/（秒·千米^2）］。分布于大盈江、槟榔江之间的分水岭和沿中缅国界的分水岭地区，水资源径流深在2 000毫米左右。

境内的水资源以地表径流和地下径流的形式存在，均以降水为补给来源。集水面积1 086平方千米，年均降水量2 592毫米，年降水总量最高为30.23亿立方米，最低为23.02亿立方米，平均27.73亿立方米。地表径流有槟榔江水系，其径流面积包括猴桥全境，年产水量19.63亿立方米，最大流量每秒1 690立方米，最枯流量每秒14立方米。由于地质构造复杂，多断层断裂带，猴桥的地下水也很丰富，径流分布面广，平均年地下水深571毫米，平均年地下水总量6.11亿立方米。根据专业部门对水质的化学检测、分析，当地水质为一级。

境内以槟榔江水系为主，有古永河、轮马河、胆扎河等9条支流，水能蕴藏量约85万千瓦，水能资源开发是全镇工业发展的主导产业，猴桥建有装机容量59.08万千瓦的苏家河、松山河、大岔河、永兴河电站，装机容量7.2万千瓦的槟榔江三岔河水电站也已建成发电，全镇装机容量达66万千瓦，年发电量40亿千瓦时以上。三岔河流域目前建设开发了苏家河水库、三岔河水库两个大中型水库。

植物资源：猴桥镇植被类型分为亚热带湿性常绿阔叶林、亚热带针叶林、亚热带灌丛、亚热带草地、亚热带沼泽。其中，亚热带湿性常绿阔叶林植被有桑科、五加科、大鞍科、豆科、槽科、标科、芭蕉科等。亚热带针叶林植被主要有云南松、华山松、云南铁杉等。亚热带灌丛植被有杜鹃、南烛等。亚热带草地植被有禾本科、沙草科、百合科等科属的各种草类。

动物资源：猴桥镇兽类有孟加拉虎、鹿、野猪、刺猬、山驴、黄鼠狼、果子狸、野兔、老鼠、竹鼠、熊、猴、松鼠、水猢、穿山甲等。鸟类有莺莺、黄鸭、麻鸭等数十种。水生动物有白鱼、花鱼、昂丝鱼、鲤鱼、石棍子、泥鳅、虾、蟹、蚌、黄鳝、田螺等。蛙类有青蛙、青鸡、田鸡、癞蛤蟆等。昆虫类、蛇类等动物资源十分丰富。

矿产资源：猴桥矿产资源丰富，目前已探明的矿产资源有金、铁、锡、银、黑钨等多种金属矿种，以及硅、硝、石灰石、硫铁矿、琥珀、花岗岩等非金属矿种，尤其是硅矿储量也十分丰富，品质优良，具有较大开采价值。

4）交通条件

公路：1965年以来，腾冲市区至黑泥塘南4号界碑被废弃的中印公路路段经过几次整修改筑，如今已可畅通机动车辆。1991年修通了南4号界碑至缅甸昔董全长86千米的公路。2005年1月，腾冲—密支那二级柏油路的改造工程正式开工，全线长180余千米，接入缅甸国家公路、铁路、航空运输网。2007年4月，腾密公路南4号界碑至缅甸瓦晓97千米的二级柏油路工程正式竣工通车。

铁路：保山（芒市）至腾冲（猴桥）铁路已被列入了《国家中长期铁路网规划（2008年调整）》及《云南省“十二五”及中长期铁路网发展规划》“八出省，四出境”铁路网出境通道之一，它也是中缅印国际铁路通道的重要组成部分。

4. 口岸相关商贸往来

在边境贸易上，猴桥从1981年开始开放边民小额贸易互市点。随着腾冲海关和猴桥国家级口岸的设立、腾密公路的开通，猴桥口岸边境贸易日益兴盛。

（八）金水河口岸（图6-51~图6-55）

1. 口岸简介

1）地理位置及接壤情况

金水河口岸（又称那发口岸）位于云南省红河哈尼族彝族自治州金平县金水河镇（212省道南终点），地处金水河、藤条河交汇处，与越南莱州省封土县马鹿塘口岸相对接，东、南、西三面临藤条河、藤条江，是国家西南边境战略安全节点的重要组成部分、云南省主要对越陆上通道和红河哈尼族彝族自治州对越开放口岸重要桥头堡之一，是我国与越南北部莱州省接壤的唯一陆路口岸和通向东南亚的重要通道。口岸距金平县城33千米，距越南封土县城18千米，距越南莱州省莱州市51千米，距越南奠边省奠边府市195千米，距老挝丰沙里省勐迈县270余千米。金水河口岸是通向越南莱州、奠边府、河内等重要城市及进入老挝边境地区的重要口岸；地跨东经102°57′~103°01′，北纬22°26′~22°45′，西接勐拉乡，北与金河镇相连，东、南邻越南封土县、清河县。金水河口岸同为金水河镇人民政府驻地，海拔301米。

2）设立时间

清光绪二十三年（1897年），金水河镇属河口副督办一等讯辖地，民国初设那发对汛。1948年改设那发分署。1954年12月17日，在勐拉乡那黄街设立口岸与越南马鹿塘口岸对接。1955年8月，金水河口岸住所迁至现址。1963年3月16日，中越政府批准建立金水河–

（a）建设初期的金水河口岸全景（1995年）

（b）建设完成后的金水河口岸全景

图6-51 金水河口岸

马鹿塘边境小额贸易口岸。1970年那发口岸改称金水河口岸。1979年初因边境冲突关闭，1990年10月27日恢复。1993年2月，国务院批准金水河口岸为国家级对外贸易口岸，1993年11月10日复通。

图6-52　金水河口岸复通典礼现场（1993年）

3）战略地位

金水河口岸是国家战略安全的重要组成部分。在中越人民共同抗击外敌入侵战争中，金水河口岸以其十分重要的战略口岸经济通道区位，凸显出了不可替代的地缘优势，成为中越两国人民世代往来的重要通道。援越抗美期间，金水河口岸成为主要陆上通道之一，是闻名于世的“胡志明小道”的最北起点。

4）检验检疫机构基本情况

1993年8月21日，根据中华人民共和国动植物检疫总所《关于同意成立中华人民共和国金平动植物检疫局》的批复，金平动植物检疫局挂牌成立；10月12日，进驻口岸开展进出境人员、货物、车辆的动植物检疫工作。1993年10月30日，红河进出口商品检验局金平办事处挂牌成立，进驻口岸开展进出口商品检验工作。1995年12月，金平卫生检疫局挂牌成立，进驻口岸开展进出境人员、货物、车辆的卫生检疫工作。1999年，红河进出口商品检验局、金平动植物检疫局、金平卫生检疫局合并成立红河出入境检验检疫局，下设红河出入境检验检疫局金平办事处，于11月30日挂牌，负责金水河口岸的出入境检验检疫工作。

（a）建设中的金水河口岸联检楼（2004年）

（b）投入使用的金水河口岸联检楼（2006年）

图6-53　金水河口岸联检楼

2. 国门与界碑的历史沿革

金水河口岸没有单独的国门，1965年中越友谊桥建成通车，边防部队在友谊桥头设立检查室暨国门，1979年因边境冲突口岸关闭，友谊桥越方一侧被炸断，1992年修复。2006年7月1日，金水河口岸联检大楼投入使用，口岸国门与联检楼为一体。

（a）修复前的金水河口岸友谊桥（1992年）

（b）修复后的金水河口岸友谊桥（1992年）

（c）金水河口岸友谊桥远景（2016年）

图6-54　金水河口岸友谊桥

2002年中越两国政府实施联合勘界，从2002年9月第一个界碑（金水河口岸66号界碑）建立开始，进入中越联合勘界阶段，联合勘界工作一直持续到2008年底结束。66（1）号界碑位于藤条河中方河岸上，在中国金水河口岸至越南马鹿塘口岸友谊桥西北侧，为镶嵌国徽大型同号双立界碑，用花岗岩制成。2002年9月2日，双方在中国金水河口岸隆重举行了66号界碑立碑揭幕仪式。

图6-55　金水河口岸66（1）号界碑

3. 国门与界碑的地理特征

1）人口和民族

金平县总人口约37.56万，农村人口占94%，少数民族人口占87.6%；世居着苗族、瑶族、傣族、哈尼族、彝族、汉族、壮族、拉祜族、布朗族等9个民族。金水河口岸常住人口仅300人左右，流动人口约2 000人。

2）交通条件

2012年2月1日建成蛮耗至金水河口岸93千米的二级公路，2017年新建蛮耗至金平县城56千米高速公路，预计2020年建成通车。

3）资源禀赋

植物资源：金平县有高等植物233科913种，还有不少第三纪植物的残遗种和特有种存在，如原始莲座蕨、树蕨、马尾树等。植被类型主要为季风常绿阔叶林、山地苔藓常绿阔叶林和山地苔藓矮林，组成树种为壳斗科、木兰科、樟科、山茶科、槭科、冬青科、杜英科、安息香科、金缕梅科、五加科、桦木科的各类属种。海拔800米以下的热带地区可种植各种热带经济林果，如橡胶、柚木、龙眼、荔枝、腰果、杧果、柚子、香蕉、甘蔗、咖啡等；海拔800米以上地区可种植茶叶、草果、八角、花椒、核桃、杉木等。季风常绿阔叶林带分布于海拔1 000~1 700米，主要树种为壳斗科、山茶科、樟科等的石栎属、青冈属、木荷属、樟属、润楠属、木莲属的常绿种类，还有少量的落叶树种，如水青冈、马尾树等，林下灌木发达。海拔1 600米以上地区植被类型为山地苔藓常绿阔叶林，盛产草果和多种药材。复杂的地形和立体气候构成纷繁复杂的生态系统。金平分水岭自然保护区内有多种野生茶树，主要分布在海拔1 500~2 300米的地域内，数量众多，大小不一，属国家二类保护植物。其中较为古老的是生长在金河镇永平村背后原始森林中的一棵野生茶树，据专家鉴定已有500多年的树龄。

境内有国家一类保护植物桫椤，二类保护植物福建柏、长蕊木兰、马尾树、鹅掌楸、木瓜红、原始莲座蕨，三类保护植物鸡毛松、大果木莲、红花木莲、大叶木莲、千果榄仁等。

动物资源：动物组成多亚热带、热带成分。常见兽类有灵长目、食肉目、偶蹄目、兔形目、啮齿目等。常见鸟类有画眉亚科、杜鹃亚科、文鸟科、黄鹂科、秧鸡科。兽类9目29科124种，两栖爬行类91种，鸟类330种。兽类中，有32种属于珍稀濒危种；两栖爬行类中，属于国家重点保护的有8种；鸟类中，被列为国家重点保护的有58种。国家一类保护动物有黑长臂猿、蜂猴、孔雀雉、巨蜥、蟒；国家二类保护动物有穿山甲、黑熊、水鹿、大灵猫、白鹇等。

矿产资源：金平县已探明的矿藏有镍、金、铜、铁、锡、铅、锌等7大类38个矿种。金平黄金储量丰富，已探明的储量达25.1吨。金平黄金开采历史悠久，在清末就开始采金，所产黄金成色好，有“滇金之王”的美称。

4. 口岸相关商贸往来

金水河口岸的边境贸易以进口商品为主，出口商品仅有少量石膏石、石棉瓦、水泥、瓷砖、日用百货、饲料等；进口商品主要为木薯、干坚果、冰冻或干水产品、水果及少量的中药材。木薯有干或鲜木薯；干坚果主要有开心果、杏仁、夏威夷果、榛子、核桃、无花果、碧根果；水产品主要有干鱼皮、鱼翅、鱼骨、螺肉、海参、鱿鱼、冰冻虾、冰冻螃蟹、冰冻杂鱼、冰冻扇贝等；水果主要有葡萄、柚子、橙子、石榴、杧果、荔枝、柑橘、柠檬等；中药材有薏仁、良姜、百部、小白芨、水麻皮等。

（九）勐康口岸（图6-56~图6-58）

1. 口岸简介

江城哈尼族彝族自治县（简称江城县）位于云南省南部，素有“一城连三国”的美称，因李仙江、勐野江、曼老江三江环绕而得名。全县土地面积3 544.38平方千米，下设5镇、2乡、51个村（社区）民委员会、546个村民小组，有24个民族12.78万人。县城所在地勐烈镇，海拔1 119米，距普洱市人民政府驻地思茅区153千米。与老挝、越南两国接壤，国境线长达183千米，其中中老段116千米，中越段67千米；辖区的边境线上共有49块界碑（桩），其中在中国、老挝、越南三国交界的地方，设有标志物中老1~9号26块界碑、中越1~17号23块界碑。县内拥有1个国家级一类陆路口岸——勐康口岸，3个边境通道——中越龙富陆路通道、中老牛洛河陆路通道及中老漫滩陆路通道，是普洱对外开放的窗口。

勐康口岸坐落在中老边境线7号界碑中方一侧，在江城县境内，距县城35千米，距离普洱市126千米，距离昆明444千米。2005年8月，江城县启动勐康口岸项目前期建设工作；2007年6月19日，勐康口岸经济区总体规划通过省级批复；2008年7月，勐康口岸正式开工建设；2011年7月24日，国务院以《国务院关于同意云南勐康口岸对外开放的批复》（国函〔2011〕88号）批复同意勐康口岸对外开放，待通过省级、国家级功能验收后再正式开放，口岸性质为双边公路客货运输口岸；2013年勐康口岸顺利通过省级、国家级口岸功能验收，于2013年12月28日正式实现对外开放。目前设有正处级海关、出入境检验检疫局和团级建制的边防检查机构。江城出入境检验检疫局于2014年1月正式对外开展工作，全体干部职工在勐康口岸工作、生活。

图6-56 勐康口岸7号界碑

图6-57 勐康口岸检验检疫综合业务用房及倒班宿舍

老挝与勐康口岸相邻的县是丰沙里省约乌县。丰沙里省是老挝最北部的省份，西、北邻中国云南，东邻越南；首府丰沙里市，距首都万象830千米，全省共7个县。丰沙里省地处云贵高原以南延伸部分，面积1.62万平方千米，人口约20万。与勐康口岸对接的是老挝兰堆国际口岸（允许第三国人员和货物出入境），距中老7号界碑400余米，距老挝约乌县约52千米。口岸主管部门为丰沙里省公安厅和财政厅，现设有海关（由北部四省片区海关监管，设在南塔省）、公安（丰沙里省公安厅直管）、检验检疫（丰沙里省农业厅直管）三个监管部门，履行出入境人员、货物的安全检查、检验检疫、证件办理等职能。

2. 国门与界碑的历史沿革

国门设有含出境车辆通道、出境人员通道、入境车辆通道和入境人员通道四个大功能的联检楼，这是口岸“一关两检”的主要工作点之一。国门于2008年勐康口岸开工建设时同步建设，2013年正式投入使用。国门前后上方正中挂有国徽，上有中文“中国勐康口岸”和英文“China Meng Kang Port”字样。

（a）勐康口岸国门近景

（b）勐康口岸国门远景

图6-58 勐康口岸国门

位于勐康口岸和老挝兰堆口岸之间的就是中老7号界碑。1895年，清朝政府与法国殖民主义者签订《续议界务专条附章》，划定了当时为滇越边界一部分的中老边界，并于次年勘界立碑。但由于当时技术条件的限制，个别边界地段地图标绘不一致，后来双方对中老边界个别地段的认识产生了分歧。

中华人民共和国成立后，中老双方尊重历史形成的边界，维护了边界的稳定。20世纪80年代末中老两国关系正常化以后，两国着手解决边界问题。1989年，两国政府签订《中华人民共和国政府和老挝人民民主共和国政府关于处理两国边境事务的临时协定》，规定在重新划界之前，双方维持边界现状不变。从1990年9月至1991年9月，双方就边界问题进行了三轮谈判。双方在1897年中法界约的基础上，根据公认的国际法准则和国际惯例，并结合实际情况，经友好协商和共同努力，最终就所有问题达成一致。1991年10月24日，中老两国签订边界条约。

1992年1~8月，中老双方进行了勘界工作。在中老边境全线共竖立45号47块界碑（桩）。1993年1月31日，两国政府签订边界议定书。之后，在2004年对中老7号界碑进行了更换；2011年，按照2010年中老双方达成的协议，将中老边境线的界碑换为整体花岗岩材质界碑。

3. 国门与界碑的地理特征

勐康口岸坐落在中老边境线7号界碑中方一侧，距江城县城约36千米，距普洱市约126千米，距昆明444千米；距老挝约乌县约52千米。周边国内和国外的自然资源都保护完好。江城县的特点，可以用区位独特、生态优渥、文化绚丽、资源丰富来概括。

一是区位独特。地处中国、老挝、越南三国交界的地方，同时还是普洱、红河、西双版纳三个州市的结合部，并与绿春县、勐腊县、景洪市、思茅区、宁洱县、墨江县接壤，具有“一城连三国”“一县接三州市六县（区）”的独特区位优势。

二是生态优渥。全县99.6%的区域是山地，森林覆盖率达68%，生长着桫椤、大树花生、柏木、黄扬木、花皮木等33种国家级保护植物，有香八角、野三七、白豆蔻、砂仁、黄草等1 000多种野生药材，有苦竹、甜竹、黄竹、白竹、大藤条、小藤条等10多种竹藤植物，有三丫果、杨梅、千天果、橄榄、山茶花、冬凤兰、竹叶兰等30多种野生水果和花卉，是大象、熊、猴、麂子、白鹇、穿山甲、蟒蛇等200多种珍稀动物的天堂。三江环绕，三十条河流纵横，气候宜人，空气洁净，负氧离子含量丰富，最高达每立方厘米21 800个，被称为"天然氧吧"。

三是文化绚丽。三国交界的十层大山、李仙江畔的亚热带雨林、狮子岩大山的奇峰异石、曲水镇的万亩胶园、牛洛河的万亩茶园，令人心旷神怡；哈尼族的"哈尼年节"、彝族的"火把节"和"丢包节"、傣族的"泼水节"、瑶族的"盘王节"等，热闹非凡，令人流连忘返；跳笙、嘎尼尼、阿迷车、虎脊舞、孔雀舞、祭祀舞等民间艺术，令人目不暇接。

以上三个特点共同形成了江城特有的"三神文化"，即神圣的国门文化、神奇的生态文化、神秘的民族文化。

四是资源丰富。境内土地面积514.31万亩，其中热区面积505.57万亩，占土地总面积的98.3%；人均土地面积达42.32亩，热区面积和人均土地面积居普洱市首位。澜沧江和红河两大水系纵贯江城，水资源量达40.98亿立方米，水能蕴藏量达302万千瓦。县内宝藏镇拥有我国唯一的可溶性古钾盐矿床，探明氯化钾储量达2 000多万吨，岩盐储量达22.3亿吨。还蕴含铜、铅、钨、锌、煤、石膏、石灰石、石棉等多种金属和非金属矿产。

4. 口岸相关商贸往来

勐康口岸于2011年7月24日正式对外开放，在口岸正式对外开放前，作为中老人员、边民货物进出的通道，相关的出入境检验检疫工作一直由普洱出入境检验检疫局承担。勐康口岸获批成立后，国家质量监督检验检疫总局于2011年9月28日批准设立江城出入境检验检疫局；2011年11月，云南出入境检验检疫局成立领导小组，开始筹建江城出入境检验检疫局。2014年1月1日，江城出入境检验检疫局正式开展工作。

目前，江城县属外贸企业备案登记28家，其中能够正常开展外经贸业务的有12家，有8家外经贸企业在老挝北部地区从事矿业开采，替代种植等外经贸合作项目。通过几年来的努力，境外罂粟替代种植企业在老挝北部地区、丰沙里省区域内，已开发种植橡胶、水稻、玉米、甘蔗、茶叶、咖啡、香蕉等农作物，从勐康口岸进境的货物逐年增加。

（十）孟连口岸（图6-59~图6-65）

1. 口岸简介

1）孟连县

孟连县位于云南省西南部，东和东北部与澜沧县接壤，西北部与西盟佤族自治县毗邻，西部和南部与缅甸交界。孟连，系傣语谐音，意为“寻找到的一个好地方”，素有“边地绿宝石”“龙血树故乡”的美誉。全县土地面积1 893.42平方千米，国境线长133.399千米，山区面积占全县总面积的98%。辖2乡、4镇、39个村委会、3个居委会、611个村民小组，总人口14.2万。

2）口岸设立时间

孟连口岸于1991年被云南省人民政府批准为以县城为中心的省级口岸，后被国家口岸办定为国家二类开放口岸；2006年被列入国家“十一五”口岸发展规划建设，原二类口岸转新开口岸建设；2007年12月实现移址通关。

地理位置：孟连口岸位于普洱市孟连县，距省会昆明690千米，距普洱市230千米。有经省政府批准的6条陆路通道通往缅甸，其中有出境公路指定通道2条，即勐阿通道和芒信通道。孟连口岸勐阿通道位于云南省西南边陲孟连县勐马镇勐阿村陇海小组，距孟连县城51千米，与缅甸掸邦第二特区（佤邦）首府所在地邦康市仅“一江之隔”，是云南省重点通道之一，是普洱市进出口贸易量最大的通道，是中缅两国交往的主要通道，也是我国通往东南亚各国的主要陆路通道之一。孟连口岸芒信通道距孟连县城31千米，位于孟连县芒信镇芒信村。

（a）孟连口岸勐阿通道国门（2008年）

（b）孟连口岸勐阿通道国门（2017年）

图6-59 孟连口岸勐阿通道国门

图6-60　孟连口岸勐阿老通道（2002年）

图6-61　孟连口岸勐阿通道查验点办公楼（2017年）

图6-62　孟连口岸芒信通道国门

图6-63　孟连口岸联检楼

3）接壤情况

孟连口岸勐阿通道与缅甸掸邦第二特区（佤邦）接壤，县城经勐阿通道至缅甸曼德勒586千米；孟连口岸芒信通道与缅甸掸邦第二特区（佤邦）勐波县贺岛区接壤，县城经芒信通道至缅甸大其力360千米，到泰国清莱府415千米，或由景栋西行至仰光1 347千米。

4）区位优势

孟连是我国边地历史上著名的“茶盐古道”之一，1991年被云南省政府批准为以县城为中心的国家二类口岸，是云南省通往缅甸、泰国等东南亚国家的重要门户。孟连口岸勐阿通道是孟连口岸6个通道中最具规模的一条通道，地处南马河与南卡江的交汇处，以南卡江为界，江东岸为中国，江西岸为缅甸，与缅甸掸邦第二特区（佤邦）首府所在地邦康市隔江相望。江边历来设有渡口，用古老的木船摆渡，以供边民往来，是中缅边民往来的必经口岸之一，也是勐阿国内通道的终点。自然条件优越，地理位置独特，区位优势明显。

2011年，国务院以国发〔2011〕11号《国务院关于支持云南省加快建设面向西南开放重要桥头堡的意见》，正式将云南省定位为我国面向西南开放的重要门户。孟连（勐阿）与其他4个边境经济合作区、3个跨境经济合作区共同组成了“沿边开放经济带”的主体构架和区域发展布局。2012年云南省政府把孟连（勐阿）边境经济合作区正式批准为省级边境经济合作区，形成了以县城为中心，以勐阿、芒信为轴线的“三点两线”的口岸经济发展格局。

5）建设规模

现孟连口岸建成勐康口岸大桥、国门、联检楼、查验货场、边民互市点、保税仓库，设有完善的检验检疫、边防检查、海关等联检部门办公室、口岸管理办公室、免税商店等综合管理服务机构。

检验检疫机构基本情况：普洱出入境检验检疫局是云南检验检疫局设在普洱市的正处级分支机构，依法担负着普洱市除江城县以外的9个县（区）产地、口岸、通道出入境人员、货物、动植物和交通工具的检验检疫以及外贸出口企业的监管工作，既是口岸局，亦是产地局。该局本部驻地位于普洱市思茅区茶城大道65号。普洱检验检疫局孟连办事处是普洱出入境检验检疫局派驻孟连口岸的办事机构，机构级别为副处级，办事处设在孟连县城，常驻孟连口岸的勐阿、芒信两个指定通道开展出入境卫生检疫、动植物检验检疫、进出口商品检验等行政执法工作，同时辐射西盟、澜沧两个县的大黑山通道、183通道、阿里通道和雪林等通道的出入境货物检验检疫监管工作。

（a）

（b）

（c）

图6-64 孟连口岸车辆、货物入境通道

2. 国门与界碑的历史沿革

孟连在2000多年前就已列入祖国版图。唐南诏时期地名始载入史册，称“茫天连”，属永昌节度。宋大理国时期，首称“孟连”，属永昌府。元至元二十六年（1289年）置木连路军民府。明永乐四年（1406年）设孟连长官司，隶云南都司。清康熙四十八年（1709年）设孟连宣抚司，属永昌府。1949年2月，孟连随澜沧的解放而宣告解放。1954年6月，成立孟连傣族拉祜族佤族自治区（县级）人民政府，隶属于思茅专区。1958年4月改称孟连傣族拉祜族佤族自治县。孟连虽为边境小城，但有着悠久的历史和光荣的革命传统。世袭土司制巩固了边疆，白鹤山抗英斗争维护了祖国尊严，中华人民共和国成立初期对入窜的国民党残部的几次战斗，打击了敌人的嚣张气焰，维护了边疆的稳定。孟连县生活着傣族、拉祜族、佤族等21个少数民族，在党的路线、方针、政策的指引下，各民族安居乐业，团结奋进。

孟连口岸是1991年云南省人民政府批准的以县城为中心的省级口岸，后被国家口岸办定为国家二类开放口岸，于1991年8月正式开通使用。2005年启动口岸新址建设，选址位于勐阿老通道以西2千米处的勐阿村陇海村民小组，新址严格按照国家一类口岸标准和要求建设。2006年2月8日~9月13日，联检楼正式启动建设并完成主体工程。2006年9月顺利建设完成长134米、宽14米的钢筋混凝土大桥。2007年12月11日，孟连口岸正式移址通关。2010年，口岸国门、勐康大桥、联检楼、货场、口岸道路、海关和检验检疫生活区、查验场、边民互市集贸市场相继完成建设并投入运行，口岸已具备较为完善的联检查验功能和设施，通道人流、物流通关顺序流畅。目前孟连口岸已达到国家一类口岸的验收标准，“一关两检”工作环境和条件明显改善、资源得到整合，通道管理工作水平进一步提高。通道整体运行正常，金融、通信、市政、交通等配套设施齐全，集镇规模初步形成。孟连口岸勐阿通道对接的缅甸邦康市，是缅甸掸邦第二特区（佤邦）首府所在地，与孟连口岸隔江相望。孟连口岸所辖国境线长133.399千米，其中以江河为界85.8千米，以山为界47.6千米，共竖有中缅边界界碑（桩）19个号28块碑（桩）（S184号~S202号）。与缅甸掸邦第二特区（佤邦）接壤的有勐马镇、芒信镇、富岩镇和公信乡4个乡（镇）。

（a）孟连口岸芒信界碑（正面）

（b）孟连口岸芒信界碑（反面）

图6-65　孟连口岸芒信通道界碑

孟连口岸国门采用传统、现代与民族特色相结合的方式，使用传统的、常用的大跨度和对称空间，充分显示出国门的国威感。同时运用现代材料弥补传统建筑的不足，从国门能够看出我国的经济发展程度。另外，在弧形墙上装饰地方民族浮雕及壁画，使国门和地方特色融合成为一种标志建筑。顶上的叠板象征着我国的发展蒸蒸日上，显示着中国人民不屈不挠、不断奋斗前进的步伐。

3. 国门与界碑的地理特征

1）自然条件

孟连口岸勐阿通道国门位于勐马镇勐阿村陇海村民小组，距孟连县城50千米；芒信通道国门、界碑位于芒信镇芒信村，距孟连县城30千米。

气候特征：孟连县位于云南省西南部，东部和东北部与澜沧县接壤，西北部与西盟县毗邻，西部和南部与缅甸交界。地势南北高多高山峻岭，东西低多河谷盆地，全县地形属以山地为主、谷坝相间的复合类型。孟连属南亚热带气候，但因地势复杂，海拔差别较大，所以气候垂直变化明显。孟连县年平均气温20.3℃，常年无霜，年平均降水量1 255.7毫米，年平均日照2 017小时，土壤肥沃，气候温和，山清水秀，适宜发展农业、畜牧业、林业、旅游业。孟连口岸勐阿通道海拔450米，属热带季风气候，气温极其炎热，年平均气温37℃，每年3~9月气温极高，极端最高气温43℃。孟连口岸芒信通道海拔960米，属南亚热带气候。

2）资源禀赋

森林资源：孟连县土地总面积18.93万公顷，其中林业用地面积11.87万公顷，有林地面积10.94万公顷。森林覆盖率62.73%。

动植物资源：孟连县境内属于国家一类重点保护的野生动物主要有蜂猴、孔雀雉、巨蜥、蟒；属于国家二类保护动物的主要有猕猴、穿山甲、黑熊、白鹇、原鸡、绿鸠、大虎；属于省级保护的陆生动物主要有眼镜王蛇、眼镜蛇；有重要经济、科学研究价值的陆生野生动物有果子狸、豹猫、啄木鸟、八哥、相思鸟、陆龟、滑鼠蛇、银环蛇。全县共有中药100多种，草药1 000多种。比较珍贵的药材有龙血树（血竭）、重楼（七叶一枝花）、萝芙木等。国家重点保护的野生植物有龙血树、桫椤、千果榄仁、三凌栎等。

热区资源：全县最高海拔2 603米，最低海拔497米，属南亚热带气候，全县年平均日照2 017小时，年平均降水量1 255.7毫米，可开发的热区面积68万亩，是发展绿色经济的理想之地。2016年末，橡胶、甘蔗、茶叶等绿色产业面积达57万亩（其中，橡胶32.1万亩，甘蔗8万亩，茶叶8.13万亩，咖啡8.77万亩），农民人均耕地7.5亩。

旅游资源：孟连宣抚司署是国家重点文物保护单位；娜允古镇被评为中国历史文化名城、云南十大名镇，是中国保存最完好的傣族古城；中国孟连娜允神鱼节被誉为“东方水上狂欢节”。孟连有全国连片面积最大的龙血树群落，还有原始森林、喀斯特地貌、天然溶洞等自然景观，极具发展神秘诱人的跨境旅游和民族文化旅游经济的潜力。

3）民族和人口

孟连县有常住人口14.2万人，其中少数民族人口11.08万人，占户籍人口的86.4%；傣族26 248人，占20.42%；拉祜族38 909人，占30.27%；佤族31 577人，占24.56%。

4. 口岸相关商贸往来

孟连对外贸易历史悠久，早在明、清时期就是我国与缅甸、泰国及其他东南亚国家商贸往来的重要通道之一，历来是中缅边民往来探亲和互市的重要口岸。随着改革开放的进一步深入和口岸经济的不断发展，中缅双边友好往来频繁，孟连县对外贸易得到迅猛发展，从原来在绿树丛林中的商业经贸市场，转变成如今的规范化、统一化市场。勐阿的边民互市以当地的民族土特产品、民族手工艺品、中外时装、食品、家庭生活用品等为主，每逢赶集日，这里都热闹非常。勐阿通道无论是就出入境人次、进出口货物量，还是就进出口总值来说，都是普洱市人流、物流规模最大的口岸通道，其对缅贸易占整个普洱市的90%以上。进出口总额从1988年成立边贸办时的110.5万元到2016年突破9亿元大关。孟连口岸历年主要进口锡矿、锌矿、铅矿、红木、橡胶等商品，其中锡矿为进口货值最高的商品；主要出口挖掘机、洗涤机器、装载机、电力、拖拉机、成品油、机电产品、生活用品等。

（十一）磨憨口岸（图6-66~图6-72）

1. 口岸简介

1）磨憨口岸

位于中国云南省最南端，地处东经101°41′11″，北纬21°11′23″，与老挝接壤，毗邻泰国和缅甸，国境线长达174千米。

2）口岸设立时间

1992年3月，国务院批准磨憨为国家级一类口岸；1993年12月22日，中老两国正式开通磨憨-磨丁国际口岸；1994年8月，口岸向第三国人员开放；2004年9月，国务院批准磨憨口岸享有第三国人员落地签证权。

图6-66　磨憨口岸等待出境的车辆

3）地理位置

磨憨位于中国最西南端，地处云南省与中南半岛的枢纽部位，距勐腊47千米，距西双版纳州府景洪190多千米，距云南省会昆明700多千米；距老挝南塔省省会62千米，距琅勃拉邦285千米，距万象680千米；距泰国清孔口岸228千米，距“金三角”283千米，距曼谷1 000千米。经老挝乌多姆赛省向东216千米可进入越南奠边府，向南可到达柬埔寨、马来西亚，向西可到泰国、缅甸。

4）接壤情况

磨憨与老挝接壤，毗邻泰国和缅甸，国境线长达174千米，辖区内有3条公路直通老挝，分别为曼庄—老挝丰沙里、新民—老挝勐赛、磨憨口岸—南塔。

5）区位优势

磨憨口岸是我国通往老挝重要的国家级陆路口岸及通向东南亚最便捷的陆路通道，在中国-东盟自由贸易区和澜沧江-湄公河次区域、孟中印缅经济走廊中，磨憨处于“咽喉”的重要位置，是我国“一带一路”建设的重要节点之一，地缘区位优势十分明显。

中老铁路建成后，可经磨憨出境直达老挝万象、泰国曼谷和新加坡，老挝境内万象至甘蒙铁路修通后还可连通越南和柬埔寨，推动云南乃至我国将地缘优势转化为发展与合作优势，带动并辐射中南半岛国家市场，实现与周边国家的优势互补、资源共享，密切我国与西南周边邻国的经贸关系。

6）建设规模

磨憨镇行政管辖面积755平方千米，磨憨口岸建成区3.5平方千米。拥有进出口货物检验检疫通道两条，出入境旅客查验通道两条，设有完善的检验检疫、边检、海关等联检部门办公室、口岸管理办公室和免税店等综合管理服务机构，目前还有一条货运通道正在建设中。磨憨口岸正在积极探索“一口岸多通道”的管理模式，以促进地方外贸发展。

7）口岸机构

勐腊出入境检验检疫局磨憨办事处于1999年11月被批准成立，属副处级办事处，下设综合科、旅检科和货检科3个正科级科室，共有53名工作人员；主要负责磨憨口岸出入境卫生检验，动植物检疫，商品检验、鉴定、认证和口岸卫生监督管理等工作。

近年来，随着昆曼大通道的建成、中老磨憨–磨丁经济合作区建设的推进，以及“一带一路”倡议的实施，磨憨口岸出现了井喷式的发展，口岸业务量逐年增长，屡居云南省口岸业务量前列。磨憨口岸主要进出口产品为泰国水果、粮食和矿产品等。

2. 国门与界碑的历史沿革

历史上，中老两国边民来往频繁，经济联系密切。历史记载，清顺治元年（1644年）开始，石屏等地大批汉人来到勐腊的易武、倚邦等地，同当地少数民族共同垦植茶叶，并将茶叶销往老挝丰沙里和越南莱洲，购回生产生活必需品在境内销售。同时他们通过茶马古道（历史上称之为“南丝绸之路”，是当时滇西南与内地联系的最重要最大的商道之一。古道石板上硌下的马蹄印，至今仍清晰可见），翻越崇山峻岭，穿过茫茫森林，涉江过河，将闻名遐迩的普洱茶等土产驮运出去，又将内地先进文化、生产技术和商品，如布匹、手工艺品、纺织技术等源源不断地通过古驿道带回遥远的边疆，促进了边境经济繁荣、发达和文明进步。20世纪50年代，中老边民互市活跃；60年代，我方与老方政府之间的地方贸易不断扩大；80年代以后，边境贸易以较快的速度发展，口岸联检机构相继成立。

2001年5月，云南省人民政府姐告现场办公会挂牌成立磨憨边境贸易区；2005年，云南省经济贸易委员会审查通过了磨憨边境贸易区《磨憨进出口贸易加工园区总体规划》；2006年9月，磨憨边境贸易区更名为“云南西双版纳磨憨经济开发区”；2012年，云南省人民政府被批准为省级边境经济合作区；2014年4月21日，成立中国磨憨—老挝磨丁经济合作区建设云南工作组；2015年1月，磨憨口岸被国家

图6-67　磨憨口岸检验检疫老办公室

图6-68　磨憨–磨丁口岸正式开通

图6-69 1993年磨憨口岸货运通道照片

质量监督检验检疫总局考核批准为全国进境植物种苗指定口岸和进口罗汉松特定口岸；同年8月，磨憨口岸进境粮食指定口岸通过国家质量监督检验检疫总局考核。2015年8月31日，中老两国政府在京正式签署《中国老挝磨憨–磨丁经济合作区建设共同总体方案》；2015年7月16日，国务院批准设立勐腊（磨憨）重点开发开放试验区（国函〔2015〕112号《国务院关于同意设立云南勐腊（磨憨）重点开发开放试验区的批复》）；2016年3月4日，国务院正式批复同意设立中国老挝磨憨–磨丁经济合作区（国函〔2016〕47号）。2017年3月17日，昆明海关、云南出入境检验检疫局、云南边防总队在磨憨举行“关检合作”试验区现场协调会；2017年6月16日，在磨憨召开云南“关检合作”试验区启动仪式并授牌。

（a）1993年磨憨–磨丁口岸开通仪式现场（一）

（b）1993年磨憨-磨丁口岸开通仪式现场（二）

图6-70 1993年磨憨-磨丁口岸开通仪式现场

磨憨国门建于2008年，于2009年8月启用，建筑面积6 555平方米，分出境楼和入境楼两部分，驻有海关、检验检疫、边防、签证、运政、交警等部门。

图6-71 磨憨口岸国门

磨憨口岸国门上面有中国国徽和“中国磨憨”“磨憨口岸”中、英、老三国文字，建设风格以通透为主，造型呈流线型。它也有着独特的设计理念和特别的意蕴。

一是它的整个造型像和平的“和”字的象形字，意思是以开放包容的姿态与相邻的国家和平共建、和谐相处。

二是它的整体造型像孔雀，上方的塔尖就是孔雀的冠。在西双版纳傣族人民的心目中，孔雀是最善良、最聪明、最爱自由与和平的鸟，因此是吉祥幸福的象征。

三是建筑设计高度，也就是地面到塔尖距离为56米，“56”的意思是说56个民族团结一心，共同维护祖国的安定团结；同时，“56”刚好是“物流”的谐音，意思是把磨憨口岸建设成为一个大物流通道。

中老边境界碑共有23块，其中主碑10块，副碑13块，界碑号为24~33，位于磨憨口岸国门和老挝国门之间的正是于2010年设立的中华人民共和国第29号界碑。

（a）中老29号界碑（正面）

（b）中老29-1号界碑（反面）

图6-72 中老29号界碑

3. 国门与界碑的地理特征

1）自然条件

磨憨口岸位于磨憨经济开发区，与老挝磨丁口岸对接，是中国对老挝最大、最重要的国家级陆路口岸。

磨憨海拔850米，年平均气温21℃，年降水量1 525毫米，森林覆盖率达83.11%。辖区有保存完整的热带原始森林，珍稀动植物品种多，矿产资源和水力资源极为丰富，发展潜力巨大；全区植物种类达3 890种，共230科1 174属；野生动物种类为756种，占全国野生动物种类的25.3%，分布有亚洲象、野牛、印支虎等国家一类保护动物及水鹿、原鸡、穿山甲等国家二类保护动物共17种，占全国二类保护动物种类的

32%；素有“物种基因库”“南国雨林，醉氧之都”等美誉。

2）人文环境

磨憨是一个以傣族为主，汉族、哈尼族、苗族、瑶族、拉祜族、布朗族等多民族聚居的区域，2016年末，常住人口达3万人，其中农业人口16 400多人。具有浓郁的少数民族风情、边塞小镇特色和丰富的旅游开发资源。

4. 国门与界碑相关商贸往来

1）政治优势

中国与老挝是长期友好邻邦，两国间建立了稳固的良好关系，双方政治互信，合作基础良好。磨憨、磨丁山水相连，民族同宗，文化同源。近年来，中老双方高层互访频繁，双方建立了中国云南–老挝北部合作工作组会议等多层次合作机制，在边境管理、口岸建设、经贸、农业、林业、教育、文化、卫生、旅游等方面开展全方位、宽领域的务实合作，全面战略合作伙伴关系不断巩固。

2）发展优势

中老磨憨–磨丁经济合作区中方区域面积为4.83平方千米（四至范围为：东至磨憨集镇，西至磨龙村，南至中老国界线，北至尚冈村茶场），老方区域面积为16.40平方千米（四至范围为：东、西以昆曼公路两侧2千米为界，北至中老29号界碑处，南至老挝磨丁海关办公楼）。中老磨憨–磨丁经济合作区规划面积21.23平方千米，规划构建核心区（4.83平方千米）、拓展区（29.84平方千米）、辐射区、境外区（16.4平方千米）四区融合发展的空间布局。中老磨憨–磨丁经济合作区中方区域与勐腊（磨憨）重点开发开放试验区规划中的磨憨核心区相重合。

近年来，随着昆曼公路2008年基本建成通车，以及2010年中国–东盟自由贸易区的正式启动，磨憨口岸货物吞吐量迅猛增加，特别是中老磨憨–磨丁跨境经济合作区的初步形成，进一步确立和凸显了磨憨口岸作为云南桥头堡建设前沿主阵地的地位，磨憨口岸成为云南—

老挝北部互利共赢合作的利益交汇点、昆明—曼谷经济走廊共同利益的平衡点和大湄公河次区域各国利益的结合点。

（十二）片马口岸（图6-73~图6-79）

1. 口岸简介

片马口岸地处云南省高黎贡山国家级自然保护区西坡腹地，位于怒江傈僳族自治州泸水县片马镇，恩梅开江支流小江（中缅界河）以东，东经98°38′，北纬26°10′，海拔1 897米，总面积153平方千米（22.95万亩），森林覆盖率达95.4%。南北长24千米，东西宽8千米，东与鲁掌镇毗邻，南、西、北与缅甸接壤，国境线长64.44千米，拥有10~25号界碑16座，国门1座，距缅甸克钦邦首府仅244千米，是滇、川、藏进入缅甸、印度的咽喉和捷径。

（a）片马口岸国门

（b）片马口岸联检楼

图6-73　片马口岸国门及联检楼

“片马”一词来自景颇语，意为“木材堆积的地方”。片马地处三江并流风景带中，景色优美，镇区、高黎贡山和听命湖为主要旅游景点，前来片马镇旅游者以探险旅游、边境旅游和特产采购为主。片马边境旅游区内，茂密的原始森林令人神往，田园山水如诗如画，这里曾发生过各民族英勇抗击英帝国主义的“片马事件”。

片马边贸历史久远，早在1648年就形成了边贸雏形，1991年被列为云南省省级口岸，也是怒江傈僳族自治区州唯一对外开放的省级口岸，已成为怒江傈僳族自治区州经济腾飞中的一翼，是云南省对外开放的重要窗口，正朝着资源开发、加工、进出口贸易等多功能综合性口岸发展。

片马口岸近年年均出入境旅客约15万人次，出入境货物以空心竹原竹、铁精粉、大理石及少批量的杂木等为主。怒江出入境检验检疫局检验检疫监管科开展报检受理、通关放行，实施检验检疫，包括出入境人员体温检测、旅客携带物查验、出入境货物查验等相关业务工作。

图6-74 片马口岸怒江检验检疫局办公楼

2. 国门与界碑的历史沿革

片马有10~25号界碑16座，国门1座，国门于2006年建成，2016年进行改造，建造出与原国门相对称相连接的另一半，整座国门更加雄伟壮大。坐落于国门的16号界碑于1960年建成，见证了片马五十多年的发展。

片马自古以来就属中国领土。唐宋时期为南诏的西域领地，元属云龙甸军民府，明永乐五年（1407年）属茶山长官司管辖，清属永昌府登埂土司辖地。光绪二十年（1894年）清政府与英国政府签订《中英续议滇缅界务商务条款》，将片马地区作为未定界。19世纪末，正值英国侵略者殖民海外扩张期间，英军为了实现打通中国要塞片马，穿插藏地，于光绪二十六年（1900年）正月上旬率兵一千余人入侵原属我国的茨竹、派赖、滚马等地。沿途强索供应，大肆烧杀抢掠。由于当时清政府已无力顾及边疆，英侵略军更加肆意妄为，于宣统三年（1911年）1月4日，由殖民地密支那出兵两千余人、马队千余匹，正式武装强占片马。在此期间，英军烧毁汉学堂及一些民宅，强征民税、强令民工，并在我国领土上修路、筑炮台、私立界碑，干涉我国边民讼事，这就是震惊中外的“片马事件”。面对侵略军的暴行，片马人民没有屈服，为了保家卫国，在傈僳族头人片马管事勒墨夺扒的带领下，片马地区的景颇族、傈僳族、彝族、怒族、独龙族、白族、汉族等各族人民与泸水各土司派出的“民团”汇合，组成一支五百余人的民族自卫队，用弩弓、长矛、大刀、滚木、擂石等做原始武器，奋勇杀敌，使英军损兵折将、伤亡惨重、锐气大减，沉重地打击了英军的嚣张气焰。与此同时，在李根源老先生出入抗战前线，写成奏折上诉朝廷后，片马人民的抗英斗争得到了全国人民的声援和世界舆论的支持，迫使英国侵略军几度撤离片马，最终于1943年3月撤兵，片马人民终于取得了抗英斗争的胜利。

（a）片马口岸国门16号界碑（正面）

（b）片马口岸国门16号界碑（反面）

图6-75　片马国门16号界碑

抗日战争期间，日军侵入滇西后，于1942年派部队攻入片马，强占了风雪丫口，切断滇缅公路，以此作为前方防御、威胁驼峰航线飞机的战略据点。1944年2月，中国远征军攻下了风雪丫口，日军腹背受敌，溃退到缅甸。1948年缅甸宣布独立，片马又被缅甸占领，1961年6月4日，根据中缅两国签订的《中华人民共和国和缅甸联邦边界条约》，缅甸将片马、古浪、岗房地区归还中国。片马回归后，设片古岗特区，直属丽江专区辖。1966年9月，设片古岗公社。1984年恢复为片古岗区。1986年片古岗更名为片马区。1987年改设为片马乡。1995年改设为片马镇。

1989年6月4日，“片马抗英纪念馆”正式开馆，馆中矗立着一座片马人民抗英胜利纪念碑，碑高19.111 4米，意喻为1911年1月4日，英军正式武装强占片马之意；中间的水泥柱子为一把剑，意指抵御来犯之敌；三块盾牌象征着当地各少数民族团结一致，为捍卫祖国领土完整，不惜抛头颅、洒热血之意。

图6-76　片马人民抗英胜利纪念碑

此外，片马还开设了“怒江驼峰航线纪念馆”，该馆馆名由世界著名华人华侨领袖、社会活动家、美国国际合作委员会主席陈纳德将军的夫人陈香梅女士于2007年4月亲自题写。馆内陈列的驼峰坠机残骸，为C-53型运输机。该机于1943年坠毁，1996年6月的一天下午，一位缅甸猎人在原始森林中发现了该机，坠毁了53年的C-53运输机终于重见天日，现被保存在纪念馆中，其是在众多驼峰航线坠机中保存得最为完整的一架，也是驼峰航线上唯一陈列有驼峰坠机残骸的纪念馆，并辅之以翔实图片资料，全面反映了中美两国人民共同抗击日本法西斯、维护世界和平的浩然正气，并纪念在驼峰航线上英勇牺牲的中美飞行员的惨烈历史。2011年11月28日，该纪念馆被国家民族事务委员会命名为民族团结进步教育基地。2012年11月，被云南省教育厅命名为“生命、生存、生活”教育基地，即三生教育基地。2015年8月，被列入国家级抗战纪念馆设施、遗址名录。2015年9月，被云南省社会科学界联合会命名为“云南省社科普及示范基地”。

图6-77 勒墨夺扒——片马人民抗英领导者雕塑

3. 国门与界碑概况

片马国门经历了一次修建，一次改造。于2006年前修建的国门，建筑结构与众不同，两角高，中间向下弯曲形成一个弧形，中间方形缺口处嵌着一块红色，国门伸出一个门廊，两根粗大的圆柱支撑着它的顶盖，后于2016年进行改造，在原先国门的另一侧复刻出与之相对称的另一半，整座国门正中上端尖角处悬挂着国徽，下方立着“中国片马”四个金色大字，气势恢宏。国门与16号界碑位于下片马村，距离片马镇中心大约4.5千米，西与缅甸大田坝村接壤。

4. 国门与界碑的地理特征

1）自然条件

片马地理条件特殊，由于受孟加拉湾暖流北移与青藏高原南下冷风的影响，雨量较多，海拔约1 900米，年平均降水量在1 200毫米以上，年平均气温14~16℃。片马地区的气候特点是夏无酷暑、冬无严寒，属温带气候。

2）资源禀赋

动植物资源：片马地区土地肥沃，气候温和，物产丰富。辖区内6万亩原始森林是高黎贡山国家级自然保护区重要区域，这里有清澈长流的溪水和飞流瀑布，珍藏着各种珍禽异兽和名贵药材，从来就有“自古片马无穷山”之说。森林资源有柚木、青松、云杉、铁杉、楠木、香樟、秃杉、红豆杉、黄杉、大树杜鹃、枫树等10余种珍贵树种，蓄量达200余万立方米；地下藏有金、铅、锌、铜等金属矿和大理石、硅石、水晶石、煤、闪锌等非金属矿；盛产木瓜、梅子、草果、木耳、核桃、花椒、玫瑰李等经济作物和木香、天麻、虫草、贝母、黄连、三七、虫蒌等贵重药材；茫茫林海中，时有珍禽异兽出没，还有羚牛、印度虎、金钱豹、小熊猫、白腹锦鸡、短尾梢虹雉、怒江金丝猴、红腹角锥、绿孔雀、白鹇等国家重点保护动物。

旅游资源：片马口岸境内外旅游资源丰富。无论是人迹罕至的高山冰川湖泊、冰雪皑皑的山峰、跌宕直下的林间飞瀑，还是纯朴的民风民俗，都是未经雕琢的天然古朴，充满了自然野趣与高度纯真之美。多姿多彩的民族风情、引人遐想的异国情调都是片马口岸独有的、潜力巨大的优势资源。旅游区的景观主要有高黎贡山原始针阔叶林、神秘的听命湖、片马抗英纪念馆、纪念碑、驼峰航线纪念馆、中缅国门（16号界碑）、中缅边境田园风光、景颇广场等。随着口岸区域经济的转型发展，片马各类丰富的自然、历史、文化等资源及口岸平台优势，将成为怒江连接、牵动缅北乃至南亚、东南亚的重要纽带。

3）民族文化

片马境内的景颇族是古老的景颇族发源地之一（也被称为景颇族重要的迁徙地之一），景颇族的茶山支系是片马的世居民族，有着独特民族文化。每年的农历十月十五日至二十日为茶山人的新米节。过新米节犹如过新年一样，热闹非凡，过节时家家户户煮好新米饭，摆上酒、米，祭天神、祖先和铁三脚。村内的年轻男女则着民族盛装聚集到片马景颇广场，点燃篝火，唱歌跳舞，寻偶觅伴，欢快无比，独具民族特色。

5. 口岸相关商贸往来

片马口岸作为怒江傈僳族自治州唯一对外开放的省级口岸，对外商贸往来以木材、矿产品、空心竹原竹为主，近几年来，由于受到对缅木材准入政策的影响，贸易量、贸易额有所下滑，2017年上半年，贸易情况有所回暖。目前对于片马口岸的对外贸易往来，各单位部门正在通力合作，努力开辟新的贸易产业，探索新形势、新环境下促进贸易往来健康平稳发展的新道路，紧紧抓住国家实施沿边开放战略、“一带一路”建设、孟中印缅经济走廊建设机遇，争取提升口岸综合服务功能的项目建设；强化与缅方进行民族民间的交流协作，推动口岸繁荣发展，促进边境和谐稳定。

图6-78　入境铁精粉放射性检测

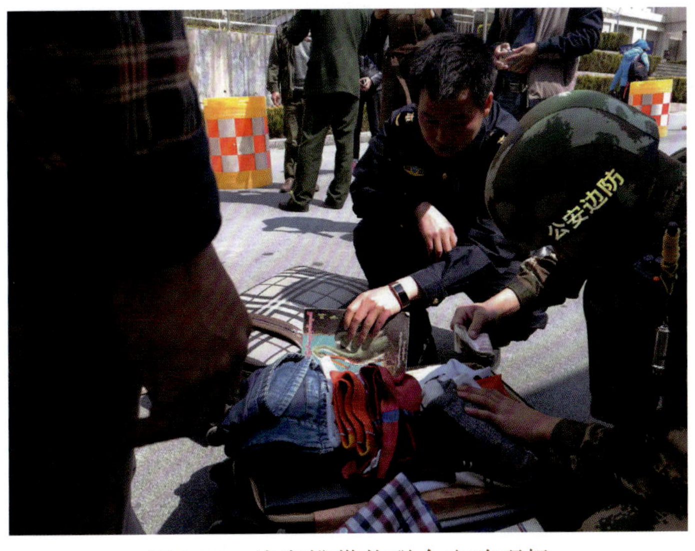

图6-79　旅客携带物联合查验现场

（十三）瑞丽、畹町口岸（图6-80~图6-90）

1. 口岸简介

瑞丽地处云南省西部边陲，属云南省德宏傣族景颇族自治州，西北、西南、东南三面与缅甸山水相连、村寨相望，国境线长169.8千米，有40个桩号97块界碑，有大小渡口和通道36个，为云南边境线上界碑最密集和渡口通道最多的地段，是闻名遐迩的“孔雀之乡”和“歌舞之乡”，享有“口岸明珠”和“东方珠宝城”的美誉。

瑞丽是中国对缅贸易的最大陆路口岸，2012年被列入国家重点开发开放试验区，是我国开展对缅经济、贸易、文化等多领域合作的重要口岸城市，是通向东南亚、南亚的重要门户，拥有中国唯一按照“境内关外”模式实行特殊管理的姐告边境贸易区。瑞丽辖区口岸由瑞丽和畹町两个国家级口岸组成，瑞丽口岸主要出入境通道有姐告国门通道、姐告中缅街通道、姐告货场通道、弄岛雷允通道；畹町口岸主要通道为畹町九谷桥通道、芒满通道（临时通道），此外其他的通道为历史交往中自然形成的边民便道和渡口。瑞丽是中缅油气管道进入中国的第一站。中缅油气管道是国内唯一一条油气并行的能源进口管道，天然气设计输送能力为120亿米^3/年、原油设计输送能力为2 200万吨/年。

图6-80　瑞丽口岸姐告中缅街通道（2011年）

图6-81 瑞丽口岸弄岛雷允通道

瑞丽检验检疫的历史可追溯至抗日战争时期。抗日战争时期南京国民党政府退守重庆，因海路军货供应和运输线被日军切断，鉴于军事上的迫切需要，国民党政府开通了中缅运输线，并于1940年2月在中缅边境的畹町建立了畹町检疫所，与蒙自、腾越三所合称滇边检疫所，后因侵略日军占领缅甸进犯滇西而停办。中华人民共和国成立后，1951年3月成立畹町交通检疫所，该所是全国24个检疫机构之一，隶属于云南省卫生厅，业务工作由中央卫生部统一领导。1953年10月，根据中央文件精神，畹町交通检疫所撤销，并入畹町镇卫生所。1981年11月，成立瑞丽、畹町动植物检疫机构；1989年8月、1991年6月，先后成立瑞丽、畹町商品检验机构；1991年5月、1992年5月，先后成立瑞丽、畹町卫生检疫机构。1999年11月，设在瑞丽和畹町口岸的商品检验机构、动植物检疫机构、卫生检疫机构“三检”机构合并组建成立瑞丽出入境检验检疫局，隶属于云南出入境检验检疫局，正处级分支机构，负责瑞丽、畹町两个国家级陆路口岸出入境检验检疫工作。

图6-82 瑞丽口岸货检通道全景图

2. 国门与界碑的历史沿革

瑞丽口岸国门位于姐告边境贸易区东面。姐告，傣语音译，意为旧城，元末麓川思南王（思汉法）从姐兰迁都瑞丽姐勒广贺罕时，曾以这里为王城，后勐卯衎氏土司迁往勐卯城之前，曾在此居住，故名姐告。姐告位于瑞丽江东岸，总面积2.4平方千米（含江面），国境线长4.186千米，有10块界碑（79号附1至83号）。1988年前，姐告是一个自然村，隶属原瑞丽县姐勒乡团结村公所。1988年7月，瑞丽县委成立姐告工作委员会，开始规划开发，开始建立国门、货物通道、中缅街通道。1991年1月，云南省政府批准成立姐告边境贸易区。1992年10月，经国务院批准，姐告成为国家级开发区瑞丽市经济合作区的一部分。同时，瑞丽开始建设横跨瑞丽江连接姐告的姐告大桥。2000年7月，经国务院批准，成立德宏傣族景颇族自治州瑞丽姐告边境贸易区，实行“境内关外”特殊管理模式。2003年以前，姐告的“一国门，两通道”封闭设施建设较差，多数建筑为简易房。2003~2004年新建“一国门，两通道”封闭设施，全长1 860米，总投资24.5万元。2005年1月进一步改扩建，总投资1 411万元，2006年6月投入使用。2010年，为完善国门通道功能设施，再次进行改造，投资约450万元。

图6-83 瑞丽口岸国门（2011年）

瑞丽口岸国门界碑位于姐告边境贸易区东面，介于瑞丽口岸国门与缅甸木姐国门之间，为中缅边境线81号界碑，立于1960年中缅划界时。从国门沿边境线绕至北侧中缅街通道口的界碑，为81-1号附碑，立于1985年中缅第一次边界联合检查时。

图6-84　瑞丽口岸国门81号界碑

畹町口岸原属畹町市管辖，畹町桥通道原为畹町的国门通道。1999年初，国务院批准撤销畹町市，将其行政区域并入瑞丽市，畹町口岸始划入瑞丽市管辖。

畹町桥是中缅两国的界河桥，位于畹町南缘的畹町河上，桥对面为缅甸九谷市。最早的畹町桥只是两根木头并排组成的简易桥。1938年，滇西人民艰苦卓绝地修筑了被称为“抗日战争输血管”的滇缅公路，同时在畹町河建起了第一座单孔石拱桥。作为滇缅公路、中印公路的交汇点，1938年12月至1942年5月，共有45万多吨国际援华物资从滇缅公路通过畹町桥源源不断地运往内地，有力地支援了国内的抗战。几十万名远征将士也正是踏过畹町桥进入缅甸，谱写了中国远征军抗击日本侵略者的伟大历史篇章，畹町桥因此闻名于世。1945年1月，在远征军及盟军光复畹町的战斗中，石拱桥被炸毁，美国工兵团架设了钢架结构的畹町桥，并于1946年重建成正式的钢架桥，桥高9米、宽5米、长20米。1956年2月，正在缅甸访问的周恩来总理陪同缅甸吴巴瑞总理，从畹町桥步行入境赴芒市参加中缅边民联欢大会。此次外交活动，奠定了中缅勘界的基础，成为我国和平外交史上重要的一页，也是周总理外交生涯中唯一一次步行入境。1979年，再次对畹町桥进行修葺加固。1993年，为适应中缅经贸发展的需要，拆掉了钢架桥，由中缅两国政府共同建造了带人行道的双车道钢筋混凝土的畹町桥，全称为畹町–九谷桥。2003年，为铭记历史和激励后人，地方政府将拆下保存的钢架桥材料，在新畹町桥旁按原样复建，作为历史景观以作纪念。

图6-85　位于畹町口岸的90（1）号界碑

图6-86　立于畹町桥旁滇缅公路、中印公路交汇点的抗战胜利60周年纪念碑

图6-87　畹町桥新桥（左）与老桥（右）

3. 国门与界碑的地理特征

1）自然条件

国门位于瑞丽姐告边境贸易区国门大道东段，距离瑞丽市区5千米。瑞丽市地处云南省西部，德宏傣族景颇族自治州西南部，东连芒市，北接陇川，西北、西南、东南三面与缅甸接壤，与缅甸北部重镇木姐、南坎共同构成一个坝子。瑞丽地处北回归线北侧，属南亚热带季风性气候，冬无严寒、雨热同期、干冷同季，为典型的无四季区分之地。全年分旱雨两季，基本无霜，降水相对集中于6~9月，年平均气温20.7℃，年平均日照2 330小时。瑞丽全年日照充足、雨量充沛、土地肥沃，优越的气候地理条件使瑞丽竹木常青、花开四季、果结终年。瑞丽地处横断山脉高黎贡山余脉的向南延伸部分，地势西北高东南低，山区占全市面积的73%。

2）资源禀赋

植物资源：瑞丽地处亚热带地区，适合植物生长，素有“小植物王国”之称，花开花谢、果结终年、四时常绿，被誉为“绿色宝地”。境内已查明的植物有1 541种，其中已列入国家级珍稀濒危保护植物的有云南石梓、柚木、楠木、红锥等37科44属46种，占国内已公布的389种的11.8%（2005年数据）；列入省级重点保护植物的有51种，占云南省218种的23.4%（2005年数据）。主要用材林木共30科98种、花卉及观赏植物67科479种、香料植物29科74种、果树植物26科46种、药用植物16科63种、牧草128科511种，此外还有绿肥、燃料和菌类等多种资源。

动物资源：瑞丽地形多样，有山有丘有坝，植被覆盖率高，草场宽阔，是野生动物栖息的理想场所。野生动物种类有339种，其中兽类52种，爬行动物20种，两栖类8种，鸟类71种，昆虫163种，列入国家一类保护动物的有蜂猴、云豹、熊猴、孔雀、巨蜥、蟒；列入国家二类保护动物的有猕猴、穿山甲、金猫、黑熊、灵猫、犀鸟、原鸡、虎纹蛙、大壁虎等；列入省级保护动物的有云猫、眼镜王蛇等。

矿产资源：瑞丽矿产资源相对贫乏，除地热资源、铁矿和砂石黏土矿资源丰富外，其他矿种资源严重缺失。探明有一定资源储量的矿产品有煤、铁、锰、金、稀土、石灰岩、硅石、硅藻土、黏土、花岗岩、大理岩等15种，煤矿集中分布在勐秀乡勐典村附近，已知的铁矿分布在打鹰山一带，品位较高，初步估计蕴藏量3 300万吨。

3）人口与民族

瑞丽市总人口20.53万余人，人口密度201人/千米^2。少数民族人口8.5万余人，占总人口的41.4%，其中主要为傣族、景颇族、德昂族、傈僳族、阿昌族。

4）交通条件

航空：距离瑞丽市最近的机场是德宏芒市机场，相距90千米。目前已开通的航班有芒市至北京、成都、广州、重庆的直飞或经昆明中转上海、杭州等全国各大城市。

铁路：2015年12月，作为泛亚铁路西线重要组成部分的大瑞铁路开始全面动工兴建，铁路全长330千米，为国铁一级单线电气化铁路，设计时速为140千米，设计运输能力为客车12对/日、货运1 200万吨/年，建设工期6年。大瑞铁路总体规划向东连接昆（明）广（通）大（理）铁路老线及昆明至大理城际铁路，向北连接大（理）丽（江）香（格里拉）铁路，向南连接大（理）临（沧）普（洱）铁路，向东北连接规划中的攀（枝花）大（理）铁路，还有保山至腾冲铁路，云南延边铁路接入其中，今后向西连接中缅印孟铁路，瑞丽将作为泛亚铁路西线段中国境内的终点和中缅印孟铁路的连接点。大瑞铁路分别经过大理白族自治州、保山市、德宏傣族景颇族自治州3个州市的7个县区市，建成后，昆明至瑞丽铁路运输时间有望控制在6小时以内，将大大改变云南西部交通运输格局。

公路：国家公路为320国道和现在的杭瑞高速（G56）。320国道东起上海、西至瑞丽，全长3 600多千米；杭瑞高速是中国公路网中新建的一条东西横线，基本沿320国道建设，东起浙江杭州、途经安徽、江西、湖北、湖南、贵州，终于云南瑞丽，2016年12月全线贯通，全长3 404千米。杭瑞高速从西端终点瑞丽出发至省会昆明，途经芒市、保山市、大理、楚雄等云南省4个地级城市及7个县市，距昆明716千米，距楚雄561千米，距大理400千米，距保山204千米，距芒市90余千米。省道有S233腾瑞公路（200余千米），S321线嘎中至畹瑞桥段，瑞丽至弄岛段。瑞丽与缅甸北部重镇木姐相连，距缅甸旅游城市南坎32千米，距缅甸水陆码头八莫市138千米，距缅甸第一大城市仰光981千米，有瑞丽—木姐、瑞丽—南坎、瑞丽—八莫、瑞丽—九谷4条跨境公路相通。目前，鉴于缅甸政府正在地处孟加拉湾西海岸的缅甸若开邦皎漂建设缅甸最大的远洋深水港，同时皎漂港也是中缅油气管道的起点码头，云南省正在大力推进瑞丽至皎漂国际公路的建设。瑞丽至皎漂公路全长900.6千米，起于瑞丽市弄岛镇东侧，经缅甸南坎、腊戌、曼德勒、马奎，终于皎漂岛的皎哨。

4. 口岸相关商贸往来

瑞丽口岸国门位于姐告边境贸易区东面中缅边境81号界碑处，是目前瑞丽口岸设施最完善的出入境外交礼仪通道，供持护照，外交礼遇，第三国、旅游团队及部分边民出入境，日均出入境人流量9 500余人次，与缅甸最大的国门相对应，距缅甸重镇木姐市中心仅500米。

图6-88 瑞丽口岸联检中心

图6-89 入境车辆消毒

位于国门北侧800米处的中缅边境81-1号附碑处，为中缅街通道，相连缅甸木姐市。其主要供中缅双方边民、小型交通运输工具出入境，是目前瑞丽口岸出入境人员和交通工具最多的通道，每天出入境人员可达到2.4万人次，交通运输工具6 300辆次，是瑞丽口岸边民互市出口货物的主要通道。

货检通道位于国门南侧1千米处，是中缅进出口货物、出入境货运交通工具的主要通道，相连缅甸木姐市。其年均进出口货物180万吨、出入境货运交通工具30万辆次，是云南省进出口货物量最大的通道。进口货物主要有粮食、水果、水产品、矿产品等约100个品种，出口货物有汽车、摩托车、手机、家电等2 000多个品种。

图6-90 水果国检监管区

（十四）天保口岸（图6-91~图6-97）

1. 口岸简介

天保口岸属国家一类口岸，位于云南省文山壮族苗族自治州麻栗坡县南部著名的老山脚下，与越南清水口岸相对应；海拔107米，地处东经104°50′，北纬22°58′。内距麻栗坡县城40千米，距文山市120千米，距昆明市420千米，外距越南河江省省府河江市24千米，距越南首都河内340千米，距越南海防港410千米。天保口岸又名船头，法国人侵占越南时期，帆船沿盘龙河而上进行勘探，到了此地因为河水湍急，无法再顺河而上，因此命名为船头，喻船停的地方。

（a）天保口岸全景（1987年）

（b）天保口岸全景（2015年）

图6-91 天保口岸全景

天保口岸是云南最早的对外通商口岸之一，从古至今船头就是中越商贸往来的重要通道，自西汉以来，历代都在中国封建王朝的地方政权直接统辖之下。历史上的“交趾古道”正是经船头到达越南河江，宋、元、明、清时期，中越两国商贾用竹筏、木船载货物从天保顺水而下，马帮和行商往来不绝；清朝于乾隆十九年（1754年）设置了老寨对汛清水河卡，正式派有驻兵在船头地区防守，天保成了中越商品的重要集散地，越南的食盐从天保运往内地，内地的农副产品从这里销往越南。光绪十二年（1886年），清政府在麻栗坡设置都司衙门，光绪二十三年（1897年），中法两国协定：中国麻栗坡与越南河阳（今河江）对设督办，督办公署下设若干对汛，管理边境治安、边民涉外事务等。光绪二十四年（1898年），都司衙门改称麻栗坡对汛区，设交涉副督办，直隶于省，下设5个对汛，其中茅坪对汛对越南的箐门和曼美、天保（船头）对汛对越南的清水河（三溪），攀枝花对汛对越南的岩脚（官坝），董干对汛对越南的普棒，田蓬对汛对越南的上蓬。宣统元年（1909年）增设玉皇阁对汛对越南的曼美。

1914年，改交涉副督办为对汛督办，船头均属天保对汛，长年驻有汛兵十余名。1915年，将麻栗坡对汛督办公署辖区改为云南省辖特别区。1928年以后，口岸开放、出入自由，大批商客往返、盘桓于天保（原交趾城）、河阳之间，生意兴隆、贸易活跃。1940年，日军侵占越南后，边关封锁、边贸中止，直到1945年日本投降后才复苏。天保口岸成为滇、黔、川、桂、粤与越南商贸往来的重要口岸。

1949年1月，麻栗坡县境解放，1952年，麻栗坡县人民政府在天保建立贸易小组，天保定为边贸市场，正式开展中越两国官方边境贸易，其成为麻栗坡县经济发展的亮点和增长点。1953年，在天保成立边境检查站（现役），1954年3月1日，昆明海关成立天保支关，对天保履行海关监管职能。1953年8月，中越两国政府签订了开放两国边境小额贸易的议定书。1954年1月，中越边境小额贸易启动。根据中越两国政府的磋商，云南省与越南北部三省相继开放了11个相对的小额贸易口岸，船头确定为对越贸易通商口岸，1954年3月1日正式对越开放，开放区域为：从国界起至内地20千米以内的地区，由于当时船头尚未开发建设，城镇边贸市场设在距国界15千米的天保街，天保口岸边境贸易快速发展。1978年，因越南政府反华排华而中止。1974年9月，国家对外贸易经济合作部和云南省革命委员会决定撤销城镇办事处，终止了中越官方贸易。1979年2月，中越边境武装冲突，船头全部机构及天保农场工人后撤到麻栗坡县城和内地其他地方，天保口岸关闭。1982年2月，天保边境检查站改为天保边防工作站。1990年12月，麻栗坡县人民政府与越南渭川县人民委员会在船头盘龙河岸举行了天保口岸至渭川清水口岸航运通船典礼仪式。1991年7月，云南省人民政府批准麻栗坡县城为对越开放口岸。1993年2月，国务院批准同意恢复天保口岸对外开放，同年6月20日，天保口岸与越南清水口岸正式恢复开通。1998年3月，中国文山—中国天保口岸—越南清水口岸—越南河江的车辆互通。2014年12月，天保口岸正式列为国际公路客货运输口岸，实现对第三国人员开放。2009年，被云南省商务厅评选为云南省口岸前五名。2016年，天保口岸边民互市贸易额居云南省第一名。

2. 国门与界碑的历史沿革

国门区域占地350平方米，长38.7米、宽5.7米、高16米，2005年3月投入使用。国门设计造型为船型，寓意文山经济乘着改革开放的东风扬帆远航。国门两侧雕刻体现文山地方民族风格的壮、苗两种民族文化的铜鼓和芦笙图案；八根腾龙柱威武雄壮，象征中国的威严。

图6-92 天保口岸国门

261号界碑于2001年立碑，属同号双立界碑，我国为（1）号界碑，越南为（2）号界碑。262号界碑在盘龙河对面，直到八里河东山丫口为265号界碑。

图6-93　天保口岸261（1）号界碑

天保镇位于麻栗坡县南部，镇政府所在地为天保口岸，距县城40千米，距州府文山市100千米。1950年属马关县第五区（水碓房区）夹寒箐乡。1957年从马关县划回麻栗坡县，1958年10月又划回马关县，1961年再次从马关县划回麻栗坡县，至今未变。1962年建区，1963年10月增设戈令、小寨2个公社。1963年增设铜塔公社，共为11个公社。1988年3月撤区建乡，改原小乡为村公所，辖8个村公所。2007年9月28日撤销天保乡，设立天保镇，沿用至今。

绿营军入越作战。清朝云贵总督岑毓英于光绪十年（1884年）率滇军100个营5万余人［其中，开华府（文山）征调以壮族、苗族为主体的“民族军”1 000余名］开进越南河阳（今河江）、宣光一带与法军作战，史称“绿营军入越”。

陈赓大将过船头。1950年，越南处于抗击法国殖民统治，争取民族独立的艰难时期。1月，越共总书记、越南国家主席胡志明徒步17

天穿越丛林，乔装打扮秘密来到中国，请求中国支持。7月7日，受命于中央军委的陈赓大将，带领一支由军事、政治、后勤人员等30余名干部组成的工作组，在运输连和警卫连的护送下，从昆明出发坐火车达开远，转为步行取道麻栗坡至越南。在中国顾问团的帮助指挥下，越南从东溪战斗开始，直到取得边界战役胜利，共歼敌8 000余人，解放了边界沿线大部分城镇，将法军势力范围推回到内地，是越南抗法战争以来最大的胜利，为越南取得整个抗法战争的胜利奠定了基础。也正是依靠中国的协助，胡志明领导的越南民主共和国才得以从密林深处走向河内。

抗美援越。1964年8月美国在越南制造了“北部湾事件”。1965年3月至1968年3月，中国人民解放军援越部队及民工分批经船头出境，或从清水河入境。麻栗坡县共接待援越部队304次37万人次，提供后勤保障用粮油、肉蛋、蔬菜等3 299万千克。麻栗坡也成为援越抗美“国际生命线”上的一个重要驿站。

3. 国门与界碑的地理特征

1）自然条件

天保属低海拔湿热河谷地区，境内最高点为距天保20千米的著名老山主峰，最低点为盘龙河出境处，约为107米。镇域地形起伏变化较大，河谷深切，高山陡峻，水力资源丰富，立体气候明显。

气候特征：天保处于低纬度低海拔河谷区，气候温热，属中亚热带季风气候。最高气温为25.9℃，最低气温为12~13℃，年平均气温为18.29℃，年均降水量约为1 100毫米，最高值为1 600毫米，年平均日照时数为1 181.7小时，海拔300米以下河谷地带常年无霜。有“一山分四季，十里不同天”的“立体气候”特点，沿河一带具有“天然大温室”的有利条件，适宜于冬农开发和反季蔬菜种植。

地形地貌：天保镇属中山河谷地貌，地势西高东低，海拔差异大，土壤多为花岗岩红壤、赤红壤、石灰石红壤、水稻土等，适宜多种农作物生长。全镇总面积191.3平方千米，山区面积占99.9%。

2）资源禀赋

水能资源：盘龙河属红河流域泸江水系，其上游自文山盘龙河及麻栗坡县的畴阳河汇流而来，从境内穿过，经越南清水、河江、宣光后，汇入河内，经河内入海。天保镇辖区内建有多座电站，及玉尔贝矿泉水厂、槟榔山泉水厂、天龙酒厂等轻工企业。

矿产资源：天保镇境内已探明的矿藏有钨（含白钨和黑钨）、锡、铅、锌、硅、铁等10余种。近年来开采量较大的有钨、锡、硅等。

植物资源：天保镇内生物资源丰富，宜林面积大，植被有阔叶林、针叶林、灌木、草丛等。

旅游资源：天保镇内旅游资源有国家级天保口岸、著名的红色爱国主义教育基地八里河东山、省级重点自然生态保护区老君山林场等重点景点，并可在天保口岸开展边境旅游、跨国旅游、红色情怀游等。

3）民族文化

天保镇南部与猛硐瑶族乡老陶坪、猛硐村委会为邻，西部与大坪镇戈令村委会隔河相望，北部与麻栗镇南欧村、茅草坪村委会接壤，东南部与越南社会主义共和国河江省的清水河口岸接界，国境线长39.5千米。

4. 口岸相关商贸往来

1）天保口岸城镇规划编制情况

2008年前规划情况。2001年，麻栗坡县人民政府委托文山城乡规划设计院编制《麻栗坡县天保口岸修建性详细规划》，文山壮族苗族自治州人民政府文政发〔2001〕327号文件批复。2004年，麻栗坡县建设局委托云南省城乡规划设计研究院编制《国家级天保口岸规划》，州人民政府文政复〔2006〕15号文件批复。总体规划的范围为：南至中越边界，北至曼棍，东至东山脚下，西至老山脚下，总面积5.629平方千米。口岸城市性质定位为：国家一类口岸；云南通往东南

图6-94 天保口岸八里河东山

亚、南亚的国际大通道之一；文山壮族苗族自治州对外贸易进出口的重镇；麻栗坡县热区作物及边贸双向加工中心、边贸旅游服务中心、副县级镇。整个口岸规划以口岸自由贸易区为核心，曼棍仓储加工区为副中心，形成“三线、两点、五区”的布局形态。

图6-95 天保口岸30大街区域（2001年）

2009年规划情况。2009年6月，委托云南省城乡规划设计研究院编制《麻栗坡天保口岸经济区发展总体规划》。9月底规划通过了州县评审，10月底通过了省级评审，12月底云南省发展和改革委员会以云发改外资〔2009〕2604号文件批复。规划以科学发展观为指导，充分考虑天保口岸的现状与发展趋势，明确提出了天保口岸配套基础设施建设目标，天保口岸经济区发展的总体思路："强化一个中心，延伸一带两翼，拓展产业纵深，形成三大特色，构筑四大产业。"

2014年前规划情况。麻栗坡县天保镇以国家级天保陆路口岸为依托，规划打造集对外贸易业、物流业、旅游业、对外加工产业、能源开发，以及咖啡、橡胶、特色养殖等综合性产业体系于一体的、民族与异域风情突出的边境口岸型特色镇。该项目规划区范围为北至天保村（新城），东至八里河东山，西至老山，南至国家级天保口岸（盘龙河出水口），总面积19平方千米，镇区功能结构主要包括"一带六组团"。依据总体布局，结合城镇现状和实际条件，统筹兼顾，远近结合，优先安排有利于促进城镇经济社会发展以及人民生活急需的建设项目，近期主要以发展口岸服务组团为重点，依托区域的资源条件和发展需求，进行合理的功能布局，使各产业构成有机的产业链，在空间上形成合理的产业集聚。

2015年麻栗坡（天保）边境经济合作区规划情况。2015年，麻栗坡县立足沿边区位优势，精心编制了《麻栗坡（天保）边境经济合作区总体规划》，以"立足文山，面向越南，服务云南，连通中国与东南亚大市场"为功能定位，着力构建"一心、两片、两带、多点"的功能布局。"一心"是以天保口岸为核心区，规划面积6.17平方千米，将依托国家级天保口岸的区位优势，以口岸为核心，重点布局仓储物流、边境贸易、贸易加工、跨境旅游等。"两片"是指4.92平方千米的磨山轻工业区和3.63平方千米的兴街出口贸易加工区。磨山轻工业区主要布置生物科技、农特产品精深加工等。兴街出口贸易加工区以西畴县自身资源等发展新型冶金化工及对越南出口的机械制造、新型建材等。"两带"是指文天高速公路、二级公路及铁路形成的交通经济带和沿边经济带（向东通过八布乡、杨万乡、铁厂乡、董干镇至富宁县田蓬镇连接广西凭祥、东兴的沿边经济带和向西通过猛硐瑶族乡至马关县都竜镇连接河口的经济带）。“多点”是指建立以14个边民互市点和边境通道、沿高速公路和铁路主要交通节点为补充的边境经济合作区空间结构体系。力争通过建设，至2030年将麻栗坡（天保）边境经济合作区建设成为支撑和拉动文山壮族苗族自治州乃至云南省和大西南区域合作发展的重要经济增长点，将其发展成为国家重要的边境经济合作区，云南省面向中越的国家级开放门户，文山壮族苗族自治州辐射东南亚的区域性商贸物流中心，构建“南方丝绸之路”重要的先行试验区。

2）检验检疫机构情况

位于文山壮族苗族自治州麻栗坡县的天保口岸是文山出入境检验检疫局目前在辖区内唯一设有机构的口岸。1999年“三检”合一后，文山出入境检验检疫局在天保口岸设立副处级机构——麻栗坡办事处，负责天保口岸出入境人员和货物的检验检疫、口岸卫生监督、检疫处理等工作。办事处自设立以来，主动服务地方经济建设，严格把关、热情服务，在地方政府主导、检验检疫部门助推下，天保口岸先后通过了国家质量监督检验检疫总局口岸核心能力建设验收、进境粮食指定口岸验收、进境冰鲜水产品指定口岸验收、进境水果指定口岸验收等，促进了口岸货物通行能力的提升与边境贸易的增长。

（a）天保口岸联检楼（2006年）

（b）天保口岸联检楼（新）

图6-96　天保口岸联检楼

图6-97 天保口岸主干道

（十五）田蓬口岸（图6-98~图6-109）

1. 口岸简介

田蓬镇位于云南省文山壮族苗族自治州东南部，富宁县西南部，地跨东经105°25′51.89″~105°34′34.61″，北纬23°16′44.43″~23°24′6.91″。地处“两国（中国、越南）三省（云南、广西、越南河江）四县（那坡县、麻栗坡县、越南苗旺县、同文县）”接合部。镇境东西宽22.5千米，南北长27千米，距县城69千米，分别距越南苗旺、同文两县县城35千米、28千米，距广西弄河村19.5千米，国境线长60千米，是富宁县通往“两广”和对越贸易的重要窗口。

图6-98 田蓬口岸侧观全景图（初建成）

图6-99 田蓬口岸与越南上蓬口岸对应直观图

口岸沿线有一条出入境通道，即田蓬—上蓬通道；两个边民互市点，即田蓬、木杠；通边公路5条，即429号界碑、456号界碑、476号界碑、485号界碑、497号界碑。田蓬口岸与越南河江省苗旺县上蓬口岸相对应，于1996年9月经省政府批准为省级口岸（属国家二类口岸）。口岸于1998年3月20日正式开通。

口岸以现代化发展和集约化发展为方向，逐步完善口岸基础设施和边境城镇建设，积极争取国家和省市的资金支持，吸引社会资金进入，分步完善边境口岸及所在地的供水、供电、垃圾、排污、生态等设施建设；完善电信、广播、邮政、移动通信网、输变电线路等配套设施。根据口岸的地形地貌、功能定位和发展用地需求，合理布局，科学发展，以“尊重自然、体现生态、突出功能、繁荣口岸”的理念，推进口岸城镇化的发展，使口岸成为融山川灵气、人文特色、现代服务为一体的新兴口岸小城镇。

田蓬口岸属于省级口岸，由于目前中越两国未正式开通，文山出入境检验检疫局未在此设立机构，未开展检验检疫工作。目前富宁县人民政府正在进行口岸基础设施建设，拟在“十三五”期间将田蓬口岸申请为国家级口岸对外开放，文山出入境检验检疫局正积极配合地方政府做好口岸前期建设相关工作。

图6-100　建设中的田蓬口岸

图6-101　田蓬口岸检查棚

图6-102　田蓬口岸查验货场门房

图6-103　田蓬口岸汽车消毒房

图6-104 田蓬口岸联检楼及核放蓬

图6-105 田蓬口岸熏蒸房

2. 国门与界碑的历史沿革

田蓬于明代建村，初为一家赖姓在此开山造田、搭棚寄宿得名，时称田棚，民国后称田蓬。1946年置田蓬镇，1958年建田蓬公社、郎恒公社，1984年改为田蓬区、郎恒区，1988年改为田蓬镇、郎恒乡。2006年，撤销郎恒乡，并入田蓬镇，至今未变。

1953年8月25日，中越两国政府在北京签订《关于开放两国边境小额贸易的议定书》，双方同意开放中国田蓬-越南上蓬边境通商口岸，并于1954年3月正式开通；1977年，田蓬口岸被关闭。中越关系正常后，两国政府于1991年签订《关于处理两国边境事务的临时协定》，决定在条件具备时逐步开放21对陆路出入境口岸，中国田蓬-越南上蓬口岸就是其中之一。2006年7月，田蓬口岸作为国家一类开放口岸，被列入国家“十一五”口岸发展规划，并顺延转入“十二五”口岸发展规划。

1）田蓬边民互市点基础设施建设方面

为加快中越边境贸易发展步伐，促进两国经济社会持续快速健康发展。多年来，国家和云南省加大对边境基础设施建设的投入，修通了和平至越南新街的过境公路和田蓬至456号界碑的水泥路，建成了以集镇为中心，以通边公路为骨架，以乡村公路为脉络的公路网络；建成田蓬中越商贸街4 140平方米，边贸市场6 000多平方米，长600米、宽6米的友谊路，长300米、宽3米的向阳路（华侨街）和长500米、宽8.6米的木杠边民互市点，基本解决了交通运输难和两个互市点以路为市的问题；架通了边境乡镇各村委会的高压输电线路，开通了程控电话和移动通信设施，安装了有线电视。

图6-106　田蓬口岸456号界碑

2）田蓬口岸建设方面

现已完成联检查验配套设施建设，项目占地面积28 936.36平方米，总建筑面积5 931.57平方米。建设内容为联检楼、查验仓库、核放棚、过磅房、熏蒸房、汽车消毒房、边检查验篷、门房、变配电室及办公系统设备安装；建成占地面积11 267.23平方米，总建筑面积5 227.80平方米的联检部门生活业务用房，其中，边防检查站业务生活用房有4层，建筑面积1 778.59平方米；海关业务生活用房有3层，建筑面积876.04平方米；检验检疫业务生活用房有3层，建筑面积876.04平方米。口岸服务功能逐渐提升。

图6-107　田蓬口岸查验货场规划鸟瞰图

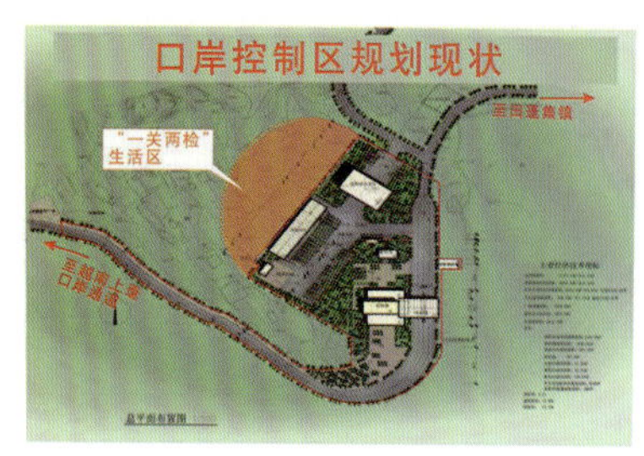

图6-108　田蓬口岸总体规划图

图6-109　田蓬口岸综合办公楼

3. 国门与界碑的地理特征

1）自然条件

地形地貌：全境地势西高东低，呈岩溶地貌。总面积462平方千米，最高海拔1 790米，最低海拔653米。境内河流纵横交错，水资源十分丰富，河流属珠江水系，大小河流13条，主要的3条河流是南利河、达烂河、郎恒河，河流总长约213千米。

气候特征：田蓬镇气候属亚热带季风气候，该县为半冷凉山区，半热谷区。境内积温高，年总积温为5 694℃，年平均气温15.6℃。年平均日照数112.8小时，境内雨量充沛，年均降水量1 210.6毫米，年平均日照数112.8小时，年平均相对湿度89%，年平均太阳辐射量9 045.9千卡/厘米^2。有干旱、暴雨、雷电、冰雹、大风等气候灾害，其中干旱、暴雨、雷电等灾害性天气基本每年发生。

2）行政区划

田蓬镇辖田蓬、龙哈、下寨、木卓、金竹坪、大坪子、下坪寨、龙修、碗厂、中厂、庙坝、木坝、那连、戈桃、者斌、叭咙、安良、田房、那年、上农共20个村委会375个村小组。

3）民族人口

田蓬镇是多民族聚居地，境内居住着汉族、壮族、苗族、瑶族、彝族5个民族。总人口以汉族为主，占52.83%；壮族占总人口的34.34%；其余为苗族、彝族、瑶族等民族。

4. 口岸相关商贸往来

1953年8月25日，中越两国政府在北京签订的《关于开放两国边境小额贸易的议定书》中规定为边境小额贸易开放口岸之一。1957年云南省对外贸易局设天保办事处，办理对越地方国营贸易的进出口事务，当时田蓬口岸进口额123 015元，出口额140 109元。1959年撤销边境小额贸易办事处，中越双方边民则长期往来于我国边境的庙坝、田蓬、和平、木杠等互市点和越境内的上蓬、新街、龙姑、隆兰等互市点。1964年，县供销社在田蓬设边民饭店，增设糕点熟食品。粮食统购统销时期，免票供应对象为包括部分越南边民在内的边境居民。1973年，在田蓬镇边境设旅馆，方便边民食宿，边民互市一度繁荣，出口商品多为棉布、成衣，每年交易棉布20万~30万尺，布成衣5 000件左右，以及40多种生产、生活用品。进口商品有手表、尼龙袜、毛毯、纱帕等10余种。

1977年起，边境小额贸易中断，边境集市逐渐萧条，但边民仍有往来。1983年，恢复田蓬集市贸易时，边民互市贸易只能半公开进行。1988年后，边民互市逐步公开。1991年11月7日中越两国政府在北京签订《关于处理两国边境事务的临时协定》，决定恢复开通田蓬-上蓬陆路边境口岸。协议规定双方进出口商品的种类和边境贸易额度。边民互市大增，当年进出口总值就达到了250万元，比上年增长125%。目前，田蓬口岸已开通了21条边境通道，其中，通边公路5条，即429号界碑、456号界碑（口岸对接公路通道）、476号界碑、485号界碑、497号界碑，其他属便道；建立了2个边境边民互市点，即田蓬、木杠互市点。集市贸易日趋繁荣，边贸经营范围逐步扩大，出口产品主要有工业产品、纺织产品、家用电器、农机产品、日用消费品等，进口产品主要有中南药材、海鲜产品、牲畜、家禽、农副产品等，双边交易往来频繁，边民互市贸易蓬勃发展。

（十六）盈江口岸（图6-110~图6-116）

1. 口岸简介

盈江县地处云南省西部，德宏傣族景颇族自治州西北部，位于东经97°31′~98°16′，北纬24°24′~25°20′。东北面与腾冲县接壤，东南面与梁河县接壤，南面与陇川县接壤，西、西北、西南面与缅甸为界。国境线长214.6千米，有33条通道通往缅甸。总面积4 429平方千米，占全州总面积的28.4%。县境内最高海拔3 404.6米，最低海拔210米，县城小平原海拔826米。距州府芒市153千米，距省会昆明735千米，距缅甸联邦密支那197千米，距八莫131千米。1991年8月，云南省人民政府将盈江口岸批准为国家二类口岸（口岸定于县城小平原）。盈江口岸是以县城小平原为中心，西、西南、西北三面呈扇形均与缅甸山水相连，区域从西北支那乡5号界碑开始至西南弄璋锁芒线村39号界碑，覆盖9个边境乡、镇，是德宏傣族景颇族自治州国境线最长的县。目前大小通道有80余条，与缅甸公路接通的有那邦、卡场、洪蚌河、苏典、昔马、芒线、支那等7条通道，其中苏典、昔马、支那和芒线等5个通道为非指定通道。

2. 国门与界碑的历史沿革

盈江口岸历史悠久，据中国古书记载，从西汉时期就有中国丝绸与缅甸玉石交换的史实，它是我国南方古丝绸之路的重要通道，是秦代“蜀身毒道”的主要出口之一，是内地通往缅甸、印巴各国的主要商道，比西北“丝绸之路”早两百多年。1894年，英国在盈江芒允口

图6-110　盈江口岸那邦国门

岸设立领事机构和海关，1909年，英国修筑了从缅甸八莫进入盈江的通商道路，贸易往来频繁。1962年，根据上级有关精神，停止了边境小额贸易。改革开放以后，1980年，恢复铜壁关、昔马、芒线为边民互市市场，1985年开始向缅甸开展边境小额贸易。

图6-111　那邦31（2）号界碑

图6-112 那邦37号界碑

2001年盈江县边贸货场正式启用，德宏出入境检验检疫局盈江办事处法制与综合业务科、检验检疫监管科进驻盈江县边贸货场联合办公。2011年3月10日，盈江遭受5.8级地震，地震造成盈江口岸边贸货场联检楼结构受到破坏，联合办公部门不得不转移到货场内搭建的简易板房内办公。2015年盈江县工业和商务局对边贸货场和联检楼进行了重新规划和修缮加固，2016年10月，修缮工程顺利完工，边贸货场修复后占地面积37 296平方米，口岸联检楼建筑面积2 025.95平方米，为四层建筑设计，一楼为联检部门联合办公大厅，由海关、林业、地税、工业和商务局、检验检疫等多部门联合办公；二至四楼为库房、机房、会议室等。

图6-113 盈江口岸现联检楼

3. 国门与界碑的地理特征

1）自然条件

盈江县总面积4 429平方千米，耕地面积55.49万亩，人均耕地1.75

亩。全县面积在4.5平方千米以上的坝子有10个，总面积638.48平方千米，其中以大盈江为中心的盈江坝面积为516.13平方千米。小于25°坡地面积478.35万亩，占总面积的74.9%；海拔1 400米以下的热区面积241.95万亩，占总面积的37.9%。

图6-114　盈江那邦联检楼

2）资源禀赋

植物资源：根据盈江县林业局（1987~1992年）动植物普查《高等植物名录》记载，县境内收集物种98目246科2 394种。属我国稀有新分布植物的有大果藤黄、杧果槟榔青、高大含笑、滇藏榄；属我国特有新植物的有红萼藤黄、双子藤黄；属全国重点保护的珍稀龙脑香科植物的有阿萨姆娑罗双、毛芽龙脑香、盈江龙脑香；重要药用植物的有美登木、杜仲、金鸡纳、毕菝、芦子、罗芙木、肉桂、木香等。

动物资源：全县野生动物种类纷繁，有兽类10目27科57种，鸟类18目51科335种，鱼类6目15科63种，两栖类7科19种，爬行类12科33种，昆虫类15目107科400余种。属国家一类保护动物的有蜂猴、白眉长臂猿、印度支那虎；属二类保护动物的有云豹、水鹿、猕猴、蟒蛇、绿孔雀、原鸡、冠斑犀鸟。

矿产资源：全县已查明主要矿藏有锡、钨、铅、银、锰矿，分布于县境东部和东北部。县境内西北蕴藏两大黄铁矿体，储量10万吨以上。沙金和原生金矿分布于铜壁关、昔马、那邦一带代。硅矿分布于卡场地带。翡翠、玛瑙、白云母、绿柱石、大理石等彩石类储量较大，遍布于西北部的卡场、勐弄、苏典等广大区域。

水能资源：县境内有较大河流43条，分属大盈江水系、羯羊河水系、勐戛河水系和龙江水系。全县水能蕴藏量214.8万千瓦，其中，大盈江干流及支流79.6万千瓦，槟榔江54.7万千瓦，西部河流80.5万千瓦。水能蕴藏量大于5 000千瓦的河流12条。河流大多属于山区型，落差大而集中，上游植被较好，丰枯季节流量稳定，有利于高水头电站开放。

地热资源：县境内有温泉眼数百个，主要温泉24个。芒章烂泥坝热泉和户勐显示区水温分别达到93℃和94℃。温泉基本分布在大盈江干支流附近，便于开发利用。

3）人口与民族

盈江县总人口30多万人，全县居住着以傣族、景颇族、傈僳族、阿昌族、德昂族5个世居少数民族为主的25种民族。汉族占总人口的44.05%；少数民族人口中，傣族占总人口的32.75%；景颇族占总人口的14.66%；傈僳族占总人口的6.61%；阿昌族占总人口的0.43%；德昂族占总人口的0.14%（2011年数据）。人口密度每平方千米71.6人。

4）交通条件

从盈江那邦镇出境9千米，就与著名的中印公路（史迪威公路）相连，沿中印公路向北90千米可达缅甸克钦邦首府密支那，往南80多千米可至缅北贸易重镇八莫，从密支那往西400千米可达印度雷多，从八莫可连接伊洛瓦底江水路至仰光南下印度洋，并且密支那至八莫沿线地势平坦，是大西南各省区同南亚、东南亚、印巴次大陆贸易往来的重要枢纽，也是中缅印孟经济合作陆路通道中最为便捷的通道。

4. 口岸相关商贸往来

改革开放以来，特别是1985年德宏全州开放为边境贸易区以来，盈江县大力发展边境贸易，经过近30年的努力，口岸设施日臻完善，道路交通极大改观，人流物流方便快捷，盈江的边境贸易和对外经济合作突飞猛进，边境贸易实现了快速发展。

图6-115 盈江口岸卫生检疫消毒（2003年）

盈江口岸进口商品主要有木材、玉石、土特产品、农副产品等，全部从缅甸进口，然后绝大多数以原料或半成品形式运往内地；出口商品主要有摩托车、纺织品、建筑材料、机电产品、成品油、日用百货、药品等，商品出口后，除部分在缅甸境内销售外，大部分商品经缅甸克钦邦密支那出口到印度、孟加拉等南亚国家。

1988年9月，设立盈江动植物检疫办事处，隶属于瑞丽动植物检疫所，为其派出机构，1989年4月1日正式开展动植物检疫工作。1991年4月经农业部动植物检疫总所批准设立盈江动植物检疫所，为昆明动植物检疫所分支机构。1992年5月，经国家动植物检疫局总局批准，更名为盈江动植物检疫局（正处级），1998年2月经昆明动植物检疫局批准，设立办公室和综合业务科，1992年9月设立盈江商检工作组，属瑞丽进出口商品检验局的派出机构，1992年10月正式开展进出口商品检验工作。1995年8月更名为云南进出口商品检验局盈江办事处（正科级），1995年10月设立瑞丽国境卫生检疫局盈江工作组（正科级），属瑞丽国境卫生检疫局派出机构，同年10月开展卫生检疫工作。1999年12月2日按照国务院“三检”机构改革方案，将盈江动植物检疫局、云南进出口商品检验局盈江办事处、瑞丽国境卫生检疫局盈江办事处合并，成立德宏出入境检验检疫局盈江办事处，为主管盈江口岸进出境动植物检疫、进出口商品检验和国境卫生检疫的行政执法机构，隶属于德宏出入境检验检疫局。

图6-116 盈江口岸，对入境木材检尺（2009年）

（十七）章凤口岸（图6-117~图6-124）

1. 口岸简介

章凤口岸，地处云南省西部，德宏傣族景颇族自治州西南部，位于东经97°39′~98°17′，北纬24°08′~24°39′，边境线长50.899千米，无天然屏障，沿边有坪山、吕良、弄安、拉勐、芒拉、迭撒、芒弄7个村；自然便道数不胜数，主要有拉影、南等、拉丙、腊宛、下曼林、拉勐、弄安、吕良、坪山9条通道，其中拉影、拉勐通道有边检常驻。章凤口岸与缅甸克钦邦八莫市雷基口岸紧密相连，距缅甸北部交通枢纽、规划中的中缅“陆水联运”港口、商品集贸重镇——八莫市，只有93千米，自古就是中缅贸易的集散地。章凤口岸处于中国经济圈、东南亚经济圈、南亚经济圈的交汇点，是中国连接东南亚、南亚，走向国际水域最便捷的主要通道之一，是中缅陆水联运大通道的“前沿港”，是云南省建设面向西南开放桥头堡和德宏傣族景颇族自治州建设桥头堡黄金口岸的重要组成部分。2010年章凤口岸新建占地面积6 572平方米的联检楼，新建占地面积21 334平方米的口岸配套查验货场，口岸基础设施不断完善。

图6-117　章凤口岸国门

图6-118　章凤口岸拉勐通道国门

章凤口岸在陇川县，“陇川”傣族语称为“勐宛”。“勐宛”是傣族语音译名，意为太阳照耀的地方、阳光普照的地方。2017年，陇川县辖5乡4镇1个农场，全县总人口约18.9万人，其中农业人口12万人。少数民族有傣族、景颇族、阿昌族、傈僳族、德昂族等。少数民族占总人口的54%，其中景颇族和阿昌族分别占总人口的24.5%和7.4%，为全国景颇族和阿昌族人口分布最多的县。章凤，傣族语音译，意为“大象吼叫的地方”，“章”傣族语意为“大象”，“凤”傣族语言意为“叫、吼叫”。章凤镇位于陇川的坝尾，南连瑞丽市，东接景罕，北接陇把，西与缅甸毗邻，国境线长16.3千米，土地面积146平方千米。其既是章凤口岸的所在地，又是陇川县的县城所在地。

2. 国门与界碑的历史沿革

中缅胞波情谊。“胞波”是兄弟同胞的意思，由缅语音译而来，原义为同胞，是缅甸人民和中国人民之间的亲切称呼。正是由于中缅之间的友好，章凤口岸的国门一直到2000年才建立，在这之前，所谓的国境线在边境沿线老百姓意识里是模糊的，由于无天然屏障，国界线就是村寨中的竹篱、村道、水沟、田埂。耕地交错，傣族、景颇族等少数民族跨境而居，边境沿线村寨相连相通，风俗习惯相近，语言相通。在章凤口岸，2000年以前只是以一条窄窄的弹石路作为边境线，沿线长着几株波罗蜜树，在树下，边检摆了一张小桌子，派了两名武警办理出入境手续，当时的动植检、卫检、商检与边检都在现在的拉影国门小学对面的一个临时工作点进行。

2000年国门建成投入使用后，陆续在国门旁种起了植物隔离带，辅以竹篱笆作为国界，但是这也仅限是在国门附近。即便是现在，沿着边境线往国门两边走不到100米仍然无隔离设施，要不是现在新修的巡逻道，以及偶尔在某个无名小道口的海关公告，真的是“一不小心就出国了”。在拉影大青树通道，有一棵大青树，该树树冠不仅覆盖了进出境人员通道，还将树枝伸入缅甸境内，树下立有“中国拉影”石碑一块，是游客前往拉影必去的景点之一。

章凤口岸的界碑设立时间分别为1985年和1994年，国门处的界碑为中缅50号附桩（2），拉影大青树通道处的界碑为中缅50号附桩（1），拉勐通道处的界碑为中缅47号界碑。

图6-119　章凤口岸界碑（1985年立）

图6-120　章凤口岸拉勐界碑（1985年立）

图6-121　章凤口岸国门界碑（1994年立）

图6-122　章凤口岸大青树界碑

3. 国门与界碑的地理特征

1）自然条件

陇川县境地形由高黎贡山余脉纵贯，西南走向。地貌特征为“三山两坝一河谷”，东北高峻，西南低平，最高海拔2 618.8米，最低海拔780米。陇川属亚热带季风气候，雨量充沛、日照充足、热量丰富，四季不明显，干湿季分明。每年5~10月是雨季，11月至来年4月是旱季。历年平均气温18.9℃，年平均降水量1 595毫米，日照数2 316小时。年均相对湿度

79%，终年无雪。

2）资源禀赋

植物资源：陇川县植物资源受地理条件的影响，境内植被呈垂直带谱状分布，天然植被有150余种类，人工植被20余种类。优质木材有紫椿、黄心楠、黄檀、木荷、楸木、秃杉、西南桦、栎树、粘枣、杉木、云南松、楝木等。

动物资源：陇川县内峰峦叠嶂、林海茫茫，为野生动物提供了良好的生存条件，野生动物有4大类107种。其中野生兽类有水鹿、棕熊、黑熊、金钱豹、云豹、苏门羚（山驴）、豺狼、狐、九节狸、獐、野猪、黄猴、长臂猴、旱坝羊、破脸狗（果子狸）、麂子、刺猬（豪猪）、猞猁、野兔、野猫、鼬、灰猴、水獭、松鼠、竹鼠、穿山甲等27种；野禽类35种；候鸟类14种；两栖、水族类有31种。

水资源：陇川县境内有大小河流98条，总长752.85千米，由北向南流入丽江、大盈江后，汇入伊洛瓦底江，地表水量为77亿立方米。主要河流有南宛河、户撒河、龙江等。

3）人口与民族

根据第六次人口普查数据，陇川县总人口181 580人。有彝族、白族、傣族、壮族、苗族、回族、傈僳族、拉祜族、佤族、纳西族、瑶族、藏族、景颇族、布朗族、布依族、阿昌族、哈尼族、锡伯族、普米族、蒙古族、怒族、基诺族、德昂族、水族、满族、独龙族等26个民族分布。其中，景颇族、傣族、阿昌族、傈僳族、德昂族5个民族为陇川县世居民族。

4）交通条件

2017年4月8日陇川第一条高速瑞陇高速通车，有效缩短了瑞丽、陇川的路程，使章凤口岸与瑞丽、畹町国家一类口岸实现高速相连，也使陇川进一步融入了瑞丽国家重点开发开放试验区。陇川通用机场、腾陇高速公路全面开工，章八公路前期工作顺利推进。2016年，陇川县实施了通畅工程、户撒乡村旅游道路、沿边公路等公路建设项目，改造提升县乡公路570千米。开通运营城市公交、城乡公交。

4. 口岸相关商贸往来

章凤口岸最大的优势是运距短、通关快、成本低，是典型的进出口口岸。出口的商品主要有针纺织品、棉纱、毛毯、日用百货、小五金、家用电器、农用机械；进口的商品主要有藤条、木材、硅化石、玉石、农副土特产及海产品、西瓜、荔枝、甘蔗等。

图6-123 章凤口岸木材检疫处理老照片

图6-124 章凤口岸卫生检疫消毒老照片

随着改革开放的发展，章凤口岸的边境贸易也随之不断发展，1985年瑞丽动植物检疫机构开始派人到章凤口岸执行动植物检疫工作，1988年设置瑞丽动植物检疫局章凤办事处，1994年设置瑞丽进出口商品检验局陇川办事处，1999年德宏出入境检验检疫局章凤办事处成立，主要负责章凤口岸的出入境检验检疫工作。

（十八）景洪港口岸（图6-125~图6-136）

1. 口岸简介

景洪港因坐落于景洪市中心而得名，是我国经澜沧江—湄公河通往老挝、缅甸、泰国的国家一类口岸，是我国西南面向南亚、东南亚辐射中心的前沿，是构成云南省水、陆、空三位一体开放格局的重要水路交通枢纽，上连思茅港、临沧港，下通缅甸万崩、泰国清盛、老挝琅勃拉邦，具有十分重要的战略意义。

图6-125　景洪港大门（2011年）

20世纪90年代初，西双版纳傣族自治州为适应我国对外开放，积极参与大湄公河次区域经济合作，密切中、老、缅、泰四国贸易往来、人文交流的需要而向国务院提出申请，经国务院批准建设景洪港。

图6-126 景洪港旅检楼前门（2013年）

1）设立时间

景洪港于1993年7月24日经国务院批准建设，1994年破土动工，2001年建成，2001年6月26日中、老、缅、泰四国正式通航。

2）建设规模

景洪港占地面积11万平方米，分旅检、货检、码头、住宿四大区域。其中旅检区建有联检楼，分出境和入境两个旅检大厅；码头区设有客、货两用泊位，分枯、洪水期两层码头，设计年吞吐量：旅客150万人次、货物40万吨。目前，景洪港至泰国清盛港可常年通航300吨级以上船舶。

3）地理位置

景洪港坐落在云南省西双版纳傣族自治州州府所在地景洪市区澜沧江北岸，往北距云南省会昆明520千米，往南距中缅边境线79千米，往西顺江而上距思茅港85千米、距临沧港306千米，往东顺江而下距橄榄坝码头28千米、距关累港81千米、距缅甸索累163千米、距泰国清盛港345千米、距老挝琅勃拉邦703千米。与西双版纳嘎洒国际机场相距5千米，与昆曼铁路相距23.7千米，昆洛公路（213国道）从其东侧穿行而过，地理位置得天独厚，交通四通八达，吃、住、行方便快捷。

（a）景洪港码头西侧两层泊位全景

（b）景洪港码头东侧全景

图6-127 景洪港码头

4）检验检疫驻港情况

1994年景洪港建设初期，西双版纳进出口商品检验局、西双版纳动植物检疫局、西双版纳卫生检疫局就已先后开展了各自业务工作。1998年“三检合一”后，西双版纳出入境检验检疫局在景洪港专设正科级办事处，编制5人，主要担负景洪港进出境货物、船舶、人员的检验检疫申报和查验工作。在建成初期，景洪港一度成为西双版纳进出口业务量最大的口岸，但随着2008年昆曼公路的建成通车和下游关累港的建成投入使用，景洪港进出口业务量逐年下滑。目前，景洪港进出口业务已陷入停滞状态，检验检疫驻港办事处也只留1名工作人员值守。

图6-128 曾经繁忙的景洪港（2010年）

图6-129 工作人员对入境木材实施熏蒸除害处理（2012年）

图6-130 景洪港办事处工作照（2010年）

2. 国门与界碑的历史沿革

景洪是傣语佛教地名，意为“黎明之城”。据传，佛祖到达此地传教时，正值黎明时分，故名景洪。旧时有阿罗毗、勐泐、景咏、景陇、九龙江（九江）、彻里、车里等称谓。西汉时为益州边隅。东汉时属永昌郡。唐南诏为茫乃道、步腾部（今景洪市北部普文一代），隶银生节度。公元1180年起，为景陇王国中心部分，隶属于唐南诏、宋大理地方政权。元隶属于彻里路军民总管府。明、清属车里军民府、车里军民宣慰使司，为古十二版纳中的版纳景龙、版纳勐龙、版纳勐星、版纳勐拉之一部。1913年为普思沿边行政总局1、4、7分局和第8分局制的一部分。1927年置车里县。1949年中华人民共和国成立后，车里县隶属普思临时人民行政委员会、宁洱专员公署。1953年

1月23日，西双版纳傣族自治区成立（1955年改为自治州），撤车里县，设版纳景洪、版纳勐龙、版纳勐养、版纳勐旺、基诺洛克生产文化站。1957年12月6日，上述4个版纳及基诺生产文化站并置为县级版纳景洪。1958年6月，裁版纳建制，置景洪县。1993年12月22日，撤县设市。

如今，景洪市辖勐龙、嘎洒、勐罕、勐养、普文5个镇，景讷、大渡岗、勐旺、基诺山、景哈5个乡，允景洪1个街道办，以及景洪、东风、勐养、橄榄坝、大渡岗5个农场管委会，并驻有中国医学科学院药用植物研究所云南分所、中国实验动物云南动物灵长类中心、云南省热带作物科学研究所、云南省农业科学院普文热带林业研究所四个中央、省属科研单位。建有景洪港、嘎洒国际机场两个国家一类口岸。

在澜沧江—湄公河上，中国与缅甸的界碑有243号、244号、245号3个号6块界碑；中国与老挝的界碑有1个号1块界碑。其中中老45号界碑又称中老缅1号界碑，中缅245号界碑又称中老缅2号界碑。

1）界碑地理位置

中缅243号界碑位于南阿河与澜沧江交汇处，距上游中国景洪港70千米、橄榄坝42千米，距下游中国关累港11千米。中缅243号界碑共有3个附碑，分别为：243（1）号界碑，位于中国境内南阿河东北岸，东经101°07′16.9″，北纬21°46′34.2″；243（2）号界碑，位于缅甸境内南阿河西南岸，东经101°07′14.4″，北纬21°46′31.8″；243（3）号界碑，位于中国境内澜沧江东南岸，东经101°07′16.7″，北纬21°46′24.3″。

中缅244号界碑位于澜沧江与南腊河交汇处的澜沧江两岸，距上游中国关累港20千米，距橄榄坝73千米，距景洪港101千米。中缅244号界碑共有2个附碑，分别为：244（1）号界碑，位于中国境内澜沧江东北岸、南腊河西北岸，东经101°08′33.2″，北纬21°59′47.9″；244（2）号界碑，位于缅甸境内澜沧江西南岸，东经101°08′33.7″，北纬21°31′50.0″。

（a）中缅244（1）号界碑

（b）中缅244（2）号界碑

图6-131　中缅244号界碑

资料来源：西双版纳军分区

中缅245号界碑（中老缅2号界碑）位于缅甸境内澜沧江与南腊河交汇处澜沧江南岸100米处的山脊上，东经101°08′36.7″，北纬21°33′47.3″。

（a）界碑中缅侧

（b）界碑中老侧

图6-132　中老缅245号界碑

资料来源：西双版纳军分区

中老45号界碑（中老缅1号界碑）位于南腊河口东偏东南澜沧

江—湄公河东岸高程为516.8米的山脊上，东经101°08′40.520″，北纬21°33′52.360″。

（a）界碑中国一侧

（b）界碑缅甸一侧

（c）界碑老挝一侧

图6-133　中老45号界碑（中老缅1号界碑）

资料来源：西双版纳军分区

中缅245号界碑（中老缅2号界碑）和中老45号界碑（中老缅1号界碑）呈三菱形，三面分别面对中国、老挝、缅甸三个国家，面向各自国家的一面，用各自国家文字题写有各国名称、界碑编号和阿拉伯数字立碑年代。澜沧江—湄公河就以这两个界碑为界，起源于我国青藏高原的澜沧江流出国境后称湄公河。

2）边境界碑沿革

西双版纳自东汉时期进入中国版图。唐宋至元明时期，西双版纳疆广无界，明末清初有壤未定，直到19世纪末，英国占领缅甸、法国占领老挝后，才被英、法帝国与中国清政府强割划定了中缅边界和中老边界。

在唐宋时期，今西双版纳全境及老挝、缅甸北部地区皆属唐南诏国、宋大理国管辖范围。南宋时，景陇王国的统治范围更是远及今泰国北部、老挝中北部、越南北部、缅甸东北部等地区。元明时期，中国管辖范围虽有所缩小，但今老挝琅勃拉邦以南至泰国帕沃府以南一线仍属中国疆域。直到明末清初，由于缅甸东吁王朝多次入侵，老挝宣慰司、孟艮府、八百宣慰司陆续脱离中国封建王朝的统治和版图。光绪二十年（1894年，傣历1256年）和光绪二十三年（1897年，傣历1259年），侵占缅甸的英国，强迫清政府割让了原属中国的木邦、孟养、孟密、孟拱、蛮莫、孟艮等大片土地给英属缅甸。光绪二十一年（1895年，傣历1257年），侵占老挝的法国，强迫清政府割让了原属西双版纳辖区的勐乌、乌得和磨丁、磨别、磨杏三处盐井共3 000平方千米的领土给法属老挝。

光绪年间，法国为巩固其所占领中国领土，强迫清政府签订了《滇越边界勘界节略》、《续议界务专条》和《续议界务专条附章》等条约。根据条约，中老边界自中、越、老三国交界点起，由东十层大山向西至南腊河口划定边界，议定竖立界碑20块，但到光绪二十二年（1896年，傣历1258年）初，双方只竖立界碑16块，剩下湄公河东岸的4块界碑（今中国勐满、勐润与老挝勐新交界处）因当时英法在该处互有矛盾而未设立，直到光绪二十三年（1897年，傣历1259年）初，中法双方才会同补立，并同时又增立了4块界碑。从光绪二十二年（1896年）勘定到光绪二十三年六月（1897年）结束，历时约一年半时间，先后共竖立了24块界碑，其中1号界碑属于中越边界，因此中老边界实际有23块界碑，边境线全长500千米。

图6-134 1897年中法联合勘界的中老界碑

资料来源：翻拍于《西双版纳傣族自治州军事志》

光绪二十年（1894年，傣历1256年）正月二十四日和光绪二十三年（1897年，傣历1259年）正月初三，英国同样为了巩固其所占中国领土，强迫清政府先后签订了《中英续议滇缅界务商务条款》和《中缅条约附款暨专条》。根据条约，光绪二十四年十一月十五日至二十五年三月二十三日（1898年12月27日至1899年5月2日），中英两国界务委员（中方迤南道陈灿，英方会办觉罗智）对从南马河流入南卡河之处至澜沧江界线进行实地会勘，并垒石竖标，从北面按顺序编为62号，共垒石77堆，第1号垒在南永河流入南卡江处，第62号垒在南阿河流入澜沧江处。垒石后，双方签订“界线垒石清单”和“界线垒石地图”。此次勘定的中缅边界西双版纳段自三面坡起，至南阿河与澜沧江交汇西岸止，以南阿河为界。光绪三十年十二月二日至三十三年二月十日（1904年1月15日~1907年3月23日），中英两国派员会同将垒石换修为界碑，中缅边界西双版纳段共设立了自30号起到62号止33块界碑。

时到中华民国，光绪年间划定的中老边界、中缅边界无变化。直到中华人民共和国成立后，本着尊重历史、维护和平的精神，中缅、中老通过友好协商重新划定了边界。1960年1月28日，中缅通过友好协商，在北京签订了《中华人民共和国政府和缅甸联邦政府关于两国边界问题的协定》，同年10月1日，又在北京签订了《中华人民共和国和缅甸联邦边界条约》，代替一切旧有的两国边界条约和换文。根据新协定、新条约，中缅两国联合勘界委员会派出联合勘界组，对中缅边界进行实地联合勘察立碑，明确两国边境线。此次勘定的中缅边界全长2 185.7千米，其中西双版纳段为288.49千米。中缅边界西双版纳段从南西河与南览河交汇处向南偏西350米处的南览河起，至南腊河与澜沧江交汇处，共勘立了从214号界碑至244号界碑31个号53块界碑。1961年10月13日，中缅两国政府又在北京签订了《中缅边界议定书》，正式划定和标定两国边界。1986年，中缅两国对中缅边界进了第一次联合检查。此次联检，只检查了中缅北段边界，中缅边界西双版纳段未进行联合检查。

1991年10月24日，中老两国也同样通过友好协商，在北京签订了《中华人民共和国和老挝人民民主共和国边界条约》及其附图。根据新条约，1992年2~4月，中老两国联合对中老边界进行实地勘察立碑，明确标定两国边界线。此次勘定的中老边界仍从东十层大山起，至湄公河主航道中心线离南腊河口约100米处的中老边界西端点，全长505.04千米，共设立界碑45个号47块界碑，其中西双版纳段399.6千米，从10号界碑至45号界碑（中老缅1号界碑），共36个号37块界碑。

1992年3月中老勘界期间，中国、老挝、缅甸三国举行三国交界点会谈，商定中缅边界增设245号界碑（即中、老、缅三国交界点2号界碑）。

1992年11月至1995年3月，中缅两国第二次对中缅边界进行联合检查。此次联检不仅对中缅边界全线界碑、附碑和方位物进行检查，而且对边界全线重新进行了测量和制图，增设了66块附碑，并在《第二次联合检查中缅边界议定书》中重新明确了中缅边界长度和设立界碑情况。重新明确的中缅边界全长为2 210.273千米，其中西双版纳段认定为292千米，新增附碑13块，从214号界碑至245号界碑共32个号67块界碑。

至此，从古到今，中老边界历经光绪年间和1992年两次划线定界，1992年划定界线比光绪年间界线多了5.04千米；中缅边界历经光绪年间、1961年两次划线定界和1986年、1992年两次联合检查，1992年联检确认界线比1961年划定界线多了24.573千米，其中西双版纳段多了3.51千米。

3）中缅勘界警卫作战

1960年10月1日，中国总理周恩来与缅甸总理吴努分别代表两国政府签署《中华人民共和国和缅甸联邦边界条约》后，中缅两国成立了联合勘界委员会，拟对中缅边界进行实地联合勘察立碑。为保障中缅联合勘界立碑工作的顺利进行，根据中缅双方协议，经毛泽东主席、周恩来总理批准，决定进行中缅勘界警卫作战。1960年11月，由云南省军区副司令员黎锡福任指挥长、陆军第13军副军长崔建功任副指挥长、第14军参谋长梁中玉任参谋长组成勐海前线指挥部，集中中国人民解放军步兵115团、117团、118团和昆明军区步兵第9、10、11团及各勤务保障分队共8 404人，在中缅边界西双版纳段缅方一侧约300千米正面、100千米纵深地带，对盘踞于此的国民党军柳元麟残部“云南人民反共志愿军”8 300余人实施围剿歼灭。作战分两个阶段、10个战点实施围歼：第一阶段为1960年11月22日至12月20日，包括勐歇奔袭战、锅巴卡奔袭战、蛮光奔袭战、曼俄乃奔袭战、洛卯坎山无名高地奔袭战、孟马奔袭战、王桑回阿战斗7个战点，共歼敌460余人；第二阶段为1961年1月25日至2月9日，包括巴西里叭坎亮奔袭战、果根索永奔袭战、江拉孟白了战斗3个战点，共歼敌270余人。

图6-135 1960年12月至1961年2月，中国人民解放军奉命对盘踞在缅甸的国民党残部进行作战

资料来源：翻拍于《西双版纳傣族自治州军事志》

经过两个阶段的作战，共歼灭国民党军残部741人，残余大部分逃往老挝、泰国边境地区，小部分撤回台湾。中国人民解放军出境作战部队为缅甸收复了其北部被国民党军残部盘踞10余年之久的3万平方千米近30万人口的广大地区，为中缅两国联合勘界竖碑工作顺利进行提供了强有力的保障。

4）中缅总理会晤

1961年4月13日，正值火红火红凤凰花开的时候，周恩来总理和缅甸总理吴努来到了美丽神奇的西双版纳。两国总理就解决历史遗留的边界领土问题，在西双版纳热带作物科学研究所的橡胶林绿茵上，进行了愉快而友好的会谈。此次两国总理会晤后，不仅加速了中缅边界的勘定工作，也加深了两国友好关系，推动了《中缅边界议定书》的签订和边界的正式划定、标定。

在两国总理会晤期间，周恩来总理和吴努总理及其夫人，以及陪同周总理出席的陈毅元帅参加了西双版纳各族人民数万群众的狂欢泼水节。从此，每年的西双版纳泼水节，都有数以千万计的国内外游客来此旅游观光。周总理与傣族人民群众一起狂欢泼水的样子成了傣族人民永恒的记忆，并载入《志史》，《难忘的泼水节》一文编入小学语文教材。

3. 国门与界碑的地理特征

1）澜沧江—湄公河概要

澜沧江—湄公河是中国境内澜沧江与境外湄公河一江两名的称谓，是世界第六、亚洲第三、东南亚第一长河，国际河流中仅次于亚马孙河、尼罗河，名列第三位，一江流经六个国家，被世人冠以“东方多瑙河”的美誉，如今它已成为我国西南与老挝、缅甸、泰国三国贸易往来、人文交流的重要黄金水道。

（1）地理位置。

澜沧江—湄公河位于东经94°~101°50′，北纬21°30′~32°40′，起源于我国青藏高原青海省玉树藏族自治州杂多县吉富山，经越南胡志明市以南流入南海，全长4 909千米，其中我国境内长2 161.2千米（西双版纳州境内长183.6千米）、境外长2 747.8千米。

图6-136 南腊河与澜沧江交汇处

资料来源：西双版纳军分区

（2）流经区域。

澜沧江—湄公河由北向南逶迤奔流而下，流经我国青海、西藏和云南三省区，从云南西双版纳傣族自治州州府景洪市中心由西北向东南方向穿城而过，在西双版纳傣族自治州勐腊县南腊河口，中老

45号、中缅245号界碑处出境，后称之为湄公河。一江春水滋养了中国、缅甸、老挝、泰国、柬埔寨、越南六国的81万平方千米土地，其中我国境内流域面积16.74万平方千米（西双版纳州境内流域面积244.7平方千米）、境外流域面积64.26万平方千米。

（3）水文地理特征。

澜沧江—湄公河地势北高南低，呈北南走向，河谷从河源到河口由窄变宽、流速由急变缓，特殊的地理位置、复杂的地形地貌造就了独特的水文地理环境，孕育了丰富的自然资源和灿烂的流域文明，其特征概括起来主要有以下几个方面。一是地形复杂，具有雪山冰川、高原草甸、深山峡谷、浅山丘陵、冲积平原。二是支流众多，有大小支流300多条，其中我国境内有179条。三是气候多变，从河源到河口涵盖寒带、温带、亚热带、热带四种气候类型，气温从-3℃到30℃，温度天差地别。四是生物多样化，从高寒雪山地带到热带聚集了上万种生物。五是水能丰富，年平均径流量740亿立方米，干流落差5 167米，水力蕴能3 656万千瓦，集航运、灌溉、发电等于一体。六是矿产富有，主要有金、银、铜、铁、铅、铸、镜、锡等。七是文化璀璨，澜沧江—湄公河流域有着闻名遐迩的东巴文化、佛教文化、象文化等。

（4）开发利用。

千百年来，澜沧河—湄公河这条温婉、逶迤的河流不仅孕育了流域国家辉煌灿烂的文明，而且对流域国家经济、社会的繁荣起到了纽带作用。尤其是近年来，随着我国改革开放的深入、东盟自由贸易区的扩大、“一带一路”倡议的推进、大湄公河次区域经济合作的加强，澜沧江—湄公河已成为中、老、缅、泰四国贸易往来、人文交流的重要黄金水道。一是航运开发，1990年，中、老两国专家对澜沧江—湄公河中国景洪至老挝琅勃拉邦（位于泰国清盛港下游358千米处）航道进行考察。同年，中国景洪至老挝万象获得试航成功；1993年，中国思茅航运公司开通老、缅、泰三国货物航运。同年，中、老、缅、泰四国共同提出澜沧江—湄公河航道整治方案；1994年，中国政府成立了“国家澜沧江—湄公河流域开发前期研究协调组”；2000年4月，中、老、缅、泰四国正式签署《澜沧江—湄公河商船通航协议》；2001年6月26日，中、老、缅、泰四国在西双版纳州宣布正式开通澜沧江—湄公河货物航运。

2）景洪市概要

景洪市是西双版纳傣族自治州州府所在地，是全州的政治、经济、文化中心，是以热带雨林为特征、柔情傣族为聚居的生态文明旅游城市，具有“雨林景洪，柔情傣乡”的美誉。

（1）地理气候特征。

景洪市位于云南省南部，西双版纳傣族自治州中部，东经100°25′~101°31′，北纬21°27′~22°36′。东邻江城县、勐腊县，西接勐海县、澜沧县，北连普洱市，南与缅甸接壤，与老挝、泰国一水相连，国境线长112.39千米。全市面积6 959平方千米，东西横距98千米，南北纵贯112千米。地势北高南低，海拔最高2 196.6米、最低485米、城区552.7米。属亚热带湿润气候，冬无严寒、夏无酷热，年平均气温为22.6℃。雨量充沛、日照充足，年降水量1 136.6毫米、平均日照2 171.5小时。静风，年平均风速0.7米/秒，无工业污染，是最适宜人类聚居的环境。

（2）人文特征。

景洪市是一个以傣族为主的多民族聚居区，包括傣族、哈尼族、拉祜族、布朗族、彝族、基诺族、瑶族、壮族、回族、苗族、景颇族、佤族、汉族等13个世居民族。2017年全市常住人口540 500人，户籍人口425 420人，户籍城镇人口206 996人，占户籍人口48.6%；户籍女性人口215 022人，占户籍人口的50.5%；户籍少数民族人口300 407人，占户籍人口的70.6%；户籍傣族人口143 750人，占户籍人口的34%，为最多；户籍哈尼族人口76 836人，占户籍人口的18%，次之；户籍基诺族人口23 562人，占户籍人口的5.5%，为最少。全市女性人口占比略高，这与傣族不重男轻女的良好传统观念有关。全市各民族以学习汉语为主，广交八方来客。傣族信仰小乘佛教，具有700多年的贝叶文化，讲礼数、行佛礼，与世无争，为人和善，待人真诚，崇尚生态环境保护，追求人与自然和谐共处。

（3）资源禀赋。

动植物资源：湿润的亚热带气候造就了景洪市丰富的自然资源，森林覆盖率达84.46%，有高等植物3 890种264科1 471属。其中可供利用的经济植物有1 200多种，药用植物1 000多种，珍贵名木树种340多种，被列为国家级保护植物的有52种，被誉为“森林生态博物馆”；有脊椎类动物500多种，其中鸟类390余种，兽类60余种，占全国的1/3和1/4，被列为国家级保护动物的有38种。两栖动物47种，爬行动物68种，占全国两栖爬行动物总类的1/5以上，被誉为“天然动物园”。

土地资源：可利用土地面积6 867.11平方千米，已利用土地面积6 763.24平方千米，占比98.5%；未利用土地面积103.87平方千米，占比1.5%。土层深厚，自然肥力高，共有6个土类、13个亚类、36个土属、65个土种，以赤红壤、砖红壤为主，是全国第二大黑土区。

水资源：水资源丰富，全市水资源拥有量30.97亿立方米，其中地表水30.95亿立方米。主要河流水能理论蕴藏量77.765万千瓦。出露热泉群、矿泉点15处。初步探明矿藏资源有铁、锰、煤、锡等20多种。

旅游资源：景洪市1981年被国务院列为国家级风景名胜区之一。1998年被评为中国优秀旅游城市。有野象谷、傣族园、花卉园、原始森林公园、勐泐文化园、曼听公园、勐泐大佛寺7个AAAA级旅游景区，曼迈桑康1个AAA级旅游景区，南药园、思小路风景2个AA级景区，雨林谷1个A级景区，其他景区有翠屏峰热带雨林公园、西双版纳神话园、勐巴拉王国园林、春欢公园、民族风情园、曼飞龙佛塔、告庄西双景、澜沧江印象、热带雨林自然保护区、基诺民俗山寨、大渡岗万亩茶园等数十个。全市星级酒店11个，高端休闲度假酒店6家，大型旅游文娱演艺中心4个，酒店接待床位约4.64万个，国际国内旅行社56家，旅游购物网点31家。

目前，澜沧江国际生态文化旅游度假区总体规划通过省级评审，雅德秘依旅游度假区、热带雨林回归示范园项目取得实质性进展，生态文明旅游城将得到进一步提升。

七、西藏自治区

（一）樟木口岸（图7-1~图7-6）

1. 口岸简介

樟木，古称“塔觉嘎布”，藏语为“邻近的口岸”，原名“卡萨”，尼泊尔语意为“税卡”，位于祖国西南边境，地处中尼边境喜马拉雅山中段南麓沟谷坡地上，海拔2 300米，是典型的沿盘山公路而建的山城，东、南、西三面与尼泊尔接壤，距拉萨736千米，离尼泊尔首都加德满都120千米。口岸所在地樟木镇，面积约70平方千米，常住人口3 000多人，居民以藏族、夏尔巴人为主，日平均流动人口1 000人次左右，高峰时可达10 000人次。

樟木口岸于1962年经国务院批准正式对外开放，是国家一类陆路通商口岸，2015年之前是中国通向南亚次大陆最大的开放口岸，是318国道的终点、中尼公路之咽喉，是中国和尼泊尔之间进行政治、经济、文化交流的主要通道。口岸进出口货物以服装鞋靴类轻纺产品、小家电类机电产品、果蔬农副类植物产品、尼泊尔木制工艺品、铜铝制食品包装容器为主，主要的贸易方式为边境贸易。

在樟木口岸，中尼两国以波曲河（在尼泊尔语中亦称“波曲果曲”，意为“西藏河”，全长445千米）为界，河上筑有中尼友谊桥，桥长45米，宽8米多，大桥中间的地上有一条红色的标志线，就是中尼两国的国境线。在大桥的中方一侧伫立着1997年建成的国门，“中华人民共和国”几个大字，神圣而庄严。国门下方设有中尼

53（1）号界碑，也是最广为人知的中尼界碑，吸引了大批中外游客驻足留影。

图7-1　樟木口岸53（1）号界碑

樟木出入境检验检疫局组建于1999年12月，是西藏出入境检验检疫局下属正处级分支机构。内设办公室、人事政工科、财务科、检务科、综合业务科、卫生监督科和检验检疫科7个科室，下辖西藏局技术中心樟木分中心和西藏国际旅行卫生保健中心樟木分中心2个正科级事业单位。2015年前，樟木出入境检验检疫局有正式职工30人，是西藏出入境检验检疫局下辖的分支机构，年货物检验检疫量占西藏出入境检验检疫局的80%以上。

2. 国门与界碑的历史沿革

1）聂拉木县历史沿革

樟木口岸所在的聂拉木县，汉语意为“地狱之路”。早在元朝时，聂拉木就同西藏一道正式划归元朝疆域，属中国元朝的行政区划，受中央管辖。1276年聂拉木地区属于拉堆洛管辖，为阿里的一个行政区，到1618年受乌思藏地方政府管辖。1751年，清朝政府废除西藏的藏王制，建立地方噶厦政府后，在聂拉木设立聂拉木宗（相当于今聂拉木县），从此开始由噶厦政府向聂拉木派驻雪巴（相当于县长）。1959年，西藏工作委员会决定，取消旧政府。1960年，正式建县，划归日喀则地区管辖，下辖樟木口岸所在的樟木镇等7个乡镇。

图7-2　樟木镇全景

2）樟木口岸对外开放

1962年，樟木口岸正式对外开放。但那时，樟木镇留给人们的印象还是散乱的简易木板房、脏乱不堪的狭窄街道以及打着赤脚背着羊毛皮张换盐巴的居民，全镇每年的货物贸易总量仅有千余元。改革开放后，国家出台了一系列优惠政策，鼓励边民从事边境小额贸易，积极引导群众参与从事旅游业，如开办家庭旅馆、兴办旅游度假村等，同时国家还对仍从事农牧业生产的群众进行技术指导和培训，帮助他们建立蔬菜温室大棚。经济的发展使这个昔日贫瘠落后的边境小镇迅速地繁荣起来，可观的经济收入也吸引着越来越多的外地人来到樟木。

图7-3 樟木口岸的特色民居

1964年，中尼公路聂拉木至达来马桥段建成通车，达来马桥更名为中尼友谊桥。但1981年的一场山洪将中尼友谊桥全部冲毁，现存的桥梁于4年后建成。

樟木口岸成为国家一类口岸。1983年，国务院正式批准樟木口岸为国家一类口岸，樟木口岸的对外贸易开始真正进入边境贸易时代，建立了专门的对外交易市场。日益活跃的边境贸易带动了整个小镇的发展，过去“房无三尺高、地无三尺平”的樟木镇发生了巨大变化。很多当地居民在1983年开始了真正意义上的边贸生意，如从尼泊尔进口卡垫、家具、碟片等运到拉萨，再从拉萨买布料、羊毛、鞋子等销售到尼泊尔。1985年，樟木口岸开始快速发展，人口也得到了快速增长。1990年，口岸有了第一幢水泥房子。

3）樟木口岸现状

经过近几十年的发展，2015年“4·25”地震前，樟木口岸已成长为西藏自治区最大的陆路口岸，成为喜马拉雅山名副其实的“经济特区”，有“小香港”的美称。

3. 国门与界碑的地理特征

1）自然条件

樟木镇属亚热带季风气候，年平均气温11~15℃，境内有茂密的原始森林，每年5~10月为该地区雨季，年平均降水量2 500毫米，湿度70%。由于气候湿润，口岸境内动植物资源十分丰富。

（a）2015年“4·25”地震前的友谊桥头

（b）2015年“4·25”地震后的友谊桥头

图7-4　中尼友谊桥头

2）资源禀赋

动物资源：樟木镇境内栖息着许多珍稀动物，主要有小熊猫、塔尔羊、盘羊、麂子、豹、黑熊、长尾叶猴、野猪、雪鸡、血雉、虹雉、太阳鸟、杜鹃鸟等。属国家保护动物的有长尾叶猴、豺、盘羊、小熊猫、水獭、虹雉、雪鸡、血雉等。

图7-5 背靠樟木口岸的希夏邦马峰

植物资源：樟木镇境内植被垂直分异，自河谷至山顶依次为山地亚热带常绿与落叶阔叶混交林、山地暖温带针阔叶混交林、亚高山暗针叶林和高山灌丛草甸。共有木本植物37科64属86种，其中樟科的珍贵树种几乎全身是宝。其根、叶、枝和果实均可提取樟脑和樟油，是医药、香料和食品工业的重要原料。木材不仅可用于建筑雕刻，还是理想的家具材料，由于特殊香味而颇受欢迎。另一类优势树是壳牛科的树种，用途也十分广泛。其木材坚硬、耐磨损、材质均匀，并具美观的花纹，可做纺织、乐器、秤杆、木工工具等特殊用途。

图7-6 高耸入云的青冈树

4. 口岸相关商贸往来

中华人民共和国成立后，樟木口岸成为中国和尼泊尔两国政治、经济、文化交往的重要门户，在我国周边外交战略中扮演着重要角色。2014年以前，樟木口岸是西藏最重要的，也是唯一的国际性公路口岸，无论是对西藏还是对尼泊尔的经济社会发展都发挥着重要作用，具有无法替代的重要地位。

樟木口岸是中尼两国睦邻友好关系的桥梁和纽带，中尼两国山水相连，人民传统友谊源远流长，特别是中华人民共和国成立后，中尼两国睦邻友好关系得到不断巩固和提升。两国人民依托樟木口岸，在政治、经济、文化等领域交往频繁，关系密切，樟木口岸成为中尼两国人民友谊的见证。

樟木口岸为西藏对外贸易做出过不可替代的突出贡献。自1962年正式对外开放，经过半个多世纪的建设和发展，成为中尼最重要的公路口岸，承担着主要的中尼双边贸易往来任务，到2014年，八成以上的中尼贸易是通过樟木口岸实现的。同时，樟木口岸也是西藏最重要的对外开放口岸。“十一五”时期，西藏对外贸易额共计193.26亿元人民币，其中经樟木口岸进出口贸易额高达104.43亿元人民币，占据全西藏对外贸易的“半壁江山”。进入“十二五”时期后，经樟木口岸的进出口贸易在西藏对外贸易中的份额逐年快速增长。2014年，樟木口岸的进出口贸易额再创新高，达到121.32亿元，占西藏对外贸易额的87.6%。

2015年受尼泊尔大地震波及，樟木口岸被迫中断运行，中尼双边贸易往来只得通过更高成本的航运和距离更长、周期更长的海运来实现。

樟木口岸在稳边兴边、促进中尼边民增收致富方面发挥了积极的作用。据不完全统计，尼泊尔有近15%的人口直接从樟木口岸的发展中受益，间接受益的人口比例高达20%。同时，樟木口岸除了带动聂拉木县人民增收致富外，还吸引了日喀则市定日县、萨嘎县、拉孜县等区域的农牧民甚至内地的经商人员到此就业，有力带动了边境和周边地区的经济繁荣和发展。

（二）普兰口岸（图7-7~图7-19）

1. 口岸简介

普兰口岸位于阿里地区普兰县境内，地处喜马拉雅山脉西段北麓，冈底斯山南侧的峡谷地带。普兰口岸是国际性口岸，西南与印度毗邻，南与尼泊尔接壤，是全国为数不多的12个三国交界口岸之一，有21个通外山口。异于单通道的口岸类型，它是以县为区域的特种口岸，有陆路通道和水路通道，包括多个山口、水道桥道和相关边贸市场，年出入境旅客40 000余人，贸易额8 000万元。普兰口岸拥有国门一座，于2015年投资建设，国门位于中尼边境斜尔瓦。

图7-7 普兰口岸国门

图7-8　普兰口岸国门区联检楼

图7-9　普兰县城旅检大楼

图7-10　普兰口岸边贸市场

图7-11 普兰县城货检大楼

根据国家出入境检验检疫局《关于西藏出入境检验检疫局分支局办事处设置和人员编制的通知》精神，于1999年10月26日将普兰动植物检疫局、普兰进出口商品检验局合并，挂牌成立中华人民共和国普兰出入境检验检疫局（正处级），行政编制控制在10名以内，普兰出入境检验检疫局现有行政编制人员6名。近年来，普兰出入境检验检疫局先后被国家质量监督检验检疫总局授予“全国检验检疫系统先进集体”和“全国检验检疫系统先进基层党组织”荣誉称号，被西藏自治区人民政府授予民主评议行风“群众满意单位”称号，被西藏出入境检验检疫局授予“先进集体”荣誉称号，多次被普兰县授予“重大动植物疫情防控先进单位”荣誉称号。

图7-12　入境旅客等待接受检疫查验

（a）联检现场入境货物查验（一）

（b）联检现场入境货物查验（二）

图7-13　联检现场入境货物查验

2. 国门与界碑的历史沿革

1961年12月，国务院第114次全体会议通过《国务院关于在西藏地区设立海关的决定》，决定中明确了在普兰设立海关。1962年因中印边境形势恶化关闭对印通道；1988年3月，中华人民共和国普兰动植物检疫所成立，隶属于中华人民共和国拉萨动植物检疫所。1991年12月，中国政府和印度政府签订《中华人民共和国政府和印度共和国政府关于恢复边境贸易的备忘录》。1994年对外经济贸易部决定在中国西藏自治区普兰县、印度北方邦比索拉加地区的贡吉开辟边境贸易市场。1994年中华人民共和国普兰进出口商品检验局成立，隶属于西藏商品检验局管理。

3. 国门与界碑的地理特征

普兰县属高原亚寒带干旱气候。日照充足，日温差大，年温差相对也较大，气温低，降水少。年均温度3℃，极端最高温26.5℃，极端最低温-27.5℃，年日照时数约为3 153.2小时，年霜期213天，年降水量172.8毫米，且40%集中在8月。普兰县植被以高寒草甸、山地草甸、山地草原等为主，灌丛、沼泽、荒漠草场分布少。土壤以高山草甸土、山地草甸土、黑钙土等为主，有机质、氮、钾含量高。

（1）通道历史悠久。普兰口岸位于西藏阿里地区的普兰县境内，下辖斜尔瓦、强拉、丁嘎等21条民间通道；毗邻印度北部、尼泊尔胡木拉县，边境往来及相互通商历史达500多年。1954年正式开放中国斜尔瓦-尼泊尔胡木拉双边性口岸，1962年因中印战争关闭，于1992年恢复开放，目前是阿里地区唯一的国家级陆路通商口岸。

图7-14　斜尔瓦国门中尼吊桥

（2）战略地位靠前。普兰口岸所在地普兰县，位于西藏地区西南部，隶属于西藏阿里地区，位于喜马拉雅山南侧峡谷地带及中国、印度、尼泊尔三国交界处，向北连接新疆喀什地区，向南与吉隆、樟木口岸遥相呼应，向东与拉萨、日喀则相连相通，不仅是对外发展的重要窗口，更是连通南北、对接新疆的重要枢纽。长久以来就是西藏对外交流发展、维护区域稳定、抗击外来侵略、维护民族团结的第一线，战略意义重大。

图7-15　普兰口岸9（2）号界碑

（3）区域责任重大。阿里地区幅员辽阔，占地30.4万平方千米，是羌塘高原的核心地带。阿里被誉为世界屋脊的屋脊，不仅有札达土林、古格王朝遗址、班公措等历史、文化、自然景观，辖区内更是有冈仁波齐、玛旁雍措、科迦寺等享誉世界的佛教朝拜圣地。因此，阿里地区不仅是世界各国旅客入藏旅游朝拜的重要目的地，还是国家实施治边稳藏、建藏、兴藏战略的主要区域，更是我国与印度、尼泊尔等南亚次大陆国家开展和平外交的主要窗口。

图7-16　普兰县全貌

4. 口岸相关商贸往来

普兰县北部有神山冈仁波齐峰和圣湖玛旁雍措，是著名的佛教朝圣地区，历史上是印度教徒入境朝拜的必经之路。境内有灿烂的民族文化和独具特色的民族服饰。同时，普兰县还是中国、印度、尼泊尔三国政治、经济、文化交流的重要场所，境内的唐嘎市场有500多年历史，是阿里地区乃至西藏、新疆通商印度、尼泊尔的南亚主通道。

图7-17　普兰县

由于境外不通公路，时常大雪封山，外国商民一般仅在每年7~9月入境交换，属季节性口岸。1954~1962年，普兰口岸主要与邻国开展边境小额贸易，当时印度卢比在流通中占有较大比例，进口商品主要为粮食、木材和日用品，出口以羊毛、盐巴、硼砂为主。1960年该口岸边贸额100万元，1962年口岸关闭，1992年恢复开放，成为西藏西南部对外贸易往来的主要口岸，年交易额约4 000万元。普兰县这一小片绿洲自古就是令外来商旅心驰神往的好地方，500多年前普兰就有了中国、印度、尼泊尔三国传统贸易市场，从这里，24条古商道伸向喜马拉雅的每个垭口。

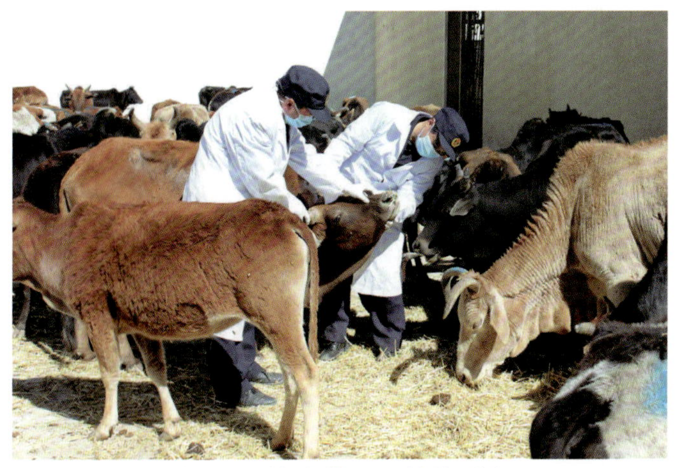

图7-18　检疫偷运入境的活牛

图7-19　普兰口岸特殊的货物运输方式——畜驮

（三）吉隆口岸（图7-20~图7-23）

1. 口岸简介

“吉隆”，藏语意为舒适、快乐的幸福之乡。公元658年，唐高宗时期外交家王玄策出使古印度，途经吉隆时有感征程之艰辛、自然之壮美，留下数行摩崖石刻——“大唐天竺使出铭”，比“唐蕃会盟碑”还早165年。

吉隆口岸所在县吉隆县，位于西藏自治区日喀则市的西南部，地理坐标东经84°35′~86°20′，北纬28°3′~29°3′。南面和西南面与尼泊尔相邻，边境线长162千米，北面以雅鲁藏布江为界与萨嘎县相邻，东面与聂拉木县搭界。全境东西长300多千米，南北宽200千米左右，全县面积9 300平方千米。

吉隆口岸位于日喀则地区吉隆县境内，喜马拉雅山中段南麓吉隆藏布下游河谷，与樟木口岸隔山为邻。1972年被国务院批准为国家二类陆路口岸，曾经设有海关、商检等部门，后因樟木口岸的繁荣，吉隆口岸进出口贸易基本停止，海关、商检等部门随之撤销。1987年国务院批准吉隆为国家一类陆路口岸。交易除以物易物外，多以人民币和尼泊尔卢比作为支付手段。

图7-20 吉隆口岸国门

2. 国门与界碑的历史沿革

吉隆口岸是传统的中尼边境贸易口岸，也是西藏历史上与尼泊尔最大的陆路通商口岸之一，素有“迎亲道”“商道”“管道”“战道”“传法道”之称，有着悠久的对外贸易历史。1961年12月15日，国务院批准口岸开放，1972年，国务院批准吉隆口岸为国家二类陆路口岸，1987年，国务院确定吉隆口岸为国家一类陆路口岸，20世纪80年代初，由于中尼双方道路交通路况差、口岸基础设施建设滞后、热索桥断裂等诸多因素，口岸对外贸易开始萎缩，口岸功能随着检验检疫部门及海关的撤出基本停滞，但两国边民互市贸易从未间断。

近年来，随着“一带一路”倡议的实施，西藏自治区党委、政府提出建设南亚陆路大通道和重点建设吉隆口岸的发展战略，吉隆口岸飞速发展。2014年12月1日，吉隆双边性口岸正式恢复通关。2015年，中央第六次西藏工作座谈会明确提出“推进中尼跨境经济合作区建设”的发展目标。2015年5月11日，国务院下发国函〔2015〕83号文件，批准吉隆口岸对外扩大开放。受2015年“4·25”地震影响，樟木、吉隆口岸受损严重，樟木口岸贸易暂时中断，吉隆口岸克服困难率先于2015年10月13日恢复通关，继续承担起中尼对外贸易重任，克服口岸基础设施薄弱等困难，全面推进边境贸易发展。

图7-21 吉隆口岸备勤用房

2014年12月1日，吉隆双边性口岸正式恢复通关。目前，吉隆口岸已完全取代樟木口岸功能，承担了全藏主要的外贸进出口业务。2008年，吉隆口岸进出口贸易总额仅为557万元，2016年进出口贸易总额达34.2亿元，呈现出井喷式增长的发展势头。2017年，吉隆口岸扩大开放验收已经通过国家验收，也即将面对第三国开放。

图7-22　中国与尼泊尔48（1）号界碑

3. 国门与界碑的地理特征

吉隆口岸地处吉隆县，位于西藏自治区日喀则市的西南部，不仅是对外发展的重要窗口，更是连通南北的重要枢纽。长久以来就是西藏对外交流发展、维护区域稳定、抗击外来侵略、维护民族团结的第一线，战略意义重大。

吉隆口岸所在的日喀则市土地辽阔，总面积18.2万平方千米，是西藏的第二大城市，是后藏曾经的政教中心，也是历代班禅的驻锡之地。美丽旖旎的自然风光，独具特色的后藏生活，日喀则被誉为“最如意美好的庄园”。因此，日喀则市不仅是世界各国旅客入藏旅游朝拜的重要目的地，还是国家实施治边稳藏、建藏兴藏战略的主要区域。

吉隆口岸依托日喀则市的旅游文化资源和独特的地理位置，在国家大力的支持下，成为我国与印度、尼泊尔等南亚次大陆国家开展和平外交的主要窗口。

4. 口岸相关商贸往来

随着边境贸易规模不断扩大，口岸经济交流日益活跃，西藏加快了构建“南亚陆路贸易大通道”的步伐。

在建设“南亚陆路贸易大通道”的总体目标下，西藏已经确立了“重点建设吉隆口岸，稳步提升樟木口岸，积极恢复亚东口岸，逐步发展普兰口岸和日屋口岸”的发展建设思路，并积极推进相关配套设施建设工作。

与此同时，西藏加紧进行吉隆口岸在交通、能源、通信等方面的基础设施建设，总投资将超过12亿元。根据相关规划，吉隆将引入1.4亿元资金，建设口岸仓储加工区和物流园区，以增强口岸贸易的发展后劲。西藏正在积极争取在吉隆口岸建设中尼跨境经济合作区，吉隆口岸有望成为西藏第二大边贸通道。

（四）亚东乃堆拉边贸通道

1. 口岸简介

亚东，又称卓木，藏语意思为“旋谷、急流的深谷”。

亚东县地处西藏南部，位于西藏自治区日喀则市亚东县境内，喜马拉雅山脉中段南麓，为西藏自治区边境县之一，是西藏南部边境的突出三角地带。其东、南、西三面分别与不丹、印度接壤。全县总面积4 306平方千米，辖有7个乡镇、25个行政村、67个自然村，总人口约1.4万人，有藏族、汉族、回族等民族，其中藏族占98%以上。

亚东县是中印贸易的主要通道，中印之间的乃堆拉山口处于西藏与南亚诸国的中间结点位置。乃堆拉山口距拉萨约500千米，距离印度加尔各答550千米。这里曾经是“丝绸之路”南线的主要通道，是中印之间主要的陆路贸易通道，是“茶马古道”的主要通道和中国与南亚诸国陆路贸易的桥头堡，是西藏对外开放的重要窗口。进出口贸易给这块弹丸之地带来了意想不到的荣耀与繁华。古代的茶马古道，使民间贸易经过西藏延伸到不丹、尼泊尔、印度，更远到达西亚等地，为当时西藏的经济发展做出了巨大的贡献。20世纪初，乃堆拉山口曾创造了每天过往行人700余人、骡马千余匹，年进出口货物达上亿银圆（相当于3.3亿多元人民币），占当时西藏边境贸易总额80%以上的辉煌业绩。

图7-23 亚东乃堆拉边贸通道

西藏出入境检验检疫局亚东办事处是西藏出入境检验检疫局下辖的正处级分支机构，前身是亚东工作组。亚东工作组于2006年3月组建，2006年5月1日正式入驻亚东。2011年8月国家质量监督检验检疫总局批准成立西藏出入境检验检疫局亚东办事处，编制15人，是西藏出入境检验检疫局下辖的正处级分支机构。

2. 国门与界碑的历史沿革

乃堆拉边贸通道地理位置优越，历史上一直以来都是连接我国内地、西藏与南亚次大陆地区的主要陆路通道。亚东口岸是茶马古道和南方丝绸之路的主要商埠之一。早在清朝年间，亚东口岸就已派驻海关等政府部门。20世纪60年代中印发生边境冲突后，亚东口岸关闭，乃堆拉边贸通道对外贸易完全中断。

根据2003年中印两国签署的《关于扩大边境贸易的谅解备忘录》，经数年筹备，2006年7月6日，关闭44年之久的亚东乃堆拉边贸通道正式开通，边境贸易开始恢复。根据协议，该通道贸易方式规定为“边民互市贸易”；2006年规定贸易开通时间为当年6月1日至9月30日的4个月（实际为7月6日至9月30日），2007年以来开通时间延长为7个月（5月1日至11月30日）。开通期间采取双方边民定期（每周一至周四）前往指定交易市场（我方为距山口16千米处的仁青岗市场、印方为距山口7千米处的昌古市场）交易的模式，双方边民需携带边民身份证件，驾驶向双方联检部门报备的车辆于交易日上午集中出境前往交易市场，交易完毕后再于当日下午集中返回入境。

2014年9月，国家主席习近平访问印度期间，中印两国发表了《中华人民共和国和印度共和国关于构建更加紧密的发展伙伴关系的联合声明》，决定于2015年6月起增开经乃堆拉山口入境的印度官方香客朝圣路线。

3. 国门与界碑的地理特征

县城驻地下司马镇距边境一线乃堆拉山口37.5千米，有亚（东）乃（堆拉）公路相连。从乃堆拉山口出境，至印度锡金邦首府甘托克51千米，至加尔各答550千米，边境线长290千米，对外通道45处，处在反渗透、反分裂、反蚕食、反偷渡的最前沿，具有十分重要的战略位置。

4. 口岸相关商贸往来

亚东乃堆拉山口边贸通道出境货物主要包括纺织品（床上用品、服装、手套、袜子、帽子、卡垫、绸缎等）、轻工品（鞋子、瓷器、工艺品等）；进境货物主要包括佛事用品（植物油、铜器等）、食品（饼干、饮料、方便面、糖果等）、粮食（大米、扁米等）、纺织品（毛毯、披肩、衬衣等）、木制工艺品等，主要的贸易方式为边境互市贸易。

亚东乃堆拉边贸通道运行以来，交易额不断攀升。同时，边贸的发展有效带动了边民增收致富，显著改善了中印双方边民的生产生活，中印双方边民进一步增强了互惠互信。同时，边贸发展带来的人流、物流、信息流，使群众思想得到了进一步解放，群众思富盼富，渴求发展奔小康热情不断高涨，边贸的发展在促进亚东县域经济发展与兴边富民方面发挥着重要的作用。

2013年，习近平总书记在出访中亚和东南亚期间，分别提出了共建“丝绸之路经济带”与“21世纪海上丝绸之路”的倡议。“一带一路”的提出也惠及西藏的发展，为西藏提出了更加明确的发展方向和路径。由于地理原因，亚东的对外贸易主要针对印度、不丹两国，“一带一路”的提出，给亚东的边境贸易带来新的突破。

八、甘　肃　省

1. 马鬃山口岸（图8-1~图8-7）简介

1）马鬃山镇

马鬃山镇位于甘肃省酒泉市肃北蒙古族自治县的北山区，是县属副县级镇。该区域西邻新疆，南接玉门市、瓜州县，东靠内蒙古自治区的额济纳旗，北与蒙古的戈壁阿尔泰省接壤。整个区域总面积3.8万平方千米，常驻人口约1 400人。

2）口岸设立时间

1992年10月，国务院批复同意马鬃山（那然色布斯台）作为季节性口岸对外开放，允许中蒙双方人员、边贸货物和交通工具通行。

图8-1　原兰州卫生检疫局工作人员在马鬃山口岸执行查验任务后合影（1992年）

3）地理位置

马鬃山口岸位于中蒙边境线甘肃段（马鬃山段）东端，国门建在中蒙边境线中国一侧。中方的边境贸易地点设在马鬃山镇政府所在地——公婆泉。

4）接壤情况

中蒙边界甘肃段西起487号界标，东至500号界标，国界边境线长65.018千米。

5）区位优势

马鬃山口岸是中蒙边境甘肃段唯一一个陆路口岸。20世纪90年代，肃北蒙古族自治县在北山区修筑有简易道路和油路。21世纪初，建成的S216省道南段连接公婆泉到G312国道，S216省道北段可从公婆泉直通马鬃山口岸。2015年建成的临（临河）哈（哈密）铁路、2017年建成的京（北京）新（新疆）高速公路临（临河）哈（哈密）段横贯北山区东西。

6）建设规模

1991年底，为了口岸正式开通运行，甘肃省政府投资在中蒙边境182界碑处建设了国门、口岸检查厅以及商检、动植检、卫检和海关、边检的工作和生活设施。在公婆泉建设了简易的马鬃山区边贸市场。2007年竣工的新国门总投资200余万元，高5.1米，共4层，总建筑面积1 041.04平方米。

国门形制：1991年建设的国门比较简易，门柱为混凝土结构，横梁为钢结构，横梁中间设有国旗旗杆。为了随时准备迎接马鬃山口岸的复通，酒泉市边防办公室从省财政厅申请资金，在原址上建设了新国门。国门采用仿古长城建筑风格，平面布局，东西对称。国门两边为城台，上部连接部分为城墙，城台和城墙上部墙体有垛口状设计。

2. 国门与界碑的历史沿革

肃北历史悠久。早在春秋、魏晋时期就有先民居住，西晋已设县，之后历朝都在这里设镇置县。1937年10月，在安西县（今瓜州县）、玉门县（今玉门市）北部马鬃山一带地区成立马鬃山设治局，局驻地为公婆泉。1938年2月，更名为肃北（因地处肃州西北而得名）设治局，隶属于甘肃省第七行政督察区。1941年3月，设治局机关移至安西县三道沟镇。1949年3月18日，撤销设治局三道沟的办公地点，由安西县县长兼任设治局局长。

1950年7月22日，肃北解放，同年7月29日正式建立肃北蒙古族自治县。1954年改为肃北蒙古族自治区，1955年改为肃北蒙古族自治县。

图8-2 1992年建成的位于公婆泉的“马鬃山区边贸市场”

资料来源：酒泉市政府

图8-3 2006年建成的马鬃山口岸新国门

1992年4月，甘肃进出口商品检验局参加甘肃省计划委员会组织的甘肃省政府代表团，在马鬃山区所在地公婆泉与蒙古戈壁阿尔泰省、巴彦洪果尔省省长就开放马鬃山边境口岸问题进行了会谈，并签订了《中华人民共和国甘肃省和蒙古国戈壁阿尔泰省、巴彦洪果尔省关于开设马鬃山—那然色布斯台口岸会商备忘录》。

1992年6月1日，甘肃省人民政府向国务院上报《关于开设中蒙边境马鬃山（那然色布斯台）口岸的请示》，申请开设马鬃山口岸。同年9月1日，马鬃山口岸开关后，甘肃进出口商品检验局、兰州动植物检疫局、兰州卫生检疫局赴马鬃山实施进出口商品检验、进出境动植物检疫和国境卫生检疫工作。

1992年10月19日，国务院下发《关于同意开放甘肃省马鬃山口岸的批复》（国函〔1992〕153号），同意马鬃山（那然色布斯台）作为季节性口岸对外开放，每年3月、6月、8月、11月的1~15日允许中蒙双方人员、边贸货物和交通工具通行，中方的边境贸易地点设在马鬃山区政府所在地——公婆泉。

1992年11月10日，甘肃进出口商品检验局印发《甘肃省边境贸易进出口商品检验管理办法（试行）》（甘检办字〔1992〕第108号），规定了马鬃山口岸过境的进出口商品的检验和监督管理要求，并明确马鬃山口岸的进出口商品检验工作由酒泉商品检验局具体组织实施。

图8-4 1992年竣工的马鬃山口岸查验厅

资料来源：酒泉市政府

同年，兰州动植物检疫局出台《马鬃山口岸中蒙边贸进出境旅客携带动物和动物产品检疫管理办法》《马鬃山口岸植物检疫管理办法》等管理文件，对进出境旅客携带物检疫做了明确规定。

1993年8月1日，蒙古以保护国内自然保护区为由单方面提出关闭口岸，经甘肃省人民政府请示外交部，同意蒙方要求，暂时关闭口岸，保留继续开关的权利。

马鬃山口岸在蒙方单方面关闭后，甘肃省政府高度重视复通工作，通过各种渠道加强与蒙古沟通协调。2010年1月，巴彦洪果尔省省长通过我国驻蒙大使转来信函，表明了希望马鬃山口岸尽快复通、加强省际经贸合作交流的意愿，甘肃省政府给予积极回应。2014年4月，外交部在与蒙古新成立的口岸委员会会晤时正式向蒙方提出马鬃山口岸恢复通关的建议，蒙方代表接受建议，答应将其列入研究议题。2015年4月1日至2日，"《中蒙边境口岸及其管理制度协定》执行情况第五轮司局级会晤"在北京举行，在两国外交层面正式磋商口岸复通问题。中方代表团在全体会议上提出，重新开放马鬃山口岸，并将复通问题列入口岸协定的修改意见中。蒙方代表回应，马鬃山口岸蒙方一侧为国家级自然保护区，人烟稀少，口岸开放存在实际困难。双方签署的会晤纪要作如下表述：中方建议增设达来毛都（布敦毛都）和马鬃山（那然色布斯台）口岸，蒙方同意在经济、安全等方面做出评估后再做决定。

1962年12月26日，中华人民共和国和蒙古人民共和国边界条约在北京签订。周恩来总理与蒙古泽登巴尔主席分别代表中蒙两国政府在条约上签字。1963年，中国政府在现马鬃山口岸所在地设立182号界碑。2002年改立镶嵌国徽的新界碑，依照新的排序，界碑号为496号。

3. 国门与界碑的地理特征

1）自然条件

地理位置：马鬃山山脉东至内蒙古自治区西部的弱水西岸，西南

图8-5 马鬃山口岸496号界碑

楔入新疆罗布泊洼地东缘，南起疏勒河北岸戈壁残丘，北迄中蒙边境，面积8.8万平方千米。马鬃山口岸国门的具体方位：东经96°58′41.29″，北纬42°45′14.84″；496号界碑的具体方位：东经96°58′39.79″，北纬42°45′15.60″。距离公婆泉128千米，与蒙古戈壁阿尔泰省首府阿尔泰和巴彦洪果尔省首府巴彦洪果尔直线距离分别约为407千米和484千米，从口岸到两省省会城市只有沙漠戈壁便道，没有沥青公路。

图8-6 马鬃山地貌图

马鬃山地质构造上属北山块断带，由一系列雁行状山脉组成。马鬃山属温带大陆性气候，年平均温度3.9℃，1月平均温度-17.5℃，7月平均温度12.1℃。年降水量80.7毫米，年蒸发量3 031毫米。无常年性河流与湖泊，暴雨后干河床与低地有洪水。低洼地带有泉水出露，往往形成小绿洲。土壤以棕色荒漠土为主，植被覆盖度极小，常见的有假木贼、霸王、麻黄等。沿干河床长有小盐生草、针茅、锦鸡儿和蒿属等草本植物。全区景观单调荒凉，但仍属河西肃北蒙古族自治县重要牧区之一。

2）资源禀赋

矿产资源：马鬃山在宽平向斜中常有中生代沉积。火山岩和花岗岩的侵入普遍，有广泛的接触变质现象。在花岗岩侵入石灰系灰岩的接触带上，形成矽卡岩型铜、铅、锌等多种金属矿床。在古生代末期形成的地堑式盆地中，多沉积成侏罗系煤层，如野马街南已开采的马鬃山煤矿。

风能资源：马鬃山所在的酒泉市地处河西走廊西端，受特殊的地理环境、地形和季风的影响，这里蕴藏着丰富的风能资源。根据气象部门最新完成的风能资源普查报告，全市风能资源储量约1.5亿千瓦时，可开发量在4 000万千瓦以上，占甘肃可开发量的85%以上。到2016年底，酒泉市风电装机达915万千瓦，占甘肃省风电装机的71.6%，占全国的6.2%。

光能资源：酒泉市日照充足，光能资源丰富，年日照时数达3 033.4~3 316.5小时。太阳能开发潜力大，全区太阳能年辐射总量在145.6~153.8千卡/厘米^2。到2016年底，酒泉市光伏发电装机165万千瓦，占甘肃省的24%，占全国的2.5%。

旅游资源：肃北蒙古族自治县的旅游资源丰富，有五个庙石窟、岩画、石包城遗址和党城遗址等文物古迹。有资料记载，2012年，肃北蒙古族自治县接待国内外游客人数6.65万人次，实现旅游业总收入5 700万元，占全县生产总值的1.51%。

4. 口岸相关商贸往来

历史上马鬃山就是河西走廊西端交通咽喉要道，为通往西域的一个驿站。明清时期，中国经马鬃山地区与蒙古乃至俄罗斯进行民间贸易往来就曾几度繁荣，形成了一条较为固定的通商路线；民国时期，马鬃山为绥新商道关卡，中蒙商人不时通过这条商路往来经商，蒙古方面曾在跃进山以北沿途设置税卡，征收税赋，直至1930年前后才因冲突中断。

1992年9月至1993年8月，马鬃山口岸经过4次开关、3次过货，共完成易货贸易总额443.54万元人民币，其中进口额254.29万元人民币，出口额189.25万元人民币。累计进口蒙方各类皮张68 927张，羊毛8吨，板材140立方米，钢材10吨；我方共出口面粉649.85吨，各类布料13.12万米，白糖5吨，暖瓶4 100个，吉普车1辆及大量日用百货；查验出入境人员2 184人次，查验车辆286辆次。

2016年，甘肃省与蒙古进出口总值为17.69亿元人民币，其中，进口17.55亿元人民币，主要是铜矿砂及精矿；出口0.14亿元人民币，主要是机电产品、冻猪肉。同年4月，为加强双方经贸和文化交流，蒙古戈壁阿尔泰省省长阿木格楞巴特尔访问甘肃省，两省正式建立国际友好城市关系。随后，戈壁阿尔泰省先后派团参加了“中国兰州投资贸易洽谈会”和“丝绸之路（敦煌）国际文化博览会”；同年7月，应蒙古戈壁阿尔泰省政府邀请，甘肃省代表团一行6人对蒙古进行了友好访问，双方就马鬃山（那然色布斯台）口岸复通做了进一步沟通，并就加强经贸文化交流达成了共识。

图8-7　蒙古一方的“公路”

九、新疆维吾尔自治区

（一）阿拉山口口岸（图9-1~图9-15）

1. 口岸简介

阿拉山口市位于新疆博尔塔拉蒙古自治州（简称博州）东北部，介于阿拉套山与巴尔鲁克山之间，北邻哈萨克斯坦，东邻塔城地区托里县，南依艾比湖，距州府博乐市79千米，铁路、公路分别距自治区首府乌鲁木齐市477千米和500千米，距相邻的哈萨克斯坦多斯特克口岸12千米，边境线长26.3千米。

图9-1　满载货物的列车经查验后从阿拉山口国门顺利出境

阿拉山口地处我国向西开放的陆桥经济带和国际贸易大通道最前沿，是“丝绸之路经济带”上的重要节点和新疆对外开放的重要门户，担负着“一带一路”及新疆向西开放，尤其是发展同中亚、西亚和欧洲国家贸易往来的重要战略任务。1990年6月，国务院批准设立阿拉山口口岸；1991年7月，铁路口岸临时过货营运；1992年12月，向第三国开放；1995年12月，开放公路口岸；2003年，被国家列为重点建设和优先发展口岸；2006年7月，中哈原油管道一期工程建成运营；2010年7月，博乐阿拉山口机场建成通航（距离阿拉山口50千米）；形成了铁路、公路、航空、管道运输“四位一体”的综合性口岸。

图9-2 阿拉山口公路口岸通道联检大厅

2. 国门与界碑的历史沿革

阿拉山口国门矗立于中哈边境，庄严、肃穆，位于阿拉山口市最北头，与相邻哈方多斯特克口岸遥望相对。国门于2012年投资建设，建筑面积2 450.61平方米，长54.7米，象征着博州成立于1954年7月；宽19.9米，象征着阿拉山口口岸1990年开关运营；高27米，象征着博州总面积为2.7万平方千米。目前，国门已成为阿拉山口市对外品牌形象宣传、边境旅游景区的标志性建筑和爱国主义教育基地。2015年，阿拉山口市投资建设国门文化展厅工程，国门将成为集爱国教育、文化展示、对外宣传推介等功能为一体的宣传平台。

图9-3 阿拉山口口岸国门

中哈铁路接轨点（阿拉山口国门处）位于中哈边界277~281号界碑，其中277号、279号、281号为中方界碑，278号、280号为哈方界碑，举世瞩目的第二座亚欧大陆桥从此穿过。1990年6月，国务院批准阿拉山口为铁路、公路并举的国家一类口岸，同年9月1日，时任国家主席江泽民同志专程到乌鲁木齐为开往阿拉山口的第一列火车剪彩。9月12日，中国兰新铁路延伸线与苏联土西铁路在阿拉山口顺利接轨，标志着第二座亚欧大陆桥全线贯通。

图9-4 中哈边界279号界碑

图9-5 阿拉山口口岸铁路出入境列车消毒通道

图9-6 中哈边界281号界碑

图9-7 繁忙的换装线

图9-8 2001年9月1日，阿拉山口检验检疫局在进口废钢中检出废旧炸弹

图9-9 阿拉山口局查验中欧班列

图9-10 2004年3月23日，进口原油油罐检验

3. 国门与界碑的地理特征

1）自然条件

阿拉山口气候属温带大陆性气候，地处荒漠、半荒漠地带，地表植被稀疏，日照时间长，昼夜温差大，夏季高温、冬季严寒。土地沙砾化严重，一年四季干旱少雨，是著名的大风口，自然条件恶劣。资料显示，夏季极端高温达44.2℃，大于等于35℃的日数为37.6天，连续高温日最长达24天；冬季极端最低温度-40℃，平均最低温度-19℃，在大风吹袭下，令人觉得寒气入骨、严寒难耐。阿拉山口的大风具有风力强、频率高、持续时间长的显著特点，大风之多，风速之大，为新疆之最。根据资料，阿拉山口年平均大风日数162天，最多年份188天，最少年份124天，大风日数年际间变化不大，大风持续日数一般为7~8天，最长达19天。大风季节性明显，秋、冬季少，瞬时最大风速55米/秒，自然条件非常艰苦。

2）资源禀赋

阿拉山口在大风、高温、严寒、干旱的恶劣自然环境下，从风道的两边向中心地对称依次分布着石漠、砾漠、半荒漠，为砾质土壤，至中间地带为山前洪积带、泉水溢出带，分布有四处小湖泊。天然植被稀疏，主要生长的野生植物有麻黄草、木贼、猪毛菜、碱蓬、芨芨草、花花柴、甘草等草本植物，小灌木有梭梭、红柳、琵琶柴、沙拐枣、盐穗木、铃铛刺、野蔷薇，在低洼的盐化草甸土地区，主要生长着芨芨草、低矮芦苇、蒲草，林木有沙枣树、柳树、胡杨，口岸绿化树、人工林主要有榆树（有白榆、倒榆、裂叶榆等）、榆叶梅、柳树、沙枣树、胡杨，以及新近种植的槐树、白蜡树。人工绿化行道树种植时间不是很长，树径不够粗壮，树径20厘米以上的仅有几条干道，防风片林三处，分布于市加气站北面和地税局西面两处（拟建成阿拉山口市的另一个公园）、九州隔离熏蒸库东南面一处。在边防一连菜地、边检菜地有多处泉水溢出，有树径在50厘米以上的柳树、沙枣树。2004~2005年在博阿公路检查站至阿拉山口段和边防巡逻公路进行人工营造的两条防风林，现都已初步起到了防风固沙的作用。阿拉山口市植物区系属于北疆荒漠亚区，准噶尔盆地荒漠小区，戈壁荒漠类型，以干旱荒漠植物种类为主。

阿拉山口市毗邻艾比湖，这是阿拉山口附近最大水系的湖泊，为天然咸水湖，丰水季节水面浩渺，枯水季节湖床外露，对阿拉山口小气候影响最大。艾比湖及湿地天然林木有梭梭、野蔷薇、胡杨、榆树、柳树、沙枣树、红柳等。艾比湖周围河流涌入湖口，湖滨生长着浓密的芦苇（高3~4米），湖东南处是以芨芨草为主的盐化草甸，在湿地平原广泛分布有植物五大群系，即柳树群系、铃铛刺群系、甘草群系、苏枸杞群系、小獐茅群系；保护区域的湖滨盐沼泽地带分布有盐生植物六大群系，即盐穗木群系、盐节木群系、盐角草群系、盐爪爪群系、碱蓬群系、琵琶柴群系。植被在艾比湖影响下，由于地形、气候、水纹、土壤等生态因子的复合作用，呈现鲜明独特的区域特征。

根据调查及有关资料，阿拉山口口岸地区广泛分布的种子植物有52科189属383种，其中被子植物51科188属376种。区域内分布有国家二级重点保护野生植物12种，分别为中麻黄、甘草、梭梭、白梭梭、苁蓉、大叶白麻、精河沙拐枣、胡杨、荒漠阿魏、艾比湖桦等。其中，精河沙拐枣为新疆所独有，白梭梭为中国在新疆所独有，另外，艾比湖桦为有待鉴定的珍稀桦树种。

动物资源：自2000年起，新疆批准建立新疆艾比湖湿地自然保护区，2007年8月1日，艾比湖湿地经国务院批准列为国家级自然保护区。艾比湖湿地自然保护区内珍稀野生动植物资源十分丰富。保护区内野生动物约167种（国家级保护动物38种，自治区级18种），其中鱼类10余种，鸟类111种，约100万只，是鸟类重要的栖息繁殖迁徙湿地。艾比湖湿地是各种野生动物的主要繁殖地、越冬地、停歇地和珍稀濒危野生植物的分布区，加之湿地又处在阿拉山口大风通道下，特殊的地理位置和地形地貌特征，使湿地内的生物种群呈现明显的多样性特征。

矿产资源：艾比湖是一个资源蕴藏丰富的湖泊。艾比湖区中，有丰富的盐、芒硝、硫酸镁、硼、溴、碘等非金属矿藏。钠盐储量有1.25亿吨，钾盐200多万吨，芒硝9 700万吨，硫酸镁1亿吨以上。这里是博州重要的食盐、芒硝产地。艾比湖中含有丰富的卤虫卵资源，在全国100多个盐湖中名列榜首，虫体的年存量在4 000吨左右，纯净干燥卵的年存量有200~400吨。艾比湖的盐、卤虫所潜含的经济价值，经过专家认真论证，在1万亿元以上。

4. 口岸相关商贸往来

随着“丝绸之路经济带”的深入推进和有效实施，途经阿拉山口口岸出境的中欧、中亚国际货运班列开行频率不断加大，货源不断增多。随着中欧、中亚国际班列的飞速发展，截至目前，途经阿拉山口口岸出境的中欧、中亚国际班列已达40种。与此同时，随着国际班列的稳定运行，返程班列的满载率不断提高，返程货物的种类也在不断丰富，由以IT产品为主的单一货源结构，不断拓展到欧洲奶粉、婴儿食品以及高附加值的汽车整车及零部件、工程设备、医疗设备等产品。

图9-11　综合保税区进口粮食指定口岸

图9-12　阿拉山口综合保税区区内进口液化石油气存储设备

图9-13　阿拉山口出入境检验检疫局国家石油化工矿产重点实验室

图9-14　液化石油空车等待出境

图9-15　2017年3月29日，中哈原油管道累计向中国输送原油突破1亿吨纪念活动

（二）霍尔果斯口岸（图9-16~图9-23）

1. 口岸简介

霍尔果斯口岸地处欧亚经济板块的中心位置，国道312线（上海–霍尔果斯口岸）最西端，陇海—兰新铁路国际新通道最西端，距自治区首府乌鲁木齐市670千米，伊犁哈萨克自治州首府伊宁市90千米，距哈萨克斯坦原首都阿拉木图市378千米，是我国与哈萨克斯坦

等中亚国家开展经济、文化交流的国际大通道和桥头堡。霍尔果斯口岸于1983年11月16日经国务院批准正式恢复开放，是我国恢复开放最早、我国西部距离中亚中心城市运距最短、综合运量最大的国家一类公路口岸。2016年6月7日霍尔果斯铁路口岸正式通过国家验收，口岸站东起精伊霍铁路，西至中哈铁路接轨点，全长设计9千米，主要包括宽轨场、准轨场、边检场、客运车场、换装场及联检楼、客站站房等相关配套设施和“一关两检”设施。工程投资总额为19.293亿元，设计年度及运量分为近期和远期，其中近期为2020年，年货运量为2 000万吨；远期为2030年，年货运量为3 500万吨。中亚天然气管道2010年实现双线通气，30年运营期内，每年从中亚地区向中国稳定输送约300亿立方米的天然气，管道经霍尔果斯入境，并为伊犁河谷留有接口，西气东输二线三线西段工程建设投产，伊宁—霍尔果斯煤制天然气外输管线建成竣工。随着伊宁机场口岸加快建设，霍尔果斯将成为集公路、铁路、航空、管道“四位一体”的国际综合交通枢纽，具备良好的对外贸易基础和优越的外部发展条件。

图9-16　霍尔果斯公路口岸

图9-17　霍尔果斯公路口岸联检厅

图9-18　霍尔果斯铁路口岸客运站

早在隋唐时期，霍尔果斯就是古丝绸之路新北道上的一个重要驿站。1881年，中俄签订了《中俄改定陆路通商章程》，霍尔果斯自此成为中俄两国之间的正式通商口岸。1917年，十月革命爆发，大批俄国旧党败兵涌入新疆，民国政府从霍尔果斯口岸遣返俄旧兵，随即关闭了口岸。1920年，中苏签订了《伊犁临时局部通商章程》，霍尔果斯口岸恢复开放。抗战时期，由于海上交通被切断，大量物资由霍尔果斯口岸进口，霍尔果斯口岸贸易进入一个较长的稳定发展时期。1950~1962年，霍尔果斯口岸进入了一个兴盛时期。1962年，中苏关系恶化，霍尔果斯口岸对外除保持通邮外，完全停止了进出口贸易。1983年11月16日，经国务院批准，霍尔果斯口岸正式恢复开放。2010年5月，中央召开新疆工作座谈会，决定设立霍尔果斯经济开发区，实行特殊的政策，将其建设成为新疆新的经济增长点和全国向西开放的桥头堡。2011年9月，国务院出台《国务院关于支持喀什霍尔果斯经济开发区建设的若干意见》（国发〔2011〕33号），明确了霍尔果斯经济开发区的战略定位、总体要求、基本原则、区域范围、产业布局，从十个方面提出了具体的扶持政策。2012年5月，自治区人民政府下发新政发〔2012〕48号文件，明确授予霍尔果斯经济开发区行使自治区级管理权。2014年6月26日国务院正式批准设立霍尔果斯市，同年9月26日霍尔果斯市正式挂牌，将新疆生产建设兵团两个团场（61团、62团）以及霍城县的两个乡场（伊车噶善、莫乎尔牧场）规划到霍尔果斯市的范围内。

图9-19 霍尔果斯铁路口岸联运大楼

图9-20 霍尔果斯铁路口岸国际客运列车开通

图9-21 霍尔果斯中亚天然气计量站

2. 国门与界碑的历史沿革

霍尔果斯口岸共有两块界碑：一是西部第一国门——324（1）号界碑；二是清代18号石碑。在霍尔果斯目前9千米长的边境线上，中方竖有9块界碑，其中324号界碑为河界双立碑，1号在中国，2号在哈萨克斯坦。由于324（1）号界碑位于国门，所以它是伊犁哈萨克自治州沿边界92块界碑中唯一的一块特大型界碑，碑身高144厘米、宽50厘米、厚18厘米，碑座由两个台阶构成，每层高28厘米、长210厘米、宽129厘米。碑身用大理石材料制成，石面镌刻有中华人民共和国国徽图案和"中国""324（1）""1997"字样。这块界碑的树立标志着中哈边界线勘定工作的最终完成，1997年8月24日立碑时举行了隆重的揭牌仪式。时任中国哈萨克斯坦勘界联合委员会中方首席代表王厚立以及新疆维吾尔自治区、伊犁哈萨克自治州党政军各方的代表参加了揭牌仪式。界碑是西部国门的象征，自从揭牌以来，共接待游客500余万人次。江泽民、胡锦涛、吴邦国、朱镕基、温家宝、曾培炎、吴仪、董建华等国家领导人均曾到过此界碑。

1882年，清政府与沙俄在那林哈勒得签订《中俄伊犁界约记》。根据界约规定，伊犁河南岸边界上所立界碑由沙俄政府制作，清政府提供尺寸及所需银两。但是，用于立界的石碑建成后，清政府官员没有到现场监督立碑，沙俄趁机将石碑向我境内推进了20余千米。为此，清政府拒绝承认将石碑作为界碑，从此形成了40多平方千米的争议地区。中华人民共和国成立后，我国政府坚决捍卫领土主权，在解

图9-22 霍尔果斯公路口岸324（1）号界碑

决领土争端问题上进行了不懈努力。1994年4月26日，中哈两国总理在阿拉木图签订了《中华人民共和国和哈萨克斯坦共和国关于中哈国界的协定》。根据协定规定，对历史遗留的40多平方千米的争议区进行了重新划分，其中的27.4平方千米的土地归还我国。在这片区域中，有4块为俄国所立的界碑，18号即其中之一。此碑原立于伊犁河南岸察布查尔锡伯自治县境内一座名为乃奇勒干的小山上，2002年6月移至霍尔果斯口岸区域内。

3. 国门与界碑的地理特征

1）自然条件

霍尔果斯口岸平均海拔750~840米，地势由北向南倾斜，较平坦，地质好。由于受北天山和南天山的阻拦，气候具有温暖湿润的特点，年平均气温8℃，无霜期179天，属于典型的温带气候。

霍尔果斯口岸光热资源丰富，日照时间长，积温丰富，日温差大，年相对湿度为20%~60%，适宜植物生长。统计资料表明，年日照时数2 699~3 480小时。

霍尔果斯河、卡拉苏河和东风干渠流经口岸，其中霍尔果斯河为口岸主要河流，也是地表水饮用水源，该河发源于天山山脉4 200米的别珍套山，由积雪融化及降雨汇流而形成，水质较好。卡拉苏河系霍尔果斯河下游支流，紧靠口岸西南边缘，河西为古河床，因上游截流引水灌溉，平时无水，仅作为泄洪河流。东风干渠同样来源于霍尔果斯河，沿东风路流经霍尔果斯口岸，系农田灌溉渠道。

2）资源禀赋

动植物资源：霍尔果斯口岸所在的伊犁河谷地区草地面积为5 200万亩，是新疆细毛羊、伊犁马、新疆褐牛、中国美利奴羊等优良畜种的主要培育和生产基地。森林面积707万亩，森林总蓄积量5 908万立方米。有500多万亩为逆温带，特别宜于果树生产。中草药资源丰富，可入药的动、植、矿物771种，其中植物697种，贝母、麻黄、阿魏、雪莲、红花、紫草、牛黄等20种药材产量居新疆首位。

矿产资源：霍尔果斯口岸所在的伊犁哈萨克自治州已发现的矿种多达9类86种，其中28种具有工业储量，煤、铁、金很有优势，煤炭远景储量3 000亿吨，铁矿储量多，品位高，新源铁矿品位高达67%，已具备建成我国西北重要矿产基地的条件。

4. 口岸相关商贸往来

2012年12月22日，霍尔果斯口岸铁路站胜利实现了中哈两国间的货运通车运营。2013~2016年试运营期间，进出口量平均每年保持在135万吨，为新疆铁路打通了向西开放的双通道，有效缓解了阿拉山口口岸的运输压力。2016年6月7日霍尔果斯铁路口岸经过了国家正式验收，各项基础设施具备了正式通关的条件。口岸进口货物均为返空集装箱及集装箱装载的尿素，出口货物以过境集装箱班列为主。目前，进口货物品类由最初单一的空集装箱扩大到小麦、金属矿石、皮革、棉花、化肥、甘草、设备、农副产品等，出口货物除集装箱班列以外，由义乌、更山门、大朗发出的小商品日均可达到20个整车。自开通以来，霍尔果斯铁路口岸累计过货量569.7万吨，其中出境过货量为548.8万吨，入境过货量为20.9万吨。

图9-23 霍尔果斯铁路口岸货场

（三）红其拉甫口岸（图9-24~图9-31）

1. 口岸简介

红其拉甫口岸位于中国新疆维吾尔自治区喀什地区塔什库尔干塔吉克自治县境内，海拔4 733米，是世界上海拔最高的陆路口岸，口岸同巴基斯坦毗邻，北距塔什库尔干塔吉克自治县县城130千米，距喀什市420千米，距首府乌鲁木齐市1 890千米。对方口岸是巴基斯坦苏斯特口岸，中巴两口岸相距125千米，距巴基斯坦北部地区首府古尔吉特270千米，距巴基斯坦首都伊斯兰堡870千米。

图9-24 红其拉普口岸现址

因口岸位于帕米尔高原，高寒缺氧、自然条件恶劣，通关不便，所以红其拉甫口岸先后下迁过3次：1977年，红其拉甫联检大厅设置在海拔4 800米的水布浪沟；1982年，迁至海拔4 200米的皮拉力；1993年，迁至县城附近，海拔3 200米；2011年，因为贸易量的增长，红其拉甫口岸迁至现在的联检大厅。

图9-25 红其拉甫口岸水布浪沟旧址

图9-26　红其拉甫口岸皮拉力旧址

红其拉甫口岸历史上就是古丝绸之路前往印度、中亚、西亚直至欧洲的咽喉要道，也是我国与西南亚以及欧洲进行经济、文化交流的重要通道。1981年9月，中巴两国政府达成协议，同意开放红其拉甫口岸；1982年8月27日，红其拉甫口岸对中巴两国公民正式开放；1986年5月1日，又正式向第三国人员开放。由于气候环境条件等客观因素的限制和影响，2013年以前，红其拉甫口岸每年5月1日至12月31日为开放时间，每年12月1日至4月30日为闭关期（两国间的大贸、国际邮件、必需的公务活动、援建项目等除外，常有临时开关）。2013年，根据中巴两国协定，调整为每年4月1日至11月30日开关。

图9-27　对入境人员进行卫生检疫与处理

1993~1994年巴基斯坦爆发霍乱期间，红其拉甫口岸卫生检疫人员冒着生命危险，科学防范、严密组织，对入境人员进行卫生检疫与处理，防止了疫病入侵

图9-28　20世纪90年代，在口岸开展贸易的巴基斯坦货车

图9-29　2016年6月，中国检验检疫科学研究院与新疆出入境检验检疫局联合举办“保障国门生物安全从我做起”科普活动，向红其拉甫口岸赠送封俊虎先生题字“国门卫士”

红其拉甫口岸是中巴唯一的陆路通道，其所在地塔什库尔干历来在政治、经济、文化等方面相互影响较大，同周边国家相处敏感，处于各国往来事务处理难度较大的特殊区域，这为新疆在“中巴经济走廊”和“丝绸之路经济带”中的发展奠定了坚实的政治基础和地缘优势。

红其拉甫口岸是中国最早对外开放的口岸之一，但至今出入境业务量不大，货物一般不超过10万吨，历史上最多亦不过15万吨，近年来受巴基斯坦境内堰塞湖的影响，过货量为5万~6万吨，且70%~80%以出境货物为主；出入境人员、车辆受多种因素的影响，近年来也下降明显，不过两万人次和七八千辆次。

2. 国门与界碑的历史沿革

红其拉甫口岸所在的塔什库尔干塔吉克自治县是新疆喀什地区下辖县，成立于1954年。塔什库尔干，在塔吉克语里意为“石头城”，因城北有古代石砌城堡而得名。塔什库尔干塔吉克自治县县境，汉代为西域蒲犁国地。北魏至隋朝，为喝盘陀国地。唐代，为疏勒镇下的葱岭守捉。唐代贞观年间，高僧玄奘自印度取经归国，取道塔什库尔干塔吉克自治县，这在他所著的《大唐西域记》里有明确的记载。宋、元属阗地。明代属叶尔羌汗国。清朝，光绪二十八年（1902年）设蒲犁分防厅，隶莎车府。1913年置蒲犁县，属喀什噶尔道。中华人民共和国成立后，于1950年3月成立蒲犁县人民政府，归喀什行署管辖；1954年9月17日，塔什库尔干塔吉克自治县成立，归南疆行署管辖；1956年南疆行署撤销，自治县归喀什专署管辖；“文革”后属喀什行政公署管辖。

红其拉甫口岸有一座国门，被称为中巴“友谊之门”。2009年9月3日上午，作为中华人民共和国成立60周年的献礼工程，中巴“友谊之门”——中华人民共和国红其拉甫国门在中国、巴基斯坦交界7号界碑处落成。中巴“友谊之门”位于314国道终点1 880千米处，是世界上海拔最高的国门。中巴“友谊之门”匹配的相关设备设施和房舍总投资700余万元，占地面积1 000平方米，由于建设环境异常恶劣，从规划到落成历时3年。工程的投入使用为塔什库尔干塔吉克自治县高原旅游业增添了一道靓丽风景，为世人瞩目。

图9-30　红其拉甫口岸国门（正面）

位于中华人民共和国最西部边境线上的第7号界碑有两块。7号界碑在中国人心目中，成为国界的象征，它以一种特殊的光辉闪耀在中国人的心中。这也是国内旅行者所能到达的中国最西端。雄伟的国门和界碑每年吸引着国内外大批游客前往观光，而国门下中巴两国军人和游客友好亲切地交流的景象，也成为国门上一个亮点。

（a）红其拉普口岸7（1）号界碑（正面）

（b）红其拉普口岸7（2）号界碑（背面）

图9-31　红其拉普口岸7号界碑

3. 国门与界碑的地理特征

1）自然条件

红其拉甫口岸所在的塔什库尔干塔吉克自治县位于新疆维吾尔自治区西南部，在帕米尔高原的东南部。地理坐标为东经71°20′~77°01′，北纬35°37′~38°40′。与塔吉克斯坦、阿富汗、巴基斯坦三国接壤，边境线长888.5千米；内与叶城、莎车及克孜勒苏柯尔克孜自治州的阿克陶县相毗邻。县境东西长484千米，南北宽329千米，总面积2.5万平方千米。距乌鲁木齐市1 756千米，距喀什市290千米。塔什库尔干塔吉克自治县位于西昆仑褶皱带的塔什库尔干隆起地带，此处为喀喇昆仑山脉、兴都库什山脉和阿赖山脉的联结处。地势由西南向东北倾斜，山脉自西南向东北延伸。地形主要有山地、谷地、盆地和丘陵。塔什库尔干塔吉克自治县属高原高寒干旱-半干旱气候。冬季漫长寒冷，干旱少雨，光能充足，热量欠缺；春秋季短暂多风，有少量降雨；无明显夏季。大致可分为冷暖两季。年平均湿度为30%~35%；年平均日照时数达4 434.7小时；昼夜温差大，平均日较差在14.7℃左右，最大日较差25.2℃；平均降水量为68.1毫米；平均风速为2米/秒；平均无霜期为113天。

2）资源禀赋

矿产资源：口岸所在县已勘探出的金属矿有铁、锰、铜、铅、锌、镍、钒、钛、钴等24种；非金属矿有煤、水晶、绿柱石、刚玉、彩色电气石、天河石、石榴石、玉石等30余种。

水资源：口岸所在自治县水量以河水为主，辅以山洪、泉水。河流总径流量约为37亿立方米。主要河流有塔什库尔干河、塔合曼河、瓦恰河和库勒青河。河流补给以高山冰川和积雪融化为主，辅以深层地下水补给。

土地资源：土地总面积为3 750万亩。其中山地面积2 661.21万亩，占总面积的71.0%；草场面积631万亩，占总面积的16.8%；耕地6.34万亩；林带面积7.81万亩。全县土地面积辽阔，土壤类型多，但土壤质地疏松，土层薄，沙性大，保水保肥差，可利用率低，水土流失严重。土壤有机质含量少，缺磷少氮，钾丰富。土壤类型有山地棕钙土、山地棕漠土、高原河谷草甸土、高原河谷沼泽土、高山漠土、山地栗钙土。

药材资源：主要有雪莲、党参、当归、锁阳、紫草、手掌参、沙参、石花、麻黄、青兰、大蓟、车前草、野茴香、库鲁木提、独活、枸杞、黄芪、瓦松、甘草、贝母、曼陀罗、苁蓉等。

3）风俗民情

塔吉克族住房：新疆塔吉克族住房，一般分为村落住房和牧场住房两种。其中，村落住房多为石木结构和土木结构。住宅由庭院与住房组成。庭院由围墙围护，周围栽种少量的柳树、杨树和杏树。墙基用石块铺砌，墙用土坯砌成。屋顶由主梁、副梁和木朩椽构成。住房一般由门厅、正房、客房、库房组成。牧场住房多是随时可以搬迁的毡房，或是长方形的小土屋。

塔吉克族服饰：塔吉克族妇女，头上都戴一顶“库勒塔”帽，多是圆形硬壳，顶部和帽檐四周都绣有精美的图案。妇女喜欢穿连衣裙，多为红色。已婚妇女外出时常系三角形绣花腰带，老年妇女留一条辫子，中年妇女留鬓发，未婚姑娘不留鬓发，辫子上常以小铜链或银链联结在一起。女性佩戴的首饰硕大，有的老年妇女在胸前佩戴“阿勒喀”圆形大银饰。塔吉克族男人，头上都有一顶“吐玛克”。里子是用黑羔皮做的，皮帽的顶部和四周是用绒布做的，帽顶上用红线绣有一圈一圈的花纹。男人身穿袷袢，即一种无领、无口袋、无扣的长大衣。袷袢的腰间还要系一块三角形的腰巾，腰巾上也绣有花纹和图案。脚上穿一双紫红色的乔鲁克靴。

塔吉克族礼仪：塔吉克族以“吻”作为见面礼。同辈的男人见了面要相互握手并亲吻握着的手背，关系密切的要热烈拥抱；在路上遇到不相识的人要将双手拇指并在一起道一声“更艾力麦古卓”；长幼相见，晚辈要急走几步迎上前去，吻长辈的手，长辈则吻晚辈的额头；妇女见面时，平辈互相吻面颊，晚辈吻长辈的手心，长辈吻晚辈的额和眼；男女见面一般握手问好，青年妇女见到男性长者也应吻其手心。男子行礼时右手置于胸前鞠躬，女子则双手扪胸躬身。子女与父母相见，要吻父母手心，以示敬重。进餐时，长辈和客人坐上席，其他人围坐一圈，中间铺饭单。端茶送饭按座次先后递送。进餐客人中若有男有女，一般男女分席，但进餐方式和食物相同。

4）交通条件

塔什库尔干塔吉克自治县地处帕米尔高原西部，距喀什市290千米，与巴基斯坦、阿富汗、塔吉克斯坦三国接壤，是新疆维吾尔自治区东联西出、西进东销的主要国际通道。

4. 口岸相关商贸往来

国门作为中巴两国间唯一的陆路通道，对塔什库尔干塔吉克自治县当地乃至整个国家的经济、社会和文化发展起到了至关重要的作用。2016年，红其拉甫口岸进出境货物758批、5.84万吨、13 095.91万美元。检疫查验出入境人员7 985人次，出入境交通工具2 850辆次，出入境国际邮包19批1 309件（包），出入境旅客携带物23 955件。尽管近年来红其拉甫口岸进出境业务量有所下滑，但随着“一带一路”和“中巴经济走廊建设”的推进，红其拉甫这个古丝绸之路上的高原明珠，必将在新形势下迸发出无限的生机和活力。

（四）都拉塔口岸（图9-32~图9-39）

1. 口岸简介

都拉塔口岸位于伊犁哈萨克自治州察布查尔锡伯自治县西端，南倚乌孙山，北临伊犁河，西与哈萨克斯坦春贾区接壤。与哈萨克斯坦科尔扎特口岸遥遥相对，在对哈贸易中具有国际公路运输近的地缘优势。1992年8月中哈两国政府签署协定，同意开放该口岸，于1994年经国家批准成为国家一类口岸，1997年开始临时出口货物，1999年9月26日经国家海关总署和自治区人民政府批准，该口岸开展边民互市贸易；2005年11月15日通过国家口岸管理办公室组织的验收；2006年3月28日正式宣布对外开放；2006年12月12日，首批旅客经都拉塔口岸入境。经过多年的建设，目前，都拉塔口岸整体基础设施逐步完善，各相关职能部门、机构相继成立，口岸进入了一个新的快速发展阶段。

2008年1月，国家质量监督检验检疫总局批准设立伊犁出入境检验检疫局都拉塔办事处，规格为正（县）处级，实行由伊犁出入境检验检疫局直接领导的垂直管理体制。2008年6月3日，伊犁出入境检验检疫局都拉塔办事处正式挂牌成立，这是都拉塔检验检疫事业发展的一个里程碑，标志着都拉塔检验检疫事业进入了一个新的历史发展阶段。

图9-32 正通过都拉塔口岸国门的货车

图9-33 伊犁出入境检验检疫局都拉塔办事处

2. 国门与界碑的历史沿革

都拉塔口岸国门高20.25米，跨度为20米，通道净高14米，五层框架结构。建筑面积662.5平方米，工程造价230万元。2008年10月建成投入使用。设计采用古典主义风格，既有欧式线条又不乏中国化的檐部造型，具有鲜明的民族文化特征，建筑风格上与祖国传统建筑一脉相承。在功能上，将执勤、监控、会晤、旅游观光和爱国主义教育有机结合，内设执勤室、陈列室、会议室、休息室、观光平台，可供执勤、会晤、观光、爱国主义教育需要。1997年，在都拉塔口岸国门和哈萨克斯坦国门之间共设立了两块界碑。

（a）都拉塔口岸国门远景

（b）都拉塔口岸国门近景

图9-34 都拉塔口岸国门

图9-35 都拉塔口岸355（2）号界碑

3. 国门与界碑的地理特征

1）自然条件

国门周围地势平坦，一望无际，向北可见伊犁河谷，南为乌孙山，地表为旱生荒漠草原植被。中方在距国门200米处修建有联检厅，哈方在距口岸2千米左右处修建有部分建筑物。国门距察布查尔锡伯自治县53千米；距伊犁哈萨克自治州首府伊宁市70千米；距霍尔果斯口岸90余千米；距中亚五国经济、金融、文化中心阿拉木图市仅247千米，比霍尔果斯口岸到阿拉木图少100多千米的路程；距哈方科尔扎特口岸仅3.8千米。口岸平均海拔750米，年平均气温8.5℃，无霜期160天，年降水量270毫米左右。

图9-36 都拉塔口岸哈萨克斯坦国界碑

2）资源禀赋

植物资源：都拉塔口岸所在的察布查尔锡伯自治县，植物资源可分为野生植物和栽培植物，森林资源是察布查尔锡伯自治县的主要野生植物资源之一，现主要有山地森林、次生林、平原农区人工林。山地森林集中分布于乌孙山脉的霍诺海、琼博拉、加尕斯台、乌尔坦、苏阿苏等10余条沟系的阴坡和半阴坡山体上。主要树种有新疆云杉、雪山云杉、山杨、山柳、山楂、花楸、忍冬、野苹果、山杏和圆柏等。次生林由伊犁河南岸的河漫滩地的次生林和山前丘陵地带河谷沟滩次生林组成。美丽的伊犁河穿越察布查尔锡伯自治县的北部、伊犁河南岸的河漫滩次生灌木林，形成察布查尔锡伯自治县北部的一道绿色天然屏障。山前丘陵地带河谷沟滩还有零星分布的次生林。次生林的树种较丰富，共有18科60余种，主要有沙枣、沙棘、河柳、柽柳、野蔷薇、骆驼刺、铃铛刺等，还有少量的榆树、天山槭树、山柳等。在防护林、四旁林、用材片林、果园等人工林中，主要栽培树种有杨树（新疆杨、钻天杨、箭杆杨、北京杨、杂交杨）、白蜡、复叶槭、白榆、刺槐、梓树、桑树等40余种。近年来，从外地引进了许多优良品种树木。经济果树中有苹果树、葡萄树、杏树、桃树、文冠果树、沙枣树等。

察布查尔锡伯自治县野生植物资源中，药用植物有贝母、紫草、大黄、附子、防风、红柴胡、白芷、黄芩、乌参、党参、北沙参、雪莲、甘草、薄荷、红花、车前子、罗布麻、沙棘、蒲公英、水晶蒲、益母草等。除药用植物外，还有新疆锦鸡儿、蒿草、狐茅、鸡脚草、老鹳草、羊茅、白草、苔草、羽衣草、野葱、黄花、野苜蓿、糙苏、针茅、冷蒿、龙胆、伏地肤、扁穗冰草、角果藜、芨芨草、芦苇、马兰、苦豆子、獐茅等。

察布查尔锡伯自治县的土壤肥沃，阳光充足，气候温和，适宜栽培各种农作物。粮食作物主要有小麦、玉米、水稻、大麦、高粱、糜子、豆类。油料作物有胡麻、油菜、油葵等。经济作物有甜菜、烟草、棉花等。园艺作物有瓜、果和各种蔬菜。察布查尔锡伯自治县的西瓜很有名，以个大、脆甜而闻名于伊犁地区。

动物资源：动物资源又可分为饲养动物和野生动物，乌孙山到伊犁河畔是野生动物的乐园。高山、森林、草原、绿洲、水域成为各类动物的栖息地。野生动物有麝鼠、旱獭、马鹿、黄羊、野羊、野猪、狼、豹、熊、狐狸、野兔、野鸭、野鸡、雪鸡、獾等。伊犁河出产的鱼类有鲤鱼、草鱼、鳊鱼、鲢鱼和鲟鱼等。察布查尔锡伯自治县的主要牲畜有马、牛、羊、猪等，还有鸡、鸭、鹅及兔等。

矿产资源：察布查尔锡伯自治县的矿产资源也比较丰富。主要矿藏有无烟煤、耐火材料、石英砂、石灰石、碱硝等。

3）人口状况

都拉塔口岸为贸易通道，无常住人口。驻扎口岸的只有三家联检单位和边防部队，以及来口岸做生意或打工的流动人口，人员流动性大，人数无从统计。

4）交通条件

口岸仅开通公路，未开通铁路与航空。公路从伊宁出发，跨过伊犁河大桥而进入察布查尔锡伯自治县，沿着省道S313一路西行直奔国境线。省道S313线察布查尔锡伯自治县至国家一级口岸都拉塔口岸第二合同段公路建设工程已竣工通车。工程总里程69.25千米，其中主线65.85千米、连接线3.4千米。沿途新建了很多大中小型桥梁、涵洞和通道，还有互通式立交桥和分离式立交桥。这条公路是中亚五国进入我国境内开展边贸活动的重要公路通道，穿越伊犁州奶牛场，察布查尔锡伯自治县扎库齐牛录乡、纳达齐牛录乡、伊南工业园、南岸干渠和孙扎齐牛录镇等乡（镇）场，是伊犁哈萨克自治州境内一条主要的公路集散通道。该公路的建成使用，对沿线地区“一带一路”进出口发展、加快产业结构调整和名优特农副产品生产创收起到积极的促进作用，对实现各民族携手团结共同繁荣发展、确保社会稳定和长治久安总目标，具有深远的意义。

4. 口岸相关商贸往来

都拉塔口岸历来就是西部民间贸易和文化交流的通道，对哈贸易优势十分明显。贸易方式以边境贸易出口货物为主，主要是在口岸自检自验的非法检仿皮鞋靴、服装、塑料制品、文化用品、服饰材料、五金配件等日用百货。其次是产地检验口岸查验换证出口货物，主要是瓷砖、成型钢、瓦楞板、活动房屋、牵引车辆及半挂车等建材，同时还有部分生产线设备、水果等，其他贸易较少。

口岸无常住人口，无农田牧场等农牧业，周边亦无生产加工等企业，故无第一、第二产业经济收入。口岸开通，交通繁荣，人流、物流、信息流空前加大，带动了宾馆、餐饮、服务等第三产业的发展。

国门作为公路口岸唯一的出口和入口，对经济发展起到了至关重要的作用。口岸出入境人员、车辆数量相对较少。都拉塔口岸虽然是国家一类口岸，但目前还不对第三国开放，只允许哈萨克斯坦公民出入境。因此，口岸出入境人员中有近一半是交通员工（司机）。

独有的优势地理位置使得即将全面开放的都拉塔口岸处处充满了生机，随着口岸建设不断加强，都拉塔口岸必将成为中亚贸易的新桥梁。

图9-37　排成长队等待出国门的车辆

图9-38　都拉塔办事处检疫人员登车对入境旅客进行体温检测

图9-39　对矿石进行辐射检测

2016年1月28日，口岸工作人员对一批入境辐射超标的紫龙晶矿石进行辐射检测

（五）老爷庙口岸（图9-40~图9-44）

1. 口岸简介

拥有“东疆第一关”之称的哈密老爷庙口岸位于新疆哈密市巴里坤哈萨克自治县三塘湖镇境内，中蒙边界354号界标附近，对面为蒙古戈壁阿尔泰省的布尔嘎斯台口岸，曾是历史上的重要驿站，是古丝绸之路新北道的分支，是中蒙两国的重要通商孔道。口岸距巴里坤哈萨克自治县县城86千米，距哈密市214千米，距对方口岸——布尔嘎斯台142千米。1991年，老爷庙-布尔嘎斯台口岸成为双边季节性开放一类口岸，1992年正式开通过货，每年3月、6月、8月、11月的10~30日开关。1995年，老爷庙口岸每关开放时间增至20天。《中华人民共和国政府和蒙古国政府关于中蒙边境口岸及其管理制度的协定》，老爷庙口岸从2005年起由每年的四次开放增加到每年六次开放，即2月、4月、6月、8月、10月、12月的11~30日对外开放。2011年开始为满足口岸过货需要，自治区批准4月、6月、8月、10月开关延长10天。经过中蒙双方外交部不断努力，2014年国务院同意老爷庙-布尔嘎斯台口岸发展为国际性常年开放口岸。

（a）老爷庙口岸新址（2014年）

（b）老爷庙口岸旧址

图9-40 老爷庙口岸

老爷庙口岸开通前十年受国内国外政策的积极引导和市场的利好带动，口岸边境贸易保持了长时间高增长的发展态势。2000年以后受蒙古国疫情和双边贸易政策调整的影响，加之贸易单一、市场应变能力低、抗风险能力不强，口岸边境贸易日趋萎缩，到2007年跌入低谷。近年来，随着中蒙两国产业政策调整和我国西部大开发机遇的到来，老爷庙-布尔嘎斯台口岸双边贸易从进出口商品到贸易方式都发生了很大变化，从2009年开始，口岸进口商品以矿产品为主，进出口贸易呈现井喷式发展。2010年进口铁矿砂6万余吨，2010年超过30万吨，2011年实现历史性突破，达100万吨，2012年达150万吨，2013年突破200万吨大关。

2. 国门与界碑的历史沿革

老爷庙口岸国门于2016年投入建设，矗立在中蒙边界354号界碑附近。新国门占地119平方米，宽30米，高11米，投资112万元，以仿古长城风格作为整体造型，同时融入现代元素，线条分明，用雄伟壮观的新时代风格彰显国境威严。站在国门下，可远眺蒙方建设的铁矿砂货场，中蒙双方的铁矿砂运输车辆不断往来于边境。从1992年口岸中蒙贸易开通以来，老爷庙口岸一直使用简易的铁栅栏门作为分割两国的通道。新国门竣工后，将成为老爷庙口岸第一代国门。

（a）中蒙354号界碑（正面）

（b）中蒙354号界碑（背面）

图9-41　中蒙354号界碑

354号界碑与国门相依而立，于2002年修建完成，正面镶嵌着国徽和“中国354”字样，反面则镶嵌着蒙古飞马国徽和“354”等字样。因边界地区无法勘探到可饮用水源，中蒙双方口岸查验区、生活区均远离边界设置，相距150千米，通道之长堪称中蒙口岸之最。老爷庙口岸作为典型的长孔道口岸，国门、界碑与联检厅相距70多千米，354号界碑不但分割着两国领土，昭示着祖国领土神圣不可侵犯，也是联系中蒙贸易和友好往来的重要纽带。

3. 国门与界碑的地理特征

1）自然条件

三塘湖镇整个地形呈西高东低之势，气候干燥酷热，属典型的大陆性气候。年平均大风日数116.6天，全年日照时数3 785.5小时，无霜期169天。极端最高气温40.3℃、最低气温-28.5℃，年平均气温8℃。年平均降水量34.4毫米，蒸发量达3 790毫米。

2）资源禀赋

动植物资源：三塘湖以南北走向的丘陵中分布的三片水草地得名，主要特产有晚熟哈密瓜、李光杏、淡水鱼等。野生植被近30种，主要有梭梭、梧桐、红柳等。其中受国家保护的野生植物13种，包括无芒鹅观草、沙生柽柳、白梭梭等。野生动物主要有黄羊、大头羊、野山羊、猞猁、狼等。

矿产资源：三塘湖盆地地下有丰富的矿产资源，主要有煤、石油、天然气、芒硝、铁、金、石膏、食盐、膨润土等矿种。尤其是煤和石油储量丰富。石油预测资源当量9.3亿吨，已探明石油资源量5.7亿吨、天然气资源量100亿立方米，被国土资源部（现为自然资源部）油气储量评审办公室验收确认为亿吨级油田，成为中国石油天然气集团公司的重点试验区块和实验项目。三塘湖矿区东西长195.51千米，南北平均宽32.9千米，面积约5 050.62平方千米。矿区含煤43层，可采煤层27层，煤层最大总厚度为106.11米，平均厚40.94米。探明储量1 000米以内的浅煤炭资源量550亿吨，2 000米以内浅资源量1 200亿吨。

3）交通条件

近年来，老爷庙口岸加快了公路、铁路运输网络建设的步伐，资源通道的地位日益显现。在公路运输方面，依靠S326省道在对外贸易中凸显的重要作用，2016年10月新疆维吾尔自治区G575老爷庙口岸—巴里坤一级公路工程正式启动，起点位于口岸国界354号界碑附近，终点与G7高速巴里坤互通式立交相连接，全长143.4千米，极大地提高了对外贸易运输能力。铁路运输方面，将军庙—哈密—临河铁路、哈额铁路（哈密—三塘湖—准东—黑河）、甘肃红柳河—哈密伊吾淖毛湖—巴里坤三塘湖的资源铁路等一系列铁路项目的设计建设，将形成哈密六个方向、七条线路的铁路运输网络格局。上述道路的修建，从根本上扭转了以往蒙古进口货物与内地之间单一依靠S236省道的局面。

4）经济发展

哈密是新疆的东大门，自古以来，哈密就是东西方文化、西域与中原文化的荟萃地和交汇口，是新疆向内地开放的门户，同时也是我国向西开放的主要陆路通道。汉唐时期丝绸之路北道、新北道在这里分道，有过“职贡不绝，商旅相继”的兴盛，为沟通中西经济和文化交流做出过巨大贡献。特有的地缘优势为把哈密打造成为丝绸之路经济带核心区重要增长极提供了良好的环境条件，老爷庙口岸作为哈密市唯一对外开放口岸，拥有586千米的边境线，战略地位十分重要。从区域的地缘政治、地缘经济、地缘环境等角度看，与蒙古区域合作的发展前景广阔。

老爷庙口岸所在的三塘湖镇，人口不足3 000人，以汉族为主。依托当地的特殊地理气候，三塘湖大力发展哈密瓜、辣椒种植，每年产出的哈密瓜和辣椒远销全国各地，是当地农户的主要经济来源。随着老爷庙口岸的不断发展，中蒙贸易的不断加强，三塘湖迎来了更多的发展机遇。因流动人口不断增加，越来越多的商店、饭店、宾馆在三塘湖镇开设。口岸越来越多的建设项目也为闲暇时的当地农户提供了务工选择。三塘湖镇的人口构成以老人和小孩为主，年轻一代大多选择外出务工，随着口岸的发展，越来越多的年轻人开始回到家乡寻求发展，三塘湖镇的未来发展将与老爷庙口岸紧紧联系在一起，不断迈上新的台阶。

从对蒙古的贸易潜力及势态的分析结果看，老爷庙口岸将成为新疆对蒙古经贸的重要交往通道。另外，从蒙古策勒县达彦淖尔矿山到老爷庙口岸256千米的铁路修建设计工作已提上日程，为今后新疆进口大宗资源型产品、大规模出口轻工业产品提供了前提条件。而三塘湖工业园区规划和第二条兰新复线的贯通，也为进口的大宗资源型产品的集散提供了出口。

借此机遇，哈密地区提出“依托老爷庙口岸和三塘湖资源优势”，高起点、高水平、高效益加快推进三塘湖工业园区建设，“借力发力”，把老爷庙口岸建成哈密地区对外开放的桥头堡和能源资源性产品、畜产品进口的大通道。2016年始，哈密市投入大量的资金建设进口肉类指定口岸检验检疫基础设施，检疫隔离场、检疫处理场所、冷链查验平台和存储一体化等设施，推进实现进口肉类指定口岸建设的正式验收。进口蒙古水产品指定口岸建设计划也已形成文件启动申报；活畜进口、电力外输等经贸合作也已提上议事日程；同时哈密市正在加快推进老爷庙口岸向国际性常年开放口岸的转型升级，将口岸进出口贸易的触角延伸到俄罗斯、中亚等国家。口岸附近的三塘湖产业园区正蓄势待发，无形中对口岸的基础设施建设和城镇化步伐起到至关重要的推动作用。老爷庙口岸正在向多渠道、多领域、多元化综合型口岸大踏步迈进。

4. 口岸相关商贸往来

老爷庙口岸作为哈密市唯一对外开放口岸，对当地的经济发展起到了至关重要的作用。

易货贸易阶段（1991~1999年）。20世纪90年代，我国沿边开放和“贸易兴边”战略的实施，活跃了沿边地区的边境贸易。正是在这个大的历史背景下，我国政府为进一步巩固和发展中蒙两国人民的睦邻友好关系与合作，从国家整体利益的战略高度出发，结合我国改革开放初期扩大对外贸易、促进西部经济发展的需要，批准开放对蒙古通商口岸。两国商定在中蒙边界部分地区开辟边境口岸8个，其中就包括老爷庙-布尔嘎斯台口岸。这一时期，老爷庙口岸进口商品主要是蒙古畜产品，如羊皮、羊毛、羊绒、马皮、牛皮等；出口商品主要有汽油、柴油、煤炭、机械设备以及面粉、食用油、蜡烛等生活用品。贸易方式主要是“以货易货”。

边境小额贸易阶段（2000~2008年）。2000年之后，蒙古爆发口蹄疫，针对这一情况，国务院分别于2000年5月颁布10号公告、2001年3月颁布156号公告，禁止蒙古偶蹄类畜产品进境。此后，进出口商品结构发生变化，进口的主要是加工或未加工的初级畜产品、废旧金属、季节性冷冻水产品等，均为敏感商品，检验检疫条件严格，手续复杂。当时，在中蒙边境地区，孕育而生了许多加工实体，从事皮毛的前期加工处理，以满足我国检验检疫要求。之后，受国际金融危机的影响，皮、毛、绒的需求量急剧下降，导致这些加工实体相继倒闭。出口的主要是日常生活用品、食品、燃料、建材、机械设备等，基本都采用产地检验、口岸查验放行的模式。此时，老爷庙口岸的贸易进入了边境小额贸易阶段。

2000年开始，新疆对蒙进出口贸易额持续下滑，由2000年前年均700万美元下降到年均不足400万美元。其中，进口额由年均300多万美元下降到年均不足100万美元，商品种类均为畜产品。出口方面，从货值上看变化不大，但产品种类有所调整。2000年以前，对蒙出口主要为面粉、白糖等生活物资，2000年以后，特别是2006年后，中国开始限制粮食出口，前期占主导地位的出口商品逐渐萎缩，直至为零。与此同时，蒙古对车用汽油的需求量持续增加，以2002年为例，新疆对蒙年出口货物总值为270万美元，其中有245万美元为车用汽油，约占91%。2006年底，蒙古开始限制本国资源性原材料出口，致使废旧金属等业务也极度萎缩。

一般贸易阶段（2009年至今）。2009年，宝钢集团八钢国际贸易股份有限公司开始在老爷庙口岸进口铁矿砂，为老爷庙口岸的发展带来了新的契机，进口铁矿砂数量连年增长。2009年至今进口铁矿砂超过900万吨，货值超过6亿美元。铁矿砂的大量进口带动了老爷庙口岸的发展，出口商品结构也随之发生了变化，矿山机械、矿石开采加工设备、配套物资设备和建筑用原材料等逐渐占据主导地位，矿业公司人员使用的工作和生活用品也不断增加。这一阶段，大宗矿产品的资金结算是通过信用证来完成的，这标志着老爷庙口岸进入正规的“一般贸易阶段”。

随着口岸基础设施建设投入的不断增加，中蒙双方优势互补格局凸显，口岸多功能多环节综合体协调发展格局已经形成。近年来随着进出口产品的日益丰富，哈密检验检疫局主动适应新常态，以发展丝绸之路经济带核心区重要增长极为契机，切实提高进出口通关效率，不断助推蒙古畜牧产品进入我国市场，努力将老爷庙口岸打造成丝绸之路经济带上的重要桥梁。

图9-42　雪中查验（2009年）

图9-43　进口铁矿质量监测

图9-44　铁矿运输车辆川流不息（2014年）

（六）巴克图口岸（图9-45~图9-53）

1. 口岸简介

1）地理位置

巴克图口岸是全疆十八个国家一类口岸之一，位于新疆西北部、塔城市西南部，距塔城市区12千米，距乌鲁木齐560千米；西与哈萨克斯坦的巴克特口岸隔界相望，相距仅800米，至马坎赤市60千米，至乌尔加尔机场110千米，至阿拉湖（译名为“多彩的湖”，此湖面积2 650平方千米，风景宜人，是旅游疗养胜地）110千米，至阿亚古兹车站约250千米；距俄罗斯科技城市新西伯利亚市1 345千米。

图9-45 巴克图口岸国门

巴克图口岸西北方向为哈萨克斯坦的喀拉巴斯套，译名为“黑头山”，在中国境内被称为“伟人山”，从远处观望，如同毛泽东主席仰卧之像，故被称为“伟人山”，山名的称谓承载着塔城人民对毛主席的深深景仰和怀念。

2）历史沿革

巴克图口岸素有“准格尔门户”“中亚商贸走廊”之称。巴克图口岸自1764年出现民间贸易，已有200多年通商历史。1851年，清政府与俄国签订了《中俄伊犁、塔尔巴哈台通商章程》，这标志着对俄官方贸易的开端，也标志着巴克图口岸官方贸易正式开始，至今已有160多年的历史。

1927~1937年，中国共产党有许多领导人和重要将领从巴克图口岸出入境。史料记载，周恩来、邓颖超夫妇，陈云、包尔汗及越共总书记胡志明等都曾经此地往返苏联。

1937~1945年，大量的援华物资也通过本口岸源源不断地运往抗日前线，有力地支援了中国抗日战争。因此，巴克图口岸又被称作“红色口岸”。

1990年10月20日巴克图口岸临时过货过人；1994年3月14日，国务院正式批准巴克图口岸为国家一类口岸；1995年7月1日正式宣布对第三国开放。

图9-46　巴克图口岸国门区全貌图

2013年12月23日，巴克图口岸开通中哈农产品快速通关“绿色通道”，这是我国与周边国家开通的第一个陆路口岸农产品“绿色通道”。

图9-47 巴克图口岸开通“绿色通道”

2013年12月23日，巴克图口岸中哈农产品快速通关“绿色通道”正式开通。图为哈萨克斯坦车辆入境

3）口岸优势

一是面向哈萨克斯坦、俄罗斯8个州10个新兴工业城市，市场潜力大的地缘优势；二是距俄罗斯科技城市新西伯利亚1 345千米，距新疆维吾尔自治区首府乌鲁木齐560千米，距哈萨克斯坦最近机场乌尔加尔机场110千米的区位优势；三是塔城当地少数民族与哈萨克斯坦及周边国家有着至深的亲缘关系，侨民聚居、语言相通、交往密切的人文优势；四是我国轻工业生产、果蔬业发展水平完全能够满足哈萨克斯坦及俄罗斯新西伯利亚所需求的经济互补优势。

2. 国门与界碑的历史沿革

2005年，开发口岸景区建设，先后竣工仿长城形国门、铁艺围栏、花岗岩石刻雕塑、长廊凉亭、旅客留影模拟界碑、旅游通道和旅客公厕，美化口岸环境，使口岸成为塔城市旅游观光的独特景点。

整个塔城市边境线长160.9千米（整个塔城地区边境线长540余

千米），由南至北，全线共有界碑18处。1997年以前，塔城地区与哈萨克斯坦有4.4万平方千米的争议地区，当时的实际控制线在现国门处。158（3）号界碑，是1997年中哈两国重新堪界后定界的，现边境线向苏联实际控制线推进了50米（158号4块界碑的交叉点为现界点）。158号界碑（自北向南第158个界碑）在整个中哈1 700多千米长的边境线上，是唯一一处“同号四立”的界碑。

图9-48 巴克图口岸国门建筑

图9-49 边防连砺石

图9-50　巴克图口岸158号界碑

3. 国门与界碑的地理特征

塔城市属中温带干旱和半干旱气候区，春季升温快，冷暖波动大。夏季月平均气温在20℃以上，炎热期最长90天，酷热期最长29天。秋季气温下降迅速，一个多月时间，气温可下降20℃。冬季严寒且漫长，将近半年。年极端最高气温40℃，极端最低气温-40℃。塔城盆地降水量稍多，年均290毫米，蒸发量1 600毫米。年平均太阳总辐射量135千卡[①]/厘米2，日照2 800~3 000小时，无霜期130~190天。

塔城地形较为复杂，位于塔城地区西北部、准噶尔盆地西北边缘的塔城盆地，总面积4 356.6平方千米。西北部与哈萨克斯坦接壤，东与额敏县毗邻，南与裕民县相邻。地形各具特色。山高林密，沟深水澈的山地占总面积的8.2%；牧草繁茂、矿藏富饶的浅山丘陵占32.9%；光热充沛、物产丰盛的草原占46.8%；鱼鳞沙丘、旷野壮观的沙漠占12.1%。境内有大小河流14条，额敏河自东向西横贯南部，河两岸有大面积盐碱地。另外，还有喀拉古尔河、乌拉斯台河、阿布都拉河、锡伯图河由北向南纵贯全市，注入额敏河。

① 1千卡=4 186焦耳。

塔城有金、水晶、珍珠岩、蛇纹岩等金属、非金属矿产41种，被列入自治区矿产储量的矿种有8种，其中煤、金、铬、膨润土、石盐、花岗岩、石墨、石灰石、沥青储量规模大。

动物主要有鹅喉羚、马鹿、盘羊、猞猁、白鹤、金雕、大天鹅、高山雪鸡等。主要野生药材有贝母、党参、苁蓉、甘草、黄芪、芍药、大黄等。塔城是新疆的粮油基地之一，也是优质细毛羊重点基地之一。

4. 口岸相关商贸往来

巴克图口岸的通商历史达200多年，是新疆境内一类口岸中离城市最近的陆路口岸，可辐射俄罗斯、哈萨克斯坦等国的8个州、10个工业城市。近年来，随着国家“一带一路”倡议的实施，巴克图口岸已成为“一带一路”经济带新的支撑点，进出口货物总量和总值均呈增加趋势。进口主要商品是葵花子、红花子等农产品，出口主要商品是鲜果类、鞋类、服装等。

（a）新车检厅

（b）旧车检厅

图9-51 巴克图口岸车检厅

（a）新旅检大厅

（b）旧旅检大厅

图9-52 巴克图口岸旅检大厅

图9-53 巴克图口岸工作人员对入境车辆和人员进行检查检疫

2017年7月10~29日，国际汽车拉力赛从俄罗斯红场出发，经巴克图口岸入境。图为工作人员正在进行车辆和人员检查

（七）卡拉苏口岸（图9-54~图9-59）

1. 口岸简介

图9-54 卡拉苏口岸出入境通道

自新疆首府乌鲁木齐南下，穿越天山山脉行进1 500千米就到达了南疆重镇喀什市。从喀什市继续沿着崎岖颠簸的山路向西前行7~8小时，就可到达坐落在帕米尔高原腹地、慕士塔格峰脚下的卡拉苏口岸。

卡拉苏口岸地处东经74°52′07″，北纬38°11′11″，紧邻国道314线，距离中塔边境实际控制线13.875千米；位于新疆维吾尔自治区塔什库尔干塔吉克自治县西北部，西昆仑山和萨雷阔勒岭之间山前阶地平缓区。卡拉苏口岸北距喀什市219千米，南距塔什库尔干塔吉克自治县县城62千米，距塔方边境城市穆尔加布89.7千米，距塔吉克斯坦首都杜尚别约850千米。自2004年5月实现双边临时开放，历经10年，2014年4月通过国家验收正式对外开放，是目前我国唯一对塔吉克斯坦开放的陆路口岸。

卡拉苏口岸最初位于距现址约5千米的半山坡上，口岸联检用房由彩钢板房搭建而成，办公及生活用电由口岸委每天发电而来，2012年下迁到紧邻314国道的现址。受地理环境和气候原因等影响，卡拉苏口岸2004~2015年实行冬季预约开关，夏季正常开关的机制，即4月20日至11月30日正常开关，12月1日至次年4月19日实行预约开关，每月2次。2016年根据中塔双方协商实现全年开关。

图9-55　卡拉苏老口岸联检大厅

由于口岸地理环境特殊，海拔高，条件艰苦，没有生活用水，且不适合居住，卡拉苏检验检疫局干部职工每天需乘车往返于口岸和塔什库尔干塔吉克自治县驻地之间。近年来，在上级各部门的关怀下，卡拉苏口岸各项基础设施逐步得到完善，检验检疫各项能力逐步得到提升，有效起到了把关服务的作用。

图9-56 卡拉苏口岸

卡拉苏口岸设计年出入境旅客量4.5万人，货物吞吐量30万吨。出口货物占进出口货物总量的90%以上。出口以转关货物为主，主要为五金类、百货、纺织品、工程机械等；入境货物主要为蓝湿皮、干坚果、棉花等动植物产品，还有少量矿产品和预包装食品。

图9-57 口岸媒介生物监测

在卡拉苏检验检疫局成立以前，卡拉苏口岸检验检疫业务主要由当时的喀什检验检疫局红其拉甫办事处承担，当时出现了两个口岸一套人马的情况。

卡拉苏出入境检验检疫局于2009年经国家质量监督检验检疫总局批复成立。多年来，在冷酷的冰川、巍峨的雪峰、骤起的暴风雪、灼人的紫外线、痛苦难忍的高山反应环境中，面对着维稳、反恐、疫病疫情防控的巨大压力，口岸检验检疫人用坚强的意志与恶劣艰苦的环境进行顽强抗争，抗严寒、斗风沙，坚持“四特精神”，履行“国门卫士”保国安民的神圣职责，为检验检疫事业和地方外贸经济的又好又快推进做出了应有的贡献。

（a）对出入境人员进行登记查验

（b）对口岸区域内食品商品进行检验

（c）对入境车辆进行车表面消毒

（d）退运一批非法入境奶粉

图9-58 口岸检验检疫工作

2. 国门与界碑的历史沿革

位于卡拉苏-阔勒买口岸之间的是83号、84号界碑，界碑屹立于中塔公路两侧。2008年9月两国政要共同在国门为83号、84号界碑揭幕，这标志着中塔勘界野外工作结束。中塔双方在平等、友好、互助的基础上共同树立界碑101块，新划归中国领土面积1 000余平方千米，2009年中塔双方首席代表确认后正式生效。屹立在海拔4 368.6米高山上的界碑，俯瞰着祖国的壮美山河。

图9-59 位于中塔边境的中方83号界碑

3. 国门与界碑的地理特征

界碑位于新疆塔什库尔干塔吉克自治县西北，距塔什库尔干塔吉克自治县76千米，距卡拉苏口岸14千米，该区域气候寒冷，年平均气温0℃以下，极端最高温度32℃，极端最低温度-39.1℃，年平均温差71.1℃，无霜期不足70天，氧分压低至10千帕左右，多风、干燥、日光辐射、紫外线强烈。

界碑位于中塔边界，双方边防部队、口岸机构位于界碑两侧，每天上午12时双方打开国门供往来客商、车辆通行；晚上7时双方边防部门关闭国门。

卡拉苏国门目前为钢管焊制的双扇简易国门，暂未进一步建设。

1）自然条件

塔什库尔干塔吉克自治县属高原高寒干旱–半干旱气候。冬季漫长寒冷，干旱少雨，光能充足，热量欠缺；春秋季短暂多风，有少量降雨；无明显夏季。大致可分为冷暖两季。海拔高，气压低，空气含氧量为170~180克/米^3。年均湿度为30%~35%。日照充足，全年可照射时数达4 434.7小时，实照数达2 831小时，自治县气温低，无霜期短，昼夜温差大，平均日较差在14.7℃左右，最大日较差25.2℃。平均降水量为68.1毫米，平均风速2米/秒，平均无霜期为113天。最深冻土为177厘米。自然灾害有雪灾、霜冻、干旱、风灾、冷雨、地震。

2）资源禀赋

植物资源：2014年，珠海局和卡拉苏局共同申报了“卡拉苏口岸本底植被调查研究”项目，已在珠海局立项并正式实施。2014~2015年课题组多次对卡拉苏口岸工作区域及周边50米范围内、国门至大厅通道及左右50米范围内和口岸周边植被情况进行系统调查、植被检测和其他相关研究。共采集杂草300余株，最终确定为16科49种。卡拉苏口岸采集到的植物科属中优势科为禾本科、菊科、藜科和十字花科、豆科等，符合帕米尔高原杂草种类分布特征。

此外，塔什库尔干塔吉克自治县境内还有雪莲、党参、当归、锁阳、紫草、手掌参、沙参、石花、麻黄、青兰、大蓟、车前草、野茴香、库鲁木提、独活、枸杞、黄芪、瓦松、甘草、贝母、曼陀罗、苁蓉等中药材。

矿产资源：塔什库尔干塔吉克自治县境内发现各类金属矿24种，为铁、锰、铜、铅、锌、镍、钒、钛、钴等；非金属矿30种，为煤、水晶、绿柱石、刚玉、彩色电气石、天河石、石榴石、玉石、方钠石、沸石等。

水资源：口岸所在自治县水量以河水为主，辅以山洪、泉水。河流总径流量约为37亿立方米，人均占有量约为18万立方米。主要河流有塔什库尔干河、塔合曼河、瓦恰河和库勒青河。河流补给以高山冰川和积雪融化为主，辅以深层地下水补给。地下水预计泉水累积量为12米^3/秒，径流量约3.2亿立方米，地下水埋深22米，出水量达450升/秒。

土地资源：土地总面积为3 750万亩，其中山地面积2 661.21万亩，占总面积的71.0%；草场面积631万亩，占总面积的16.8%；耕地6.34万亩；林带面积7.81万亩。全县土地面积辽阔，土壤类型多，但土壤质地疏松，土层薄、沙性大，保水保肥差，可利用率低，水土流失严重。土壤有机质含量少，缺磷少氮，钾丰富。土壤类型有山地棕钙土、山地棕漠土、高原河谷草甸土、高原河谷沼泽土、高山漠土、山地栗钙土。

3）人口与民族

塔什库尔干塔吉克自治县总人口为40 369人（《新疆年鉴2015》），主体为塔吉克族，还有柯尔克孜、维吾尔等少数民族。

4）交通条件

塔什库尔干塔吉克自治县地处帕米尔高原西部，距喀什市290千米，与巴基斯坦、阿富汗、塔吉克斯坦三国接壤，是新疆维吾尔自治区东联西出、西进东销的主要国际通道。国道314线横贯于口岸前，目前连接中塔两国的中塔公路成为进出口贸易的主要陆路通道，中塔公路连接S314国道，是目前从卡拉苏口岸通往境内的唯一一条通道。S314国道横穿塔什库尔干塔吉克自治县县城，是连接塔吉克斯坦、巴基斯坦的重要陆路通道。

4. 口岸相关商贸往来

卡拉苏口岸中塔两国人民贸易与文化往来源远流长。现今，在中央实施“丝绸之路经济带”和“中巴经济走廊”建设的新形势下，南疆为我国向西开放的桥头堡和古丝绸之路最核心地带，卡拉苏口岸承担着对塔吉克斯坦、阿富汗乃至俄罗斯等国家需求的各种物质、文化、生活用品的进出口，是连接亚欧大陆桥的又一个新的桥头堡，是新疆喀什地区“五口通八国”的重要口岸之一。口岸入境货物以干坚果、驴皮、对外承包工程返回物资为主。自2015年卡拉苏–阔勒买口岸农产品快速通关“绿色通道”正式运行以来，其助推了农产品出口的快速增长。未来卡拉苏口岸将发展成为集边贸、能源进口、旅游于一体的新亚欧大陆桥南部通道，在国家“一带一路”倡议中必将发挥巨大的作用。

（八）塔克什肯口岸（图9-60~图9-63）

1. 口岸简介

塔克什肯口岸位于新疆阿勒泰地区青河县境内，地处东经90°48′，北纬46°11′，对面为蒙古国科布多省。塔克什肯在蒙语中意为“小马驹过河的地方”，是中蒙间的重要贸易通道。口岸距中蒙边界线15.5千米，东部与蒙古国科布多省的布尔干县接壤。中华人民共和国成立后，中蒙贸易有所发展，20世纪60年代初，塔克什肯与布尔干之间的贸易中断。1989年7月20日，塔克什肯口岸经国家批准对外开放，现为国家一类陆路口岸。

图9-60 塔克什肯口岸

1991年中蒙两国政府签订协议，同意该口岸为双边季节性开放口岸，允许中蒙两国人员、货物和交通运输工具通行。塔克什肯口岸开放时间为每年4~10月，上半月开关，下半月闭关。2011年，塔克什肯口岸对第三国（俄罗斯）开放，并常年开关。

塔克什肯口岸通关贸易以来，每年都有大批的蒙古客商及国内外游客在口岸开展边贸互市、进行旅游购物，同时还有一定数量的游客自塔克什肯口岸进入后到疆内其他城市观光旅游、购物消费。2005年，国家旅游局与蒙古交通、运输和旅游部签署了《中国公民旅游团队赴蒙古旅游实施方案的谅解备忘录》。此后，进一步简化了跨国旅游出入境手续的办理程序，全年出入境旅游购物人员快速增长。近年来青河县注重改善塔克什肯口岸的基础设施条件和整体服务功能，加快塔克什肯口岸小城镇建设的步伐。出入境联检厅的建成使用，旅游购物商贸区的建设，塔克什肯镇镇区的绿化、亮化，道路及供排水、供热系统等的完备不断推动着口岸旅游、贸易的发展。

2. 国门与界碑的历史沿革

青河两岸早在八九千年以前就有人类从事狩猎和渔猎活动。先秦时，这一带就有频繁的黄金贸易活动。塔克什肯历史上就是中蒙贸易通道，人称“大北道”。在塔克什肯镇设立之前，塔克什肯口岸所在的查干郭勒乡布尔根村是中亚各族人民长期互相交往的历史通道。早在13世纪，这里就建成了一条从科布多经布尔根出布伦托海的军旅路线。以后的很长时间内，商旅从这条道路上把丝绸等物资源源不断地运往中亚及欧洲各地。这就是《中国历史大词典》中“丝绸之路”词条下所述“支线有出敦煌向北……由蒙古草原折向西南阿尔泰山至中亚者”，也是历史上有名的“草原丝绸之路”。随着各族人民联系和交往的逐步增多，科布多至迪化（今乌鲁木齐）的沿途建起了很多站台。清朝咸丰、同治年间，这里的民间贸易已很活跃，其商品主要是牲畜、皮张、毛绒等，大都是以物易物。由于社会动荡、战事频繁，这种贸易活动中断了一百余年。中华人民共和国成立后，中蒙两国关系逐渐走向正常化。

塔克什肯口岸界碑为124号界碑。

图9-61　塔克什肯口岸国门（一）

图9-62　塔克什肯口岸国门（二）

3. 国门与界碑的地理特征

塔克什肯口岸在行政区划上属于新疆维吾尔自治区阿勒泰地区青河县塔克什肯镇。

1）青河县

青河县位于准噶尔盆地东北边缘、阿尔泰山东南麓，东北两面同蒙古交界，西邻富蕴县，南连昌吉回族自治州奇台县，是阿勒泰地区最东边的一个县，位于东经89°47′~91°04′，北纬45°00′~47°20′，南北最长258千米，东西最宽110千米，总面积为15 579.5平方千米，占全疆面积近1%。

2）塔克什肯镇

因塔克什肯口岸的缘故，塔克什肯镇由一个戈壁小村变为了边境口岸镇，有边境线118千米，镇政府于1998年7月18日在阿勒泰挂牌成立，是阿尔泰山南麓为数不多的镇之一。发源于蒙古科布多西南的布尔根河流经此地，塔克什肯口岸就处于布尔根河北岸，阿克坦乔克山南坡，地势平坦，口岸范围内设有全国唯一的河狸保护区——布尔根河狸自然保护区的保护站，海拔1 110米。口岸区域多为戈壁荒滩，春秋风沙较大，自然条件比较恶劣。

3）自然资源

塔克什肯所在区域有着丰富的自然资源，包括矿产资源、植物资源、水能资源等。

矿产资源：塔克什肯所在的阿尔泰山东南缘布尔根地区有造山带型金矿床，位于青河县青格里河与布尔根河交汇处，西起老山口，东至中蒙边界。塔克什肯还有丰富的岩石资源，其岩体位于阿尔泰山造山带东南缘，是布尔根碱性岩带的一段，岩体主体为正长岩，其次是二长花岗岩、石英正长岩，北部发育正长花岗岩。花岗岩是建造石板的原材料，正是在此基础上，塔克什肯建立了石材加工厂，因蒙古大力开展基础设施建设，石板材成为塔克什肯向蒙古出口的产品之一。其他矿产资源还有膨润土、蓝铜矿、方锰石、方解石、珍珠岩和黏土等。

植物资源：塔克什肯的植物主要沿布尔根河分布，包括河谷林（灰柳纯林、青杨、白桦等）和水生植物（芨芨草、铃铛刺、芦苇、沙生针茅、多根葱、小蓬、长苞香蒲等）。

水资源：流经塔克什肯的河流为布尔根河，发源于蒙古布尔根，流入中国50千米后与青格里河汇合为乌伦古河。我国境内的布尔根河段，穿行于阿尔泰山东南缘余脉的群山间，山势不高，山体岩石裸露，河床宽15~25米，年均流量为12.76米^3/秒。主要水源为阿尔泰山的雪，每年5月中旬到6月中旬为冰雪融化的洪水期。年均温度-0.01℃；年降水量为168.49毫米，其中30%为降雪量。

4. 国门与界碑相关商贸往来

塔克什肯口岸自对蒙古开放以来，口岸边境旅游贸易日益繁荣，成为新疆地区发展口岸经济的一大亮点。随着口岸的发展，蒙方西部五省对塔克什肯口岸的依赖性日渐增强，这里已成为它们进口商品的集散地和最大的日用品、生活用品供应地。我国主要进口商品为冻鱼，出口商品为工程车辆、钢材、钢筋混凝土公路桥涵管、水泥、沥青和机械设备。旅购出口在塔克什肯口岸贸易中占据很大比重。每年塔克什肯口岸以旅购出口的商品占到总出口量的90%以上，其中蔬菜、瓜果等农产品全部以旅购方式出口。采用旅购方式出口农产品，检查检疫手续简捷，通关较为便利。塔克什肯口岸已成为集旅游购物、边境小额贸易于一体的口岸。

塔克什肯口岸不断加强基础设施条件，为中外客商创造了更为便利的条件和投资环境。2015年，塔克什肯口岸中午延关2小时，从以前6小时通关延长到8小时，蒙科能源进口煤炭需求量不断增大，同时口岸呈现出大进大出的新形势，大大促进了边民贸易互市往来。2016年，塔克什肯口岸边民互市贸易区正式运营，极大地降低了双方人员的采购成本，对促进双边贸易，推动口岸商贸服务业发展，实现兴边富民、合作共赢、边境稳定具有十分重要的意义。

图9-63　塔克什肯口岸消毒通道

（九）吐尔尕特口岸（图9-64~图9-66）

1. 口岸简介

吐尔尕特口岸与吉尔吉斯斯坦的纳伦州接壤，位于新疆维吾尔自治区克孜勒苏柯尔克孜自治州乌恰县托云乡境内，属国家一类口岸，也是国务院批准的新疆首批对外开放三个口岸之一。它既是中国与吉尔吉斯斯坦通商的口岸，也是通往中亚、南亚、西亚和欧洲各国的重要门户。

图9-64 吐尔尕特口岸

吐尔尕特口岸地处图噜噶尔特山口，地处东经75°23′，北纬40°30′，海拔3 795米，是汉代丝绸之路上的一个重要驿站，但它作为两个主权国家的通商口岸始于1881年。清光绪三十二年（1906年），新疆当局从华俄道胜银行贷款2亿卢布修筑了自边境吐尔尕特山口至喀什的道路，自此，这条通道为增进中苏民间贸易和友好往来起到了重要作用。1952年2月19日，由于交通上的原因，中苏双方邮政换件由伊尔克什坦改为吐尔尕特交接。中苏双方在这个口岸第一次通商贸易始于1951年，进出口货物主要有石油、化肥、矿产品、纺织品、畜产品和土特产等，后因政治因素，口岸于1969年关闭。1983年12月23日口岸重新开放。

吐尔尕特口岸曾有“图噜噶尔特”、“吐尔戈特”和“托云”口岸等名，1985年经国务院批准正名为吐尔尕特口岸。口岸海拔较高，一年四季寒冷，多风缺氧，氧气浓度为平原地区的69%，全年无霜期仅为13天，被国家列为特类艰苦地区。且口岸占地面积小，几无发展余地，不利于双方边境贸易的发展，后经国务院和新疆维吾尔自治区批准，口岸机构于1995年10月下迁至托帕（仍沿用吐尔尕特口岸之名）。该地距原吐尔尕特101千米，海拔2 000米，距阿图什市62千米，距喀什市57千米，南去红其拉甫口岸444千米。口岸的前沿以及口岸到托帕的通道全线由边防检查部门加强监护和管理。

2. 国门与界碑的历史沿革

吐尔尕特是古代民间贸易的通道之一，是汉唐“丝绸之路”上的一个重要驿站。汉代吐尔尕特一带属捐毒国。那时，一队队来自中原和中亚、西亚的客商，携带丝绸、茶叶、玉器、香料等货物在这里频繁往来。到了唐代，这里归属安西四镇（焉耆、碎叶、于阗、疏勒）之一的疏勒都督府。在唐朝的全盛时期，随着生产发展，经济繁荣，“丝绸之路”东来西往的商旅络绎不绝，而吐尔尕特则是他们南行西去的一个主要通道。吐尔尕特作为主权国家的通商口岸，始于1887年。清光绪三十二年（1906年）修筑的吐尔尕特至喀什的道路推动了边贸的发展。

1949年新疆和平解放。1951年吐尔尕特口岸正式开展中苏两国的通商贸易。1952年由伊尔克什坦山口改为吐尔尕特口岸。为改变口岸的交通状况，1953年中国人民解放军驻疆部工程队修建了喀什至吐尔尕特口岸的公路。从此，平坦的大道代替了崎岖的山路，公路运输完全代替了畜力运输。20世纪五六十年代，我国从吐尔尕特进口的主要商品有来自苏联的石油，罗马尼亚、意大利、比利时等国的化肥；出口的商品主要有矿产品、纺织品、土产品和畜产品等。1969年口岸关闭，通商贸易中止。

1983年12月，吐尔尕特口岸重新开放，中苏两国恢复通商贸易。对于开放后的口岸，党和政府十分重视其组织机构和各项基础设施建设。1984年，新疆维吾尔自治区人民政府决定，吐尔尕特口岸归属克孜勒苏柯尔克孜自治州管辖，成立口岸管委会，统一管理口岸的各项事务。在此前后，口岸还陆续建立和健全了各种管理和服务机构。口岸有管委会、边防检查站、海关、外运分公司、会谈会晤站、商品检验办事处、卫生检疫局、动植物检疫局等机构21个。

图9-65 吐尔尕特出入境检验检疫局办公楼

吐尔尕特口岸恢复通商后，随着中国和中亚各国及其他周边国家贸易额的增长，各项基本建设发展迅速。1990年，已有货场18 000平方米，货仓3 100平方米，货台6 000平方米，装卸机械8台，口岸年货物吞吐能力已达15万吨。在其他设施方面，口岸建有食堂、商店、俱乐部、电视台、卫星地面接收站、发电房、医疗站等。我国对外开放的不断扩大、口岸建设的迅速发展、众多国内外客商纷至沓来，使过境人数和进出口货物都有大幅度增加。

2000年，口岸已和吉尔吉斯斯坦、哈萨克斯坦、塔吉克斯坦、土库曼斯坦、乌孜别克斯坦5个国家以及俄罗斯的3个边区州开展了通商贸易。

由于原吐尔尕特口岸海拔高，自然环境恶劣，不利于进一步发展，1993年，自治区、自治州两级党委、政府决定口岸下迁，建设新口岸。当时称作伊尔克什坦–吐尔尕特口岸，又称托帕口岸。原计划是将两个口岸合并下迁。后来只将吐尔尕特口岸下迁，伊尔克什坦口岸仍在斯姆哈纳修建。新口岸地处乌恰县巴音库鲁提乡托帕村。这里是从吐尔尕特口岸南下120千米、从伊尔克什坦口岸东行190千米的交汇点，是两个口岸到国道314公路和喀什航空港的必经之地，不但交通方便，有利于商贸的东联西出，而且海拔高度仅有2 000米，气候条件较好，年平均气温11℃，水源丰富，工程地质好，山谷平坦开阔，具有建设大型口岸的良好条件。新口岸于1993年7月10日动工建设，1995年10月1日建成投入使用。

2016年起，口岸开始实施改造提升工程。总建筑面积为6 494.99平方米的新联检大厅已于2017年10月投入使用，新大厅可实现旅客、货物同时通关，大大提升了旅客的通关效率。

3. 国门与界碑的地理特征

吐尔尕特口岸归属克孜勒苏柯尔克孜自治州管辖，克孜勒苏柯尔克孜语意为“红水”。境内有克孜勒苏河穿境而过，故在自治州成立时，决定以克孜勒苏作为自治州的名字。根据境内性质未定的原始文化遗迹和出土的人头骨化石推断，早在17万年以前，境内即有原始人类活动。

克孜勒苏柯尔克孜自治州位于新疆维吾尔自治区西部，地处东经73°26′05″~78°59′02″，北纬37°41′28″~41°49′41″。地跨天山山脉西南部、帕米尔高原东部、昆仑山北坡和塔里木盆地西北缘。自治州北部和西部分别与吉尔吉斯斯坦和塔吉克斯坦两国接壤，边境线长达1 195多千米；东部与阿克苏地区相连；南部与喀什地区毗邻。全州东西长约500千米、南北宽约140千米，面积7.25万平方千米。

1）自然条件

克孜勒苏柯尔克孜自治州主要地貌类型有山地、河谷、盆地、平原、沙漠、戈壁、冰川等。该州地处年轻的帕米尔高原上，帕米尔高原寒武纪时期隆起，华里西时期断裂，并发生剧烈升降，形成拗陷和褶皱，地质结构复杂，主要为新生界第四系地层。自治州境内多山，山地占全州总面积的90%以上。境内群山起伏，高峰林立，山顶常年戴雪，积雪厚度达百米以上；山间分布着条条冰川，并有冰洞、冰舌、冰斗、冰湖等分布。

图9-66 吐尔尕特口岸51号界碑

2）资源禀赋

水资源：境内沟壑交错、河流纵横，由东北向西南分布有托什干河、博古孜河、恰克玛克河、克孜勒苏河、盖孜河、库山河、叶尔羌河等七大水系。除此之外，自治州南部还有艾格孜牙、且木干、铁列克等大小河流100余条。这些河流大都为内陆河。共有天然湖泊18处35个，其中淡水湖多集中于阿克陶县的布伦口、苏巴什一带，最大的为布伦库勒湖、喀拉库勒湖。阿合奇县西北部山区也有少量淡水湖。淡水湖多为高山湖泊，一般海拔都在3 000米以上，另外还有部分冰湖。咸水湖（盐湖）多分布于阿图什市北部盆地，最大的为硝尔库勒和吐孜苏盖特盐湖。自治州境内地表水年径流量约79.62亿立方米，占全新疆地表水径流量的10%；地下水储量23亿立方米。自治州水能资源居南疆之冠，仅七大河流理论水能量就达747.46万千瓦，占全新疆水能资源的22.3%，发展水电事业潜力很大。

矿产资源：自治州矿产丰富，主要分布于山区。金属矿有金、银、铜、铁、锰、铬、铅、锌、锡、镍、钴等；燃料矿有煤、石油等；建材矿方面，盐、芒硝的储量也相当丰富。另外尚有珍贵稀有矿冰洲石、绿柱石等宝石矿。

土地资源：克孜勒苏柯尔克孜自治州土地总面积为7.09万平方千米，平原占10%，山地占90%，山多平原少。全州有耕地61.61万亩，农村人均耕地1.84亩，低于全区平均水平，多为低产田。

生物资源：自治州的地方优质品种主要有无花果、葡萄、杏、石榴、桃、梨、沙枣、巴旦木等，瓜类主要有甜瓜、西瓜等。草场广阔，牧草资源丰富，种类繁多，发展高山草原畜牧业有一定的潜力。中草药资源主要有甘草、紫草、雪莲等。野生动物资源丰富，有不少珍稀动物，如雪豹、雪鸡、猞猁、天鹅等国家保护动物40多种。

光热资源：克孜勒苏柯尔克孜自治州年总辐射130~140千卡/厘米^2，高于全国同纬度地区。全年日照时数2 700~3 000小时，日照百分率62%~68%。平原全年积温4 100~4 700℃，适合作物及树木生长；山地半农牧区全年积温为2 400~2 500° C，仅能满足牧草麦类作物及林木生长。平原年平均气温11.2~12.9° C，气温日较差12° C。

3）科技文化事业

截至2016年，克孜勒苏柯尔克孜自治州建立科技示范园40座、科技示范户7 789户、科技示范乡16个；共发展各类专业协会201个、特色实训基地4个、星火培训学校5个；拥有5个文艺表演团体、5座图书馆、5座文化馆。

4. 口岸相关商贸往来

吐尔尕特口岸是连接我国与吉尔吉斯斯坦的咽喉要道，口岸现址海拔2 000米，系全疆通货量排名前三的陆路口岸。受地理环境、周边形势及商贸流通等影响，吐尔尕特口岸防止外来有害生物入侵、维护公共卫生安全的任务艰巨，责任重大。经口岸出口的货物主要为农产品、日用百货、鞋帽、纺织品、机电设备等，主要销往吉尔吉斯斯坦以及周边中亚国家和俄罗斯市场。进口货物种类主要为牛羊皮、马皮、蜂蜜等。

当前，作为喀什经济开发区的支撑和保障，克孜勒苏柯尔克孜自治州将加大“一带、三点、四区”的建设力度，随着交通条件和口岸通关条件的改善，吐尔尕特口岸将承担其通关大通道的职能，中国西部能源资源大通道、服务整个南疆的战略门户的功能定位将更加凸显。

（十）吉木乃口岸（图9-67~图9-71）

1. 口岸简介

吉木乃口岸地处吉木乃县西部，位于中国与哈萨克斯坦国边界。口岸与兵团团部接壤，距吉木乃县城23千米，距阿勒泰市约198千米，距乌鲁木齐650千米，距哈萨克斯坦东哈州首府乌斯卡缅市约500千米，距哈萨克斯坦东哈州斋桑县60千米。吉木乃口岸已有百年通商史，位于中亚经济圈的中心地带，是连接中哈俄蒙四国的重要国际通道，也是中国西北部距离俄罗斯最近的正常开关口岸，是新疆丝绸之路经济带核心区北通道的重要门户之一。

根据2009年新疆维吾尔自治区人民政府发布的《关于吉木乃口岸总体规划的批复》（新政函〔2009〕34号），吉木乃口岸近、远期年过货量分别设计为80万吨和150万吨，年出入境人数分别设计为50万人次和100万人次，口岸前沿区近、远期建设用地分别控制在47.3公顷和104.3公顷以内。经过多年发展，吉木乃口岸已经成为中国与哈萨克斯坦及第三国之间贸易和往来的重要通道，吉木乃口岸进出口货物和旅客出入境通关能力在全疆的13个公路口岸中位居前列，口岸进出口货物量已经连续突破30万吨，出入境人员最高时达到每年13余万人次。

2. 国门与界碑的历史沿革

吉木乃口岸历史悠久，这里有新疆最老的国门；有中哈界河乌勒昆乌拉斯图河；有中苏冷战时遗留下来的老会晤桥及中哈双方会谈会晤的新会晤桥；有象征着中哈友谊的67号界碑；有中哈双方通邮通商的贸易桥；有庄严肃穆的新国门（货检厅）。经过历史的沉淀，形成了“百年商埠、国界风光、冷战遗址、跨国体会”的特色人文景观。

1）老国门

据记载，吉木乃口岸的国门最早建于1916年。当时，俄国的一位军官来到吉木乃，同商人阿希木阿吉签订了修建中俄吉木乃口岸国门的合同，由阿希木阿吉负责修建。

1940年，沙德克和阿衣提江对国门进行了进一步的修缮。1950年7月，吉木乃国门改建，采用质地上乘的红松木建成高5米、宽7米的国门。1955年，国门再次改建，成为现在砖混结构的建筑。

国门由四根黄色华表造型的柱子组成框架，在国门的中心门上，是天安门城楼的造型；中心门两侧开有侧门，上嵌菱形透刻花纹。国门面向哈萨克斯坦方向的上方刻有“哈萨克斯坦”五个大字；在另一面，写着“中华人民共和国”。乌勒昆乌拉斯图界河，源于萨吾尔山，自南向北流经吉木乃口岸后流向东北方向的北沙窝消失，全长40多千米，最宽处50多米，最窄处7~8米，每年7~9月有水流，有些年份则在6月、10月也有水流。乌勒昆是哈萨克语“大”的意思，乌拉斯图是蒙古语“白杨树”的意思，乌勒昆乌拉斯图河为哈蒙混合语，意为“大白杨河”。

图9-67 吉木乃口岸旧国门

2）中哈会晤桥

在吉木乃口岸以西600米处，在中国与哈萨克斯坦界河——乌勒昆乌拉斯图河上，东西横跨着一座汉白玉桥，这就是中哈会晤桥。中哈会晤桥原称“中苏界桥”，1960年由中苏双方协议各自备料共同修建而成。界桥原为木石结构，桥长12米、宽8米、高1.6米，桥身分3个孔，每孔跨度约4米。1974年，中苏双方协商，共同对该桥进行修缮。木桥中间的白线走向为边界线，为“Z”字形（因为界河河道在此处呈“S”状展布，于是，边界线在此处也作相应处理）。1990年，双方协商，将白线划为直线。1992年，哈萨克斯坦独立，此桥成为中哈会晤桥。2002年，中哈会晤桥遭遇“7·23”特大洪水冲刷，致使木桥损毁。后经过双方协商，由我国出资60万元并负责施工，于2005年8月拆除旧的木质会晤桥，在征得哈方同意后，将旧的会晤桥移至中方国门前一侧存放留作历史文物，并于2006年修建了新的汉白玉会晤桥。在新的中哈会晤桥的中间，划着一条醒目的白线，那是中哈两国国界线。白色国界线的两侧，并排立着中国和哈萨克斯坦两国的国徽；河岸上金色的中哈文大字“与邻为善，以邻为伴”在阳光下闪耀，昭示着两国人民睦邻友好的意愿。

图9-68　吉木乃口岸中哈会晤桥

3）中哈贸易桥

中哈贸易桥横跨乌勒昆乌拉斯图界河，又称友谊桥，由中哈双方共同投资，哈方承建，总投资为198万元。1992年12月28日，中哈双方通过对吉木乃–斋桑友谊桥的验收，1993年5月27日正式剪彩通车。中哈贸易桥由不同构件整体吊装安装而成，中方以小商品补偿形式付款。桥身以红、蓝两种颜色区分，中方为红色，哈方为蓝色。在此桥沿界河向南近1千米处，就是上文介绍的中哈会晤桥。

图9-69　吉木乃口岸中哈贸易桥

4）新国门

从口岸发展出发，考虑到口岸通关功能要求，吉木乃口岸货检厅（新国门）于2008年兴建，投资近600万元，面积900平方米，设有车辆检查通道3条，其中出入境各1条，绿色通道1条，2008年12月正式启用。其功能集国门与交通运输工具检查于一体，与贸易桥遥遥相对，是吉木乃口岸的标志性建筑，也称新国门。

图9-70 吉木乃口岸货检厅（新国门）

5）中哈67号界碑

中哈67号界碑又称“中哈第一碑”。1997年，中、俄、哈、吉、塔五国在上海举行会谈并最终确定了国界走向，同年，中国政府为庆祝香港回归祖国怀抱，决定在1997年7月1日前立起中哈边界第一块界碑，经与哈萨克斯坦政府协商，确定双方新划定边界第一块界碑的竖立暨揭碑仪式于中国吉木乃–哈萨克斯坦迈哈布奇盖口岸举行，并于1997年7月1日举行了揭碑仪式。由此，中哈边界第67号界碑得名“中哈第一碑”。中哈边界从阿勒泰山麓西侧中、哈、俄三国交界处的友谊峰设立0号界碑，并由北向南依次排列，大约每5千米设一个界碑，顺延至吉木乃口岸为67（1）号界碑。67（1）号界碑立于中哈贸易桥中方桥头一侧，界碑底座采用酒红色的大理石砌成三级，底座上面是一块正立的白色仿花岗岩，上刻庄严的中华人民共和国国徽。国徽下面“中国”两个红色的醒目大字和同样为红色的“67”等字样刻于碑上，整个界碑庄严肃穆。立于碑旁，神圣的自豪感油然而生。

图9-71　吉木乃口岸67（1）号界碑

3. 国门与界碑的地理特征

1）自然条件

吉木乃口岸地处吉木乃县西部。吉木乃县位于新疆阿勒泰地区西北部，准噶尔盆地北缘，萨吾尔山北麓，额尔齐斯河南岸，东西长约120千米，南北宽约110千米。西与哈萨克斯坦东哈州接壤，东与新疆阿勒泰地区福海县毗邻，南与新疆塔城地区的和布克塞尔蒙古自治县相连，北接新疆阿勒泰地区布尔津、哈巴河两县，行政区域面积7 145平方千米，边境线141千米。境内有3.9万人口，居民由哈萨克族、汉族、维吾尔族等民族组成，是新疆的重要牧业县之一。

吉木乃县辖7个乡（镇）41个行政村、5个社区，驻有新疆生产建设兵团十师186团，总面积8 222平方千米，是典型的少、边、穷地区，经济基础薄弱、水资源匮乏、极端天气多是基本县情。地势南高北低，南陡北缓，地貌分为戈壁平原区、低山丘陵区、中山区、高山区。处于亚欧气候过渡带，地处萨吾尔山北麓西伯利亚寒潮入侵的风口区，全年17米/秒以上的8级大风天气在70天以上，无霜期仅有100天左右。气候特征为春旱多风，夏季凉爽，秋季短暂，冬季寒冷而漫长。降水量少，蒸发量大，气候干燥；日照充足，气温日、年较差大，无霜期短，灾害性天气较多。“十年九旱、多灾并发”“一天有四季、十里不同天”是最真实的写照。

县境内南部最高处为萨吾尔山木斯岛峰3 835米，其海拔3 200~3 835米地带终年积雪，面积为13平方千米。现代冰川活动和寒冻风化剧烈，是吉木乃县水资源的源泉。

2）资源禀赋

吉木乃县自然资源较丰富，已发现的矿产资源有金、铜、煤、黏土、天然碱、石膏、石灰岩等。野生植物种类较多，仅中草药达160种，野生动植物分布广、种类多。野生牧草主要有野苜蓿、多种早熟禾、多种狐茅、多种三毛草等；天然林木主要有松树、苦杨、柳树、榆树、桦树、红柳、新疆杨、榆树、白腊等；农作物主要有春小麦、大麦、燕麦、玉米、塔尔米、油菜、油葵、打瓜、甜瓜等；经济作物主要有苹果树、樱桃树、海棠树、葡萄树、李子树等。动物资源主要有大头羊、野骆驼、红狐、沙狐、猞猁、马鹿、岩羊、雪兔等兽类，白天鹅、石鸡、山鹑、野鸽、苍鹰、猫头鹰、秃鹫等鸟类，阿勒泰彩蝶、蝗虫、蝼蛄、金龟子等昆虫类，及林蛙、沙地蜥蜴、戈壁蜥蜴、北极蝰等两栖爬虫类，等等。

4. 口岸相关商贸往来

1912年，吉木乃口岸为我国新疆通往俄国的主要通道之一；1913年，俄国在新疆阿山（今阿勒泰）设邮台，通过吉木乃与俄通邮；1917年，中俄两国又在吉木乃设交换台，处理两国间的邮件事宜；1931年10月，金树仁统治新疆时期，吉木乃成为通商口岸并划定为自由往来贸易区。

中华人民共和国成立之后，全国各地百废待兴，这个曾经吞吐过中俄文化，延伸过丝绸之路的吉木乃口岸也不例外，通商贸易在新的历史时期得到了极大的促进和发展。“一五”期间，对苏联出口商品主要有马鬃、马尾、羊毛、羊肠衣、驼毛、羊皮、牛皮、野生动物皮、活畜、矿产品等。进口商品主要有小农具、食品、化工产品、矿山设备、五金等。当时的吉木乃口岸进出口贸易总额一跃而居全疆对苏联四大陆路口岸之首，贸易额一度达到1.9亿卢布。

1991年9月10日，经中哈两国政府协商，吉木乃口岸被批准临时过货；1992年8月26日，中哈两国政府正式批准恢复开放吉木乃—迈哈布奇盖口岸；1993年自治区人民政府确定口岸建设规划区为0.3平方千米，控制规划区为3.52平方千米。同年5月27日口岸界河友谊桥建成通车；1994年3月，国务院正式批准吉木乃口岸为国家一类口岸，常年开放，常年过货；1996年6月，吉木乃口岸获准建立边民互市市场，确定为自治区指定的边境小额贸易口岸，规划面积10.5万平方米；1997年11月18日，国家口岸管理办公室对吉木乃口岸联检厅、综合大楼、边贸货场、一关四检办公大楼等配套建筑工程进行验收后，正式宣布吉木乃口岸对外开放，年货运能力为10万吨，客运量达5万人次；1998年11月10日，中国吉木乃—哈萨克斯坦斋桑县国际直达客货联运班车正式开通；2002年1月4日，中哈两国政府达成协议，同意吉木乃口岸向第三国人员、货物和交通工具开放；2003年3月1日，经中、哈、俄三国批准，迈哈布奇盖口岸正式向第三国开放，它标志着吉木乃口岸已经面向哈萨克斯坦等中亚诸国，并辐射到俄罗斯腹地，成为我国西部的一条重要国际通道。2004年7月17日，外交部下发《关于哈国公民一日免签进入吉木乃边民互市的通报》，进一步促进了吉木乃口岸的边贸活动；2006年3月1日，边民互市贸易市场对哈一日免签开通；2008年

4月7日，自治区人民政府同意吉木乃口岸边民互市贸易市场下迁至县城（新建互市市场占地面积12 400余平方米，投入资金1 100万元，商业门面房117间，入驻商户105家）；同年12月3日，边民互市贸易市场正式下迁至县城。

2006~2010年的“十一五”期间，吉木乃口岸不断加大口岸建设投资力度，口岸基础设施建设日臻完善，口岸贸易得到快速发展。2008年完成了货检厅（900平方米）、涉外停车场及1.3千米道路建设，对口岸货检厅、联检厅进行了全面改造升级，改善了通关环境；2009年完成了出入境旅检大厅（2 142平方米）、2.6万平方米道路拓宽改造等建设项目，解决了车辆滞留口岸、阻塞交通、影响通关速度的问题；2010年对“一关两检”查验设施进行了更新，提升了查验手段，并对口岸绿化区域进行了整治。初步形成了功能齐全、环境优美、自由开放、各种设施基本完善的口岸体系。

十二五时期，吉木乃口岸的发展进入快车道。2011年9月6日，吉木乃边境经济合作区获得国务院批复（国办函〔2011〕93号），边境经济合作区位于吉木乃县城北部，距吉木乃口岸18千米，规划面积14.39平方千米。在国务院批复中，明确要求将吉木乃边境经济合作区建设成为境内外能源资源开发、加工生产制造、商品贸易、仓储转运、国际物流采购的综合经济功能区，成为经济发展、边疆稳定、民族团结、社会和谐的开放示范区。2013年6月20日，中哈萨拉布雷克—吉木乃跨境天然气管线正式投产通气。该管道是我国第一条由民营企业——新疆吉木乃广汇液化天然气发展有限责任公司投资建设的跨国能源通道项目，设计输量150万米3/天，设计年产能达5亿立方米。

（十一）伊尔克什坦口岸（图9-72~图9-74）

1. 口岸简介

伊尔克什坦口岸原称“斯姆哈纳口岸”，位于新疆克孜勒苏柯尔克孜自治州乌恰县吉根乡斯姆哈纳村，地处东经73°58′，北纬39°42′，与吉尔吉斯斯坦的奥什州毗邻，是我国最西部的口岸。

图9-72　伊尔克什坦口岸

伊尔克什坦口岸距乌恰县城150千米，距克孜勒苏柯尔克孜自治州阿图什市250千米。与伊尔克什坦口岸相对应的口岸为吉尔吉斯斯坦的伊尔克什坦口岸，位于吉尔吉斯斯坦奥什州境内，从该口岸至吉尔吉斯斯坦奥什州仅210千米。2011年伊尔克什坦口岸迁至乌恰县，紧邻乌恰县城，占地10万平方米，设计年过货量200万吨，年客流量50万人次。这里地理位置优越，与阿图什市、喀什市的距离均在100千米之内。目前，伊尔克什坦口岸园区与比什凯克、奥什形成丝绸之路经济带上的“金三角”经济圈。

伊尔克什坦口岸曾是古丝绸之路上的一个重要通道和驿站。中华人民共和国成立后，中苏双方国际邮件班车曾在该口岸出入境。1993年经新疆维吾尔自治区人民政府批准，开始建设口岸设施。口岸对应地区吉尔吉斯斯坦的奥什州，工业比较发达，对两国口岸的开放有迫切的要求。应吉尔吉斯斯坦、乌兹别克斯坦等国的多次要求，根据中吉两国政府1997年5月签署的协议，伊尔克什坦口岸从1997年7月20日起临时开放，于2002年5月10日正式对外开放，允许中吉两国及第三国的人员、货物、交通工具通行，为常年开放口岸。

2. 国门与界碑的历史沿革

伊尔克什坦口岸所在地乌恰县，是柯尔克孜语“乌鲁克恰提”的简称，意为大山沟分岔口。因克孜勒河谷在该地分岔成三道沟而得名。伊尔克什坦口岸定址于昆仑山山脉与西天山山脉交界处的克孜勒苏河流基座阶地上（俗称国民党老营房），海拔2 845米。

中华人民共和国成立前和20世纪50年代，这里是中俄两国边民贸易的通道。50年代初期，两国通邮换件也在这个山口进行。后来，除了边防军人把守以外，已再无过境客商的踪迹。1992年初，通过勘察发现，伊尔克什坦山口是西去中亚五国和伊朗、土耳其的捷径，山口距境外吉尔吉斯斯坦重要城市奥什只有210多千米，从这里入境该市比从吐尔尕特口岸入境节省路程800多千米。而奥什州公路交通发达，铁路通往各国。伊尔克什坦口岸开通后，阿图什、喀什与奥什之间的汽车运输可实现朝发夕至，减轻了吐尔尕特过境的压力，也缩短了去中亚各地的路程。

在国家有关部委和新疆维吾尔自治区党委、人民政府及有关部门的帮助和支持下，口岸建设于1999年元月全面开工。截至2000年底，口岸“一关两检”、货场、商业、客运、通信等基础建设已全部建设完成。

图9-73 伊尔克什坦办事处新楼

3. 国门与界碑的地理特征

1）自然条件

地理位置：伊尔克什坦口岸地理位置从州首府阿图什市出发，沿克孜勒苏河逆流而西行至萨哈勒恰特，沿支流吉根河转向西北，至吉根乡，然后转向西南，沿海拔3 221米的克孜勒套与海拔3 055米的柯尔克昆盖依套之间的峡谷向西南而上。遥遥几十千米长的大峡谷，南山巍峨，北山耸峙，高峻挺拔，起伏逶迤，山中怪石林立，岣岩交错。

（a）伊尔克什坦口岸77（1）号界碑（一）

（b）伊尔克什坦口岸77（1）号界碑（二）

图9-74 伊尔克什坦口岸77号界碑

地形地貌：伊尔克什坦口岸地势东南低，西北、西南高，群山环绕，属典型山地地形，海拔高度1 760~6 146米，平面呈马蹄形。北接南天山山脉西端，南靠帕米尔高原、昆仑山北麓，位于喀什三角洲以西地段的楔形地带，为中、新生界褶皱山地。地貌以侵蚀断块山地出现。口岸三面高山环绕，东南部为喀什三角平原。地处强震带，地壳活动较为活跃。

气候特征：伊尔克什坦口岸属温带大陆性气候，年平均气温7.3℃，极端最高气温34.7℃，极端最低气温-29.9℃；年平均日照时数2 797.2小时，10℃及以上的积温2 529.3℃，无霜期135天。年平均降水量172毫米。

2）资源禀赋

植物资源：野生药用植物资源有紫草、甘草、阿魏、麻黄、车前草、党参、当归、蒲公英、黄芪、锁阳、茯苓等。口岸所在地乌恰县试种农作物新品种5个、试验新技术3项、推广测土配方施肥面积7万亩。推广蔬菜新品种3个、完成育苗507万株，定植大棚1 177座、林果棚593座。发展高原雪菊、玛卡、阿魏菇等特色农产品，种植雪菊72亩、玛卡250亩，阿魏菇产量达30吨。新发展养殖育肥户56家，新增各类专业合作社7家。2014年，首次与吉尔吉斯斯坦达成128吨果蔬出口协议，出口贸易额12.8万美元，实现了本地果蔬产品对外出口零突破。新建柯尔克孜良种羊繁育基地、多浪羊养殖基地、标准化养殖小区两处、牲畜暖圈595座，形成了以种羊繁育、商品肉羊生产、示范推广于一体的现代化肉羊养殖模式。承包草场1 443万亩，发放草原生态保护奖励资金3 622.7万元、退耕还林资金156.87万元。在阿克林果基地新增林果1 100亩（红枣和核桃），形成了以沙枣、大果沙棘为主，乌鲁瓦提以桃子、红枣、沙枣、核桃为主的各类特色林果4万余亩。

动物资源：伊尔克什坦口岸野生动物资源有雪豹、棕熊、鹅喉羚、野猪、旱獭、雪鸡、石鸡等。

矿产资源：乌恰县已发现的矿产资源有煤、石油、油页岩、铁、铜、铅、锌、锶、金、磷、盐、硫黄、石灰石、石膏、陶瓷土等。其中煤的储量占新疆维吾尔自治区克孜勒苏柯尔克孜自治州煤炭储量的一半以上。已探明铅锌储量600万吨、天然气储量409亿立方米、铜储量60万吨、煤储量1 275万吨、金储量130吨、铁储量700万吨、石灰石和石膏储量1亿吨，百吨级超大型金矿，价值超400亿元。

3）人口与民族

乌恰县总人口5.7万人，柯尔克孜族约占乌恰县总人口的70%。乌恰县境内有柯尔克孜族、汉族、维吾尔族、回族、乌孜别克族、塔吉克族等11个常住民族。

4. 口岸相关商贸往来

伊尔克什坦口岸通商历史较长，历史上曾是南疆地区最大的贸易口岸。现在为国家一类公路口岸。自2002年口岸全面开通以来，平均每年会有4.5万人次、50多万吨货物经过这里，贸易额达数十亿美元。每年的5~10月，中吉两国经商、探亲访友的旅客比较集中。入境货物主要为煤、铜金矿、蓝湿牛皮、干果，出境货物主要为蔬菜等。出口货物目的地为吉尔吉斯斯坦、乌兹别克斯坦、塔吉克斯坦等国，其中吉尔吉斯斯坦占比在30%左右。此外，伊尔克什坦口岸是目前南疆唯一具备活畜进口资质的口岸。自2016年8月首批活驴进口以来，该口岸已累计从吉尔吉斯斯坦进口活驴2万余头，活驴成为南疆口岸贸易的又一重要商品种类。

近年来，伊尔克什坦口岸不断完善基础设施以求加快口岸经济发展。积极申报的边民互市贸易区已获得新疆维吾尔自治区人民政府批准，中吉商业街互市贸易区建设快速推进；从吉尔吉斯斯坦进口活畜的双边贸易协议正在积极落实，隔离场、屠宰场等硬件设施基本建成；煤炭等矿产资源进口取得突破，新吉国际贸易煤炭专用海关监管库通过验收并正式运营，中远南疆煤炭储备基地首期一阶段工程开工建设；在上海挂牌上市的民生电子商务等25家企业在园区登记注册；园区引进的上海极限资产管理等12家股权类投资公司上缴税收4.52亿元，为实现自治州财政收入稳定增长做出了积极的贡献。

伊尔克什坦口岸地处中国、吉尔吉斯斯坦、乌兹别克斯坦、塔吉克斯坦交界区，口岸经济贸易可辐射西亚、欧洲、中亚及其他独联体国家，经济贸易的发展有较强的经济互补性。口岸作为新丝绸之路经济带核心区的重要门户和商贸物流驿站，承担着面向中亚、西亚及欧洲的贸易中转职能，是贸易流通的交通枢纽，是我国外引内联、东联西出、西来东去的开放合作平台。伴随“一带一路”倡议的实施，伊尔克什坦口岸必将迎来更大的发展机遇。

（十二）红山嘴口岸（图9-75~图9-77）

1. 口岸简介

红山嘴口岸位于新疆阿勒泰地区福海县境内，为中蒙国家一类公路口岸。口岸地处阿尔泰山脉中段的崇山峻岭之中，同蒙古国巴彦乌列盖省毗邻。

红山嘴口岸距阿勒泰市192千米，距乌鲁木齐市约180千米，海拔1 800米。因为纬度高，海拔高，气候寒冷，每年大雪封山期长达8个月，是全疆最艰苦的口岸之一，素有“雪海孤岛”之称。这里还是全国为数不多的几个到目前为止还没有供电和供自来水的口岸，供电只能依靠发电机和太阳能板间歇性供电，吃水则是从附近河里取水，工作环境艰苦。由于自然条件恶劣，口岸每年6~9月开关，关期100天，多为边境小额贸易。1992年7月正式开通，年过货能力1万吨，旅客1万人次。

图9-75　红山嘴口岸

红山嘴口岸为双边季节性开放口岸，允许中蒙双方人员、边贸货物和交通运输工具通行，居住在两国边境地区范围内的两国公民，可以凭边境通行证出入境。

该地常年驻有边防会晤站和红山嘴边防连，开放期间，阿勒泰地区口岸管理委员会红山嘴口岸处、红山嘴口岸边防检查站、海关、检验检疫局、运输管理站、口岸边防派出所和福海县公安、工商、税务等部门的工作人员均上口岸一线开展工作，从事边贸的经营单位和个体工商户也相继来到口岸进行贸易洽谈与贸易往来。自1993年以来，国家和地方投资建设了红山嘴口岸联检厅、口岸综合办公设施、地磅等，共占地713平方米，阿勒泰地区外贸公司与福海县边贸公司也先后投资建成了占地2 000平方米的进出口全封闭露天货场，同时，福海县粮食局在边民互市贸易市场投资建成活动房248间。

（a）红山嘴口岸联检厅外部

（b）红山嘴口岸联检厅内部

图9-76 红山嘴口岸联检厅

2. 国门与界碑的历史沿革

红山嘴口岸的界碑为17号界碑。

红山嘴口岸自古以来就是草原丝绸之路的重要通道。近代以来成为中国与蒙古的贸易通道。1991年6月24日，中蒙两国政府同意开放红山嘴口岸。1992年7月，经国务院批准对外正式开通。年过货能力1万吨、旅客1万人次。

图9-77 红山嘴口岸17（1）号界碑

3. 国门与界碑的地理特征

红山嘴口岸地处东经88°55′，北纬47°51′，位于阿勒泰山中段南坡福海县境内北部，是（新）216国道的北方起点，有简易国防公路相通至阿勒泰市，海拔1 800米。

红山嘴口岸所在区域是绵延2 000多千米的阿尔泰山脉和发源于阿尔泰山脉中的额尔齐斯河流域，且横跨中国、俄罗斯、哈萨克斯坦、蒙古等四个国家的“一山一水连四国”的生态系统的组成部分。拥有美不胜收的自然和人文景观。这些景观现在均被包含在福海温泉沟森林公园内。此公园位于福海县福海林场林区内，东邻富蕴林场，南邻阿勒泰市，北与蒙古接壤，由红山嘴口岸景区、温泉沟景区、蝴蝶谷景区、淘金沟景区等四大景区组成。具体景点包括了红山嘴边防哨所，中蒙会晤站，中蒙17、18号界碑等人文景观，以及阿拉善温泉沟和被当地哈萨克牧民称为“库别里克布拉克”的蝴蝶谷等自然景观。淘金沟是福海县黄金矿脉的源头和原产地，是阿尔泰山最有名的采金点，金的成色可达99.5%。

同时，红山嘴地区还富藏石油与煤等资源，有红山嘴油田及位于福海林场的巨大露天煤矿等。红山嘴所在福海县的森林资源也非常丰富，根据地形、地貌分为山地、平原直至沙漠不同的森林生态系统，生长着云杉、冷杉、落叶松、杨、柳、铃铛刺等植物。水资源方面，额尔齐斯河是我国唯一流入北冰洋的河流，全长4 248千米，在我国境内546千米，流域面积5.7万平方千米，年径流量多达111亿立方米，号称新疆第二大河。红山嘴地处喀拉额尔齐斯河上游支流的阜尔特河的河谷内，喀拉额尔齐斯河又是额尔齐斯河的支流，其年径流量19.37亿立方米，加上每年8个月的大雪封山、4个月的开山流经阿尔泰山中段后带来的水资源，使得这里的水资源干净而富有矿物质 。

4. 口岸相关商贸往来

红山嘴口岸是福海县对外开放的窗口，是一条重要的贸易通道，也是出国旅游的重要通道。

自1992年红山嘴口岸设立开放以来，口岸商贸往来经历了三个阶段。第一阶段是1992~1996年，为口岸贸易兴旺期。这时期主要的贸易方式是易货贸易，我国的企业在口岸搭建了简易市场，出口日用消费品、电器、面粉等，换取蒙方的畜产品，我国出口货物充足，蒙方市场需求量大，边境贸易红红火火。5年累计进出口总额4 043万元，累计过货量15 358吨。第二阶段是1997~2005年，为口岸贸易萧条期。由于蒙古发生了牲畜口蹄疫，我国禁止进口蒙方偶蹄类动物产品，中方入驻口岸市场的商户逐步退出，口岸贸易大幅下滑。这一段时间里（9年），累计进出口贸易总额639.5万元，累计过货量1 366吨。第三阶段是2006年至今，口岸贸易逐步恢复。同时其他项目也相继出现，如2009年起正式开通了边境旅游，我国边民可持边境通行证前往蒙古边境地区旅游观光等。

近年来，新疆外贸的飞速发展，尤其是蒙古丰富的矿产资源出口，带动红山嘴口岸的区位优势逐步凸现出来，口岸每年6月1日至9月25日的不间断开放，更是打通了一条更加便利的资源、能源进口通道，蒙古优质的煤炭、矿石可以由此进口，同时我国的机电设备、日用百货也可以更好地从这里走出去，并可带动当地旅游、物流、餐饮等第三产业快速发展。如今在“一带一路”倡议的指引下，红山嘴口岸基础建设脚步逐步加快，将在进出口贸易等方面取得更大的成就。

（十三）中哈霍尔果斯国际边境合作中心（图9-78~图9-86）

1. 合作中心简介

中哈霍尔果斯国际边境合作中心（以下简称合作中心）是中哈两国元首站在新的历史高度，达成共识并共同推进的国家战略项目，于2012年4月18日正式封关运营。合作中心是中国首个跨境的经济贸易区和投资合作中心，是上海合作组织框架下区域合作的示范区，也是贯彻中央关于促进新疆发展和稳定战略部署的重大举措，对巩固中哈战略伙伴关系与促进新疆地区经济发展、社会稳定和长治久安具有重大意义。

合作中心建立在中哈国界线两侧毗邻接壤区域，由横跨中哈两国的通道相连形成一个整体，中哈双方区域全部实行封闭管理，属于世界首创。合作中心总面积5.28平方千米，其中中方区域面积3.43平方千米，哈方区域面积1.85平方千米。中方区域位于新疆维吾尔自治区伊犁哈萨克自治州霍尔果斯口岸，哈方区域位于阿拉木图州潘菲洛夫

图9-78 中哈合作中心

县。合作中心的主要功能是贸易洽谈、商品展示和销售、仓储运输、酒店服务、商业服务、金融服务、举办各类区域性国际经贸洽谈会等。国务院赋予了合作中心3条主要的税收政策：①在先封闭后进行基础设施建设的前提下，对从中方境内进入中心的基础设施（公共基础设施除外）建设物资和区内设施自用设备，视同出口，实行退税；②对由哈方进入中心中方区域的基础设施（公共基础设施除外）建设物资和区内设施自用设施免征关税及进出口增值税，由中心进入中方境内的货物按一般贸易税收管理规定办理；③规定旅客每人每日可一次性携带8 000元人民币的免税物品。

图9-79 霍尔果斯口岸国门远景

合作中心目前实行“一线放开、二线管理”的管理模式，一线卡口（边境线）不设立查验机构。中、哈两国公民，第三国公民及货物、车辆可以在合作中心内跨境自由流动；中哈两国公民、第三国及无国籍人员可免签在合作中心内留驻30天；中国公民除持有护照、国际旅行证、港澳同胞回乡证、台湾居民来往大陆通行证等可直接出入合作中心，也可凭身份证办理出入境通行证自由出入合作中心；旅客从中心进入中方境内的，每人每日一次可携带8 000元人民币的免税物品。

合作中心目前总投资已超过200亿元，有28个重点项目入驻，其中16个项目开工建设，10个项目建成运营，完成投资60多亿元，现有经营商户4 000余家、从业人员7 000余人、免税店40余家及餐饮和食品经营店200余家。随着哈方阿拉木图至霍尔果斯中亚班列的开通，每日中亚五国入区人员近3 000人，周末可达5 000人次以上。2017年当地政府申报合作中心AAAAA级旅游景区，合作中心辐射带动功能逐渐突显。2016年合作中心进出口贸易额4.76亿美元，出入区人员505万人次，出入区车辆8.5万辆次；2017年上半年进出口贸易额1.7亿美元，出入区人员234.6万人次，出入区交通工具4.9万辆次，呈增长态势。

图9-80　合作中心黄金口岸商场

图9-81 合作中心金港国际皮革城

合作中心配套区面积9.73平方千米，具有保税物流、进出口加工和仓储运输三大功能，首开区（一期）3.26平方千米已于2016年4月8日正式封关运营。截至2017年7月，已有19家企业开工建设，主要产业为饲料加工、纺织和电动车组装加工项目等，3家企业已正式投产，两家饲料厂、一家挂面厂已生产加工饲料7 178吨，进口小麦41批12 861吨。

合作中心检验检疫业务工作由霍尔果斯国际边境合作中心出入境检验检疫局组织开展，该局于2011年12月21日由国家质量监督检验检疫总局正式批复，是新疆出入境检验检疫局垂直管理的正县级分支机构，内设办公室、通关业务科、旅检科、检验检疫监管科和综合业务科5个职能科室，现有行政人员20人。

图9-82 2016年4月合作中心配套区封关运营仪式

图9-83　合作中心配套区工作场景

图9-84　工作人员在出园大厅截获非法携带的玻尿酸

2. 合作中心的历史沿革

在中哈边境区域建设合作中心构想起源于2003年6月，时任国家主席胡锦涛在出访哈萨克斯坦时，哈萨克斯坦总统纳扎尔巴耶夫向其提出在中哈霍尔果斯边境区域建立边境自由贸易区的提议，胡锦涛主席表示赞同。经过会谈，考虑到哈萨克斯坦不是WTO成员，将该项目更名为中哈霍尔果斯国际边境合作中心。2004年7月27日，新疆维吾尔自治区人民政府与哈萨克斯坦阿拉木图州政府签订了《关于建立中哈霍尔果斯国际边境合作中心的框架协议》。2004年9月24日，哈萨克斯坦总统纳扎尔巴耶夫经霍尔果斯口岸访问伊犁哈萨克自治州期间，中哈两国政府签订了《关于建立中哈霍尔果斯国际边境合作中心的框架协议》。该协议签署之后，中哈两国就中哈霍尔果斯国际边境合作中心活动的管理方案进行了数轮部级会谈，形成了工作文本。2005年7月，在上海合作组织阿斯塔纳峰会期间，中哈两国政府签署了《中华人民共和国政府与哈萨克斯坦共和国政府关于中哈霍尔果斯国际边境合作中心活动管理的协定》。2006年3月17日，国务院下发《国务院关于中国–哈萨克斯坦霍尔果斯国际边境合作中心有关问题的批复》（国函〔2006〕15号），对合作中心及配套区进行了功能定位，在优惠政策等方面做了明确的批复。2017年6月8日，国家主席习近平和哈萨克斯坦总统纳扎尔巴耶夫共同签署的《中华人民共和国和哈萨克斯坦共和国联合声明》中提出两国要共同运营好中哈霍尔果斯国际边境合作中心，通过发展电子商务合作、共同实施投资项目、推行高效的过境制度，推动双边经贸合作。

合作中心内跨界的专门通道由两国有关部门共同建设和维护，各方负担本方费用。穿过专门通道并与国界线重合的线是双方建设、管理及维护专门通道的分界线，国界线两边为红蓝相接，进入红色一方即进入中国境内，进入蓝色一方即进入哈萨克斯坦境内。连接通道于2011年4月3日开始建设。连接通道宽为80米，其中车道16米，道路两边人行道50米，绿化带14米。两边各有一段浮雕墙，通道外建设了紧急控制设施，双方各建一栋标志性建筑物，建筑物高度为18.81米，寓意为两国正式通关时间为1881年。整个造型是中国的方鼎，鼎在中国古文化当中，有着发财和四平八稳的意思，预示着中哈贸易健康稳固的发展，整个造型是拼音字母里的一个“H”，意思是和谐、合作、和平，体现中哈两国长久的贸易往来，象征文化交流前景美好。方鼎顶上的座子代表中国长城；方鼎底下造型为穹顶，代表典型的伊斯兰文化、哈萨克文化。穹顶的边上有纹饰，是传统的哈萨克纹饰，鼎上托着一个蓝色的大方球，蓝色代表宝石，另外蓝色还是哈萨克图腾的颜色，哈萨克的国旗就是蓝色的，代表哈萨克斯坦。

图9-85 中哈连接通道

3. 合作中心的地理特征

合作中心位于霍尔果斯口岸，霍尔果斯口岸是我国西北五省综合运量最大的国家一类公路口岸。1983年11月16日经国务院批准正式恢复开放，是我国恢复开放最早和西北边境最大的公路口岸。口岸客货运输常年通行，是我国与哈萨克斯坦等中亚国家开展经济、文化交流的国际大通道和桥头堡。

图9-86 霍尔果斯口岸324（1）号界碑

1）自然条件

地理位置：霍尔果斯口岸地处欧亚经济板块的中心位置，国道G312线（上海-霍尔果斯口岸）最西端，陇海—兰新铁路国际新通道最西端，距自治区首府乌鲁木齐市670千米，距伊犁哈萨克自治州首府伊宁市约90千米，距哈萨克斯坦原首都阿拉木图市378千米。是我国西部距离中亚中心城市运距最短，综合运量最大的国家一类公路口岸。

气候特征：霍尔果斯口岸平均海拔750~840米，地势由北向南倾斜，较平坦，地质好。由于受北天山和南天山的阻拦，气候具有温暖湿润的特点，年平均气温8℃，无霜期179天，属于典型的温带性气候。霍尔果斯河、卡拉苏河和东风干渠流经口岸，水资源比较丰富。霍尔果斯市动植物品种繁多。野生植物有芦苇、野麻、甘草、贝母、苍耳等。天然林约18.6万亩，人工林25万亩。有分布广泛、品种繁多的野果林。矿产资源中煤储量最为丰富。

2）人口与民族

2015年末，霍尔果斯市域（含兵团）常住总人口8.72万人。户籍人口6.89万人（其中市属3.91万人）。

3）经济发展

近几年，霍尔果斯口岸对外贸易稳步增长，工业快速起步，财政收入高速增长，生产总值明显增加，呈现出社会事业全面进步的良好态势。

第一，城市化建设进入新阶段。建成区面积由“十五”初期的4.58平方千米增加到城区规划面积21平方千米，近期建设区面积30平方千米，远期控制面积200平方千米，工业园区、国际贸易区、物流配送区、行政办公区、生活休闲区等几大区域布局日趋合理。

第二，对外贸易持续稳定增长。霍尔果斯积极引导企业根据外贸政策变化调整进出口商品结构，加大对重点企业的扶持力度，完善外贸基础设施建设，大力规范整顿外贸市场，加大农产品出口基地建设和通关绿色通道建设，实现了区域对外贸易高速增长。

第三，工业经济快速起步。2002年4月，霍尔果斯工业园区正式启动。2009年，实现工业总产值4.5亿元，同比增长4.7%；实现工业增加值1.5亿元，同比增长25%。

第四，物流集散功能逐步提升。霍尔果斯积极扶持现有物流企业做大做强，大力实施农产品保鲜库等物流仓储设施建设，加快推进配套产业园区建设，完善保税功能，实现了物流业的快速提升。

“欧洲西部—中国西部”交通走廊（简称“双西”走廊），东起中国连云港，西至俄罗斯第二大城市圣彼得堡，途经中国郑州、兰州、乌鲁木齐，出霍尔果斯口岸进入哈萨克斯坦，从北部边境出境进入俄罗斯，经奥伦堡、喀山、莫斯科抵达圣彼得堡，与欧洲公路网相连，全长8 445千米。按照哈萨克斯坦交通部完成的可研报告，霍尔果斯将成为“双西”走廊重要的国际物流中心和地区物流中心之一。

未来的霍尔果斯口岸，将立足于国际国内“两种资源、两个市场”，发挥优势，强抓机遇，将口岸建设为东部产业转移的承接地，向西建设出口商品加工基地、商品中转集散地和进口能源的国际大通道，建成新疆开拓国际市场的“新亚欧大陆桥”，建成面向中亚、南亚、西亚乃至欧洲国家的出口商品基地和区域性国际商贸中心。

4. 合作中心相关商贸往来

合作中心主要进出口货物为园区建设物资、食品、化妆品、动植物产品和日用百货等，贸易方式以过境贸易和边民互市为主。

合作中心检验检疫局自成立以来，以“创新、开放、合作、发展”的理念，积极服务合作中心园区发展，在提升产品质量、维护园区食品卫生安全、防控动植物疫病疫情、促进中哈两国检验检疫部门交流、创新检验监管模式上下功夫，坚持求真务实、改革创新，努力把合作中心打造成新疆检验检疫系统创新政策的“试验田”。随着“一带一路”倡议的实施，合作中心凭借功能齐全、设施完善、优惠政策多等有利条件，吸引大批商户、企业前来投资落户，合作中心的发展愈加迅速。

后　记

从苍茫塞外到温润西南，从冰雪高原到郁郁深林，从繁忙城镇到荒凉戈壁……每一处国门口岸，无不展示着国家的实力与自信，寄托着爱国、卫国者的拳拳之心。本书的初衷，是将这些影像、故事记录下来，为当下服务，为未来负责。

2017年2月，中国检验检疫科学研究院牵头，联合内蒙古、辽宁、吉林、黑龙江、广西、云南、西藏、甘肃、新疆九省（自治区）的出入境检验检疫局，开始了对全国陆路边境各口岸国门、界碑图文资料的拍摄、收集、编辑和整理工作，后经科普化、系统化梳理，最终形成了全国83个口岸的图文资料。

本书是面向社会公众讲述祖国大门历史与故事的科普读物，也可供从事与“国门”密切相关的工作的人员收藏与查阅。

本书是一本集体研究、集体写作、集体修改的成果。参与编写的人员包括中国检验检疫科学研究院相关负责人、各局编撰负责人、各口岸撰稿作者及相关审稿专家等共计116人。由于国门、界碑的设立形式、边境环境等有诸多不同，此前也未有专门针对该类型建筑及历史梳理进行研究的专著，各地口岸文字和图片的著录程度和内容不尽一致和完备，本书仍然会有个别细节有待进一步研究与探讨。欢迎各位读者提出宝贵意见，以便我们在修订时及时采纳与改正。

2018年3月，中华人民共和国第十三届全国人民代表大会第一次会议审议批准了国务院机构改革方案，规定组建国家市场监督管理总局。将国家工商行政管理总局的职责、国家质量监督检验检疫总局的职责、国家食品药品监督管理总局的职责、国家发展和改革委员会的价格监督检查与反垄断执法职责、商务部的经营者集中反垄断执法职责及国务院反垄断委员会办公室的职责整合，组建国家市场监督管理总局，作为国务院直属机构。同时，组建国家药品监督管理局，由国家市场监督管理总局管理；将国家质量监督检验检疫总局的出入境检验检疫管理职责和队伍划入海关总署。

改革向前迈进，国门巍峨，不忘初心。